P9-ARC-287

John Le Carré

THE PIGEON TUNNEL

Stories from My Life

Джон Ле Карре

ГОЛУБИНЫЙ ТУННЕЛЬ

Джон Ле Карре

Голубиный туннель

Истории из моей жизни

Перевод с английского
Любови Трониной

издательство АСТ
Москва

УДК 821.111-94
ББК 84(4Вел)-44
Л33

Художественное оформление и макет Андрея Бондаренко

Ле Карре, Джон

Л33 Голубиный туннель. Истории из моей жизни / Джон Ле Карре; пер. с англ. Л. Трониной. — Москва : Издательство АСТ : CORPUS, 2018. — 368 с.

ISBN 978-5-17-100470-5

Это не автобиография, а коллаж из воспоминаний, мастерски составленный корифеем детективного жанра. Джон Ле Карре в “Голубином туннеле” рассказывает не историю своей жизни, а истории из своей жизни, и их у него немало. Германия начала шестидесятых, Россия начала девяностых, беседы с Маргарет Тэтчер и Ясиром Арафатом, попытки работать со Стэнли Кубриком и Фрэнсисом Фордом Копполой, встречи со знаменитыми разведчиками и шпионами и воспоминания о родителях — об ушедшей из семьи матери и об авантюристе-отце.

УДК 821.111-94
ББК 84(4Вел)-44

ISBN 978-5-17-100470-5

Оглавление

Предисловие

Почти каждая моя книга когда-нибудь да называлась "Голубиный туннель" — в рабочем варианте. Откуда взялось это название, объяснить нетрудно. Как-то, в очередной раз отправляясь в Монте-Карло просаживать деньги, отец решил взять меня, подростка, с собой. Рядом со старым казино располагался спортинговый клуб, на границе его территории, на морском берегу, лужайка, и на ней — стрельбище. А пониже лужайки к самой кромке моря параллельными рядами уходили туннельчики. В них помещали живых голубей, вылупившихся из яйца на крыше казино и там же попавших в ловушку. Делать они должны были вот что: в кромешной тьме, трепеща, пробираться к выходу из туннеля, чтобы взмыть в средиземноморское небо и стать мишенью для желавших развлечься после хорошего обеда джентльменов, которые стояли или лежали тут же с двустволками наготове. Если стрелок промахивался или только подстреливал голубя, тот поступал, как всякий обычный голубь. Возвращался туда, где появился на свет и где его поджидали всё те же ловушки.

Почему этот образ оказался столь навязчивым, читатель, может быть, рассудит лучше меня.

Джон Ле Карре, *январь 2016 года*

Вступление

Сижу за столом в цоколе маленького швейцарского шале (я построил его на гонорары за “Шпиона, пришедшего с холода”) в горной деревне в полутора часах поездом до Берна, куда в шестнадцать лет я сбежал из английской частной школы, чтобы поступить в Бернский университет. По выходным мы, студенты, мальчишки и девчонки, в основном бернцы, большой оравой устремлялись в Оберланд — ночевать в горных хижинах и кататься на лыжах до упаду. Насколько я могу судить, все мы были воплощением добродетели: мальчишки в одной стороне, девчонки в другой и по двое никогда не сходились. А если кто и сходился, меня среди них не было.

Шале стоит над деревней. Из своего окна, если смотрю в самую вышину, вижу верхушки пиков Эйгер, Мёнх и Юнгфрау и те, что прекраснее всех, — Зильберхорн, а уступом ниже — Малый Зильберхорн: два прелестных ледяных конуса, что время от времени, когда приходит теплый южный ветер под названием фён, тускнеют, но лишь затем, чтоб через несколько дней вновь предстать в своем белоснежном, свадебном убранстве.

В числе наших святых-покровителей вездесущий композитор Мендельсон — маршрут прогулки Мендельсона отмечен особыми указателями, а также поэт Гёте, хотя он, кажется, добрался только до водопадов Лаутербруннена, и поэт Байрон, который добрался до самого Венгернальпа и невзлюбил его — заявил, что при виде наших истерзанных бурями лесов “вспоминает себя самого и свою семью”.

Но больше всех мы, несомненно, чтим другого святого-покровителя — некоего Эрнста Герча, который принес нашей деревне славу и достаток, учредив в 1930 году Лауберхорнские гонки, и сам же выиграл в соревновании по слалому. Однажды и я решил принять участие в этих гонках — совсем сдурел! — и непрофессионализм вкупе с диким страхом, как и следовало ожидать, привели меня к полному провалу. Мои изыскания показали, что, став отцом лыжных гонок, Эрнст не успокоился, но пошел дальше и придумал стальной кант для лыж и стальные платформы для креплений, и за это мы все можем сказать ему спасибо.

На дворе май, так что мы за неделю все времена года перевидали: вчера выпало полметра свежего снега, только радоваться было некому — лыжников-то нет; сегодня беспрепятственно палит солнце, и снег почти совсем исчез, а весенние цветы опять пошли в рост. Теперь же спустился вечер, и свинцовые тучи готовятся к наступлению на долину Лаутербруннен, словно наполеоновская *Grande Armée**.

По их следам, вероятно, а может, потому что уж несколько дней не навещал нас (а мы и рады были), вернется фён и обесцветит небо, леса, луга, и домик мой станет скрипеть и трепыхаться, а дым — выползать из камина и стелиться по ковру, который мы однажды, в дождливый день бесснежной зимы какого-то там года, купили втридорога в Интерлакене; и всякий звук, доносящийся из долины — брякнет что-то, загудит клаксон, — будет раздаваться сердитым протестующим возгласом, а птицам придется сидеть в гнезде, под домашним арестом, — всем, кроме галок: им никто не указ. Когда дует фён, не садись за руль, не предлагай руку и сердце. Если болит голова или руки чешутся прикончить соседа, будь спокоен. Это не похмелье, это фён.

* Великая армия *(фр.)*.

В моей восьмидесятичетырехлетней жизни шале занимает место, совершенно не соответствующее своим размерам. В этой деревне я бывал еще до того, как его построил, мальчишкой — сперва катался здесь на лыжах, деревянных, из пекана или ясеня, с чехлами из тюленьей кожи для подъема и кожаными креплениями для спуска, а потом приезжал сюда и летом — гулять в горах с моим мудрым оксфордским наставником Вивианом Грином, который позже сделался ректором Линкольн-колледжа и стал прототипом Джорджа Смайли — в духовном отношении.

Смайли, как Вивиан, обожал свои Швейцарские Альпы, или, опять же как Вивиан, находил отраду в созерцании природы, или, как сам я, всю жизнь сражался с немецкой музой, — и это не просто совпадение.

Я ворчал на своего беспутного папашу Ронни — Вивиан выслушивал, а когда Ронни в очередной раз обанкротился, как-то особенно эффектно, нужную сумму раздобыл опять же Вивиан и вытащил меня обратно в колледж — доучиваться.

В Берне я познакомился с наследником одного из старейших семейств, владевших в Оберланде отелями. И если бы впоследствии он не использовал свое влияние, шале мне и вовсе строить не позволили бы, поскольку тогда, как и сейчас, ни один иностранец не мог приобрести в этой деревне и квадратного метра земли.

Там же, в Берне я начал сотрудничать с британской разведкой — делал первые, детские шаги на этом поприще, донося неизвестно что неизвестно кому. В последние дни я часто размышляю между делом, на что была бы похожа моя жизнь, если б я не удрал тогда из школы или удрал бы в каком-нибудь другом направлении. Только сейчас понимаю: все случившееся со мной потом было следствием импульсивного юношеского решения — бежать из Англии, выбрав самый скорый путь из возможных, чтоб стать приемным сыном немецкой музы.

Не то чтобы в школе у меня не ладилось, напротив: я был капитаном всяческих команд, победителем школьных соревнований, потенциальным золотым мальчиком. И сбежал я спокойно. Без шума, без криков. Просто сказал: "Отец, делай со мной что хочешь, но я не вернусь". Очень может быть, что во всех своих бедах я винил школу, а заодно и Англию, тогда как на самом-то деле мне хотелось любой ценой освободиться из-под власти отца, только едва ли я мог ему это сказать. С тех пор, конечно, мне уже приходилось наблюдать, как мои собственные дети проделывали то же самое, правда, изящнее и без лишней суматохи.

Но все это не дает ответа на главный вопрос: как развивалась бы моя жизнь при иных обстоятельствах? Не окажись я в Берне, завербовали бы меня, юношу, в британскую разведку в качестве мальчика на побегушках, который делает, как у нас говорили, "все понемножку"? Тогда я не прочел еще "Эшендена" Моэма, зато, разумеется, прочел "Кима" Киплинга и энное количество шовинистических приключенческих романов Джорджа Альфреда Хенти и ему подобных. Дорнфорд Йейтс, Джон Бакен и Райдер Хаггард навредить не могли.

Само собой, года четыре после окончания войны я был главным патриотом Британии в Северном полушарии. В подготовительной школе мы, мальчишки, научились вычислять немецких шпионов в своих рядах, и я считался одним из лучших агентов нашей контрразведки. В частной школе все мы были пламенными ура-патриотами. Дважды в неделю занимались "строевой" — то есть военной подготовкой в полном обмундировании. Молодые учителя вернулись с войны загорелыми и на строевой щеголяли орденскими ленточками. Что делал на войне мой учитель немецкого, оставалось загадкой, но что-то ужасно интересное. Наш консультант по профориентации готовил нас к пожизненной службе на отдаленных форпостах империи. Аббатство в центре нашего городка украшали полковые знамена, разорванные пулями в лоскуты в битвах колониальных войн в Индии, Южной Африке и Судане — лоскуты, которым заботливые женские руки, нашив их на сетку, возвратили славу.

Совсем неудивительно поэтому, что, услышав Великий Зов — из уст дамы тридцати с чем-то лет по имени Венди, сотрудницы визового отдела британского посольства в Берне, больше похожей на домохозяйку, — семнадцатилетний английский школьник, решивший прыгнуть выше головы и поступить в иностранный университет, встал по стойке смирно и сказал: "К вашим услугам, мэм!"

Сложнее объяснить, почему я увлекся немецкой литературой — всей без разбора — во времена, когда для многих людей слово "немецкий" было синонимом абсолютного зла. А между тем это увлечение, как и побег в Берн, определило весь мой дальнейший жизненный путь. Иначе я, конечно, не приехал бы в Германию в 1949 году по настоянию моего учителя немецкого — еврея-беженца, никогда не увидел бы города Рура, сровненные с землей, не подыхал бы на старом вермахтовском матрасе в немецком полевом госпитале, устроенном в берлинском метро; не побывал бы в концлагерях Дахау и Берген-Бельзен, в бараках, откуда еще не выветрился смрад, чтобы затем вернуться в спокойный, безмятежный Берн к моим Томасу Манну и Герману Гессе. И конечно, меня не отправили бы служить в оккупированную Австрию и выполнять там разведзадачи, я не изучал бы немецкий язык и литературу в Оксфорде, а после не преподавал бы и то и другое в Итоне, не был бы назначен в британское посольство в Бонне под видом младшего дипломата и не писал бы романы на немецкие сюжеты.

Теперь мне вполне очевидны последствия этого раннего увлечения всем германским. Благодаря ему у меня появился свой участок эклектического пространства; оно подпитывало мой неизлечимый романтизм и склонность к лирике; оно внушило мне представление о том, что на пути от колыбели к могиле человек постоянно учится — идея едва ли оригинальная, а пожалуй, и спорная, ну и пусть. Познакомившись с драмами Гёте, Ленца, Шиллера, Клейста и Бюхнера, я обнаружил, что мне в равной степени близки и их классический аскетизм, и невротическая избыточность. Хитрость в том, думал я, чтобы замаскировать одно другим.

■

Моему шале уже почти полвека. Дети, пока не выросли, приезжали сюда каждую зиму кататься на лыжах, и здесь мы провели лучшие дни вместе. Бывало, и весной приезжали. Сюда же, кажется, зимой 1967-го мы удалились на месяц с Сидни Поллаком (который снял "Тутси", "Из Африки" и мое любимое — "Загнанных лошадей пристреливают, не правда ли?"), чтобы обстоятельно поработать над сценарием фильма по моему роману "В одном немецком городке", и презабавно провели время.

Снег той зимой был отменный. Сидни никогда не катался на лыжах, никогда не бывал в Швейцарии. И просто не мог спокойно смотреть на довольных лыжников, с беспечным видом мчавшихся мимо нашего балкона. Он должен был стать одним из них, притом немедленно. Сидни хотел, чтобы я его научил, но я-то, слава богу, вместо этого позвал Мартина Эппа — лыжного инструктора, легендарного горного проводника и одного из тех немногих, кто совершил одиночное восхождение на Эйгер по северной стене.

Первоклассный режиссер из Саут-Бенда в Индиане и первоклассный альпинист из Арозы сразу поладили. Сидни ничего не делал вполсилы. За несколько дней он стал профессиональным лыжником. А еще загорелся идеей снять о Мартине Эппе фильм и вскоре уже больше думал о нем, чем об экранизации моего романа. Эйгер выступит в роли Судьбы. Я напишу сценарий, Мартин выступит в роли самого себя, а Сидни, пристегнутый где-нибудь на склоне Эйгера, будет его снимать. Он позвонил своему агенту и рассказал про Мартина. Позвонил своему психоаналитику и рассказал про Мартина. А снег по-прежнему был отличный и делал свое дело — отнимал у Сидни энергию. Мы решили, что работать лучше всего вечером, после ванны. Было оно лучше или нет, не знаю, только кино никто так и не снял.

Позже, к некоторому моему удивлению, Сидни на время предоставил шале Роберту Редфорду — тот готовился к съемкам

“Скоростного спуска” и хотел изучить местность. Увы, с ним я так и не встретился, но после на несколько лет за мной в деревне закрепилась слава друга Роберта Редфорда.

■

Это реальные истории, я рассказываю их по памяти, и тут вы вправе задать вопрос: что есть правда и что есть память для писателя, жизнь которого, деликатно выражаясь, клонится к закату? Для юриста правда — это голые факты. Можно ли в принципе такие факты отыскать — другой вопрос. Для писателя факт — это сырье, не руководитель, но инструмент, и дело писателя — сделать так, чтобы он заиграл. Истинная правда, если только она есть, заключена не в фактах, а в нюансах.

Существует ли вообще такая вещь, как *объективная* память? Сомневаюсь. Даже если мы убеждаем себя, что беспристрастны, придерживаемся голых фактов и ничего не приукрашиваем и не опускаем в своих корыстных интересах, объективная память неуловима, как мокрый кусок мыла. По крайней мере для меня, который всю жизнь смешивал пережитое и воображаемое.

Если мне казалось, что рассказ того заслуживает, я поднимал свои газетные статьи, написанные в то время, брал оттуда цитаты, описания — потому что они записаны по свежим следам и в этом их достоинство и потому, что более поздние воспоминания уже не так остры, — например, портрет Вадима Бакатина, бывшего главы КГБ. А в других случаях я оставлял рассказ почти таким, каким написал когда-то, только кое-где подчищал или добавлял пассаж, дабы что-то прояснить или осовременить.

Я вовсе не предполагаю, что читателю хорошо знакомо мое творчество или, если уж на то пошло, вообще знакомо, поэтому по ходу буду делать пояснения. Однако смею вас заверить: я не исказил сознательно ни одного события, ни одной истории. Утаил, где нужно было, это да. Но решительно ничего не искажал, нет. А если что-то помню нетвердо, не преминул это отметить. В недавно вышедшем моем жизнеописании парочка историй изложена вкратце, и мне, разумеется, приятно заявить на них свои права, рассказать своим голосом, вложить в них, насколько получится, свои эмоции.

Отдельные эпизоды теперь приобрели значение, которого в тот момент я им не придавал, — приобрели потому, вероятно, что главные фигуранты умерли. За свою долгую жизнь я никогда не вел дневника, сохранились только случайные путевые заметки или цитаты из невосстановимых уже бесед, относящиеся, например, к тому времени, что я провел с Ясиром Арафатом, председателем исполкома Организации освобождения Палестины, до его изгнания из Ливана, и к следующему моему неудачному визиту в его отель в Тунисе — том самом городе, где несколько военачальников Арафата, расквартированные в паре километров от него, погибли в результате налета израильских бомбардировщиков через неделю-другую после моего отъезда.

Люди, стоявшие у власти, привлекали меня именно потому, что были у власти, и потому, что я хотел понять их мотивы. Но теперь мне кажется, в их присутствии я только и делал, что кивал с умным видом, в нужный момент качал головой да раздругой пробовал шутить, чтобы разрядить обстановку. Потом только, вернувшись в свой номер и улегшись на кровать, я доставал измятый блокнот и пытался осмыслить все, что увидел и услышал.

Другие сделанные наспех записи, уцелевшие после моих путешествий, в основном принадлежат не мне лично, а вымышленным персонажам, которых я брал с собой для самозащиты, когда осмеливался выйти на поле боя. Это их точка зрения, не моя, их слова. Когда я сидел, скорчившись, в блиндаже у Меконга и впервые в жизни слышал, как пули шмякаются в илистый берег над моей головой, не моя дрожащая рука гневно строчила в грязной записной книжке, а рука моего отважного персонажа — героя-военкора Джерри Уэстерби, который работал на передовой и для которого обстрел был частью трудовых будней. Я думал, что один использую такую уловку, пока не познакомился со знаменитым военным фотографом, который признался, что избавляется от страха, только когда видит происходящее через объектив фотоаппарата.

Я-то и вообще никогда не мог избавиться от страха. Но понимаю, о чем говорил этот фотограф.

■

Если вы удачливый писатель и рано добились успеха, как случилось у меня со “Шпионом, пришедшим с холода”, вся оставшаяся жизнь разделится на до и после — до и после грехопадения. Обращаешься к книгам, написанным до того, как луч прожектора выхватил тебя из темноты, и они выглядят невинными творениями, а книги, написанные после, в минуту уныния кажутся попыткой подсудимого оправдаться. “Слишком старался!” — восклицают критики. Никогда не думал, что стараюсь слишком. Рассуждал так: раз добился успеха, то обязан делать все, на что только способен, и в общем-то делал, а уж хорошо или плохо делал — не знаю.

К тому же я люблю писать. Люблю заниматься тем, чем сейчас занимаюсь: сидеть строчить за обшарпанным письменным столом, как какой-нибудь подпольный автор, ранним майским утром, когда небо затянуто черными тучами, а дождь, пришедший с гор, заливает стекла и нет никаких причин брать зонт и тащиться на станцию, ведь международная “Нью-Йорк таймс” придет только к обеду.

Люблю писать на ходу, в блокноте во время прогулки, в поезде, в кафе, а после поспешно нести свои трофеи домой и выбирать из них лучшие. Когда бываю в Хэмпстеде, прихожу на Пустошь, к своей любимой скамейке, приткнувшейся под раскидистым деревом, поодаль от остальных, сажусь на нее и строчу. Всегда пишу только от руки. Быть может, есть в этом высокомерие, но я предпочитаю следовать многовековой традиции немашинного письма. Во мне погиб художник-график, которому доставляет истинное удовольствие выводить слова.

Больше всего в этом занятии — писать тексты — мне нравится его сокровенность, поэтому я не участвую в литературных фестивалях и стараюсь по возможности не давать интервью, даже если факты говорят об обратном. Иногда, обычно по ночам, я думаю, что лучше бы вообще никогда не давал интервью. Сначала выдумываешь что-то про себя, потом начинаешь верить собственным выдумкам. А это не имеет никакого отношения к самопознанию.

Когда еду куда-нибудь в поисках материала, чувствую себя более-менее защищенным, ведь настоящее имя у меня другое. Могу поселиться в отеле под этим именем и не беспокоиться, узнают его или нет, а если нет, не беспокоиться, отчего не узнали. Когда я вынужден признаваться, что не просто так расспрашиваю их о жизни, а в общем-то выуживаю информацию, люди реагируют по-разному. Один и словечка мне больше не скажет, другой сразу произведет в начальники секретной службы, а начнешь возражать — я, мол, всегда был лишь простейшей формой засекреченной жизни, — ответит, что так ведь мне и следует говорить. И продолжит потчевать меня конфиденциальной информацией — которой я не прошу, не смогу использовать да и не запомню, — ошибочно предполагая, что я передам ее Известно Кому. Пару случаев, когда мне пришлось столкнуться с такой трагикомической дилеммой, я описал.

Но большинство несчастных, которых я донимал подобными разговорами последние пятьдесят лет — а среди них менеджеры среднего звена фармацевтической индустрии и банкиры, наемники и шпионы всех мастей, — относились ко мне терпеливо и великодушно. Самыми великодушными оказались военные репортеры и иностранные корреспонденты, которые брали писателя-паразита под свое крыло, отдавая должное смелости, вовсе ему не свойственной, и позволяли ходить за ними по пятам.

Ума не приложу, как бы я совершал вылазки в Юго-Восточную Азию и на Ближний Восток без совета и дружеского плеча Дэвида Гринуэя, весьма заслуженного корреспондента "Тайм", "Вашингтон пост" и "Бостон глоб" в Юго-Восточной Азии. Ни одному робкому новичку, наверное, не удавалось дотянуться до такой звезды, да еще найти в ней преданного друга. Снежным утром 1975-го Дэвид сидел за завтраком здесь, в моем шале, наслаждался короткой передышкой вдали от передовой, и тут ему позвонили из вашингтонской редакции и сообщили, что осажденный Пномпень вот-вот возьмут красные кхмеры. Дороги из нашей деревни в долину нет, отсюда ходит только маленький поезд, с которого можно пересесть на поезд побольше, а с того — на другой, еще больше, и этот последний уже довезет вас до аэропорта Цюриха. Дэвид моментально сменил альпийский наряд на поношенный костюм военкора — хаки и старые замшевые туфли, поцеловал на прощание свою жену и дочерей и помчался вниз с холма к станции. А я с его паспортом помчался следом.

Как известно, Гринуэй был одним из последних американских журналистов, эвакуированных вертолетом с крыши здания посольства США в Пномпене. В 1981-м мы вместе переходили мост Алленби*, соединяющий Западный берег реки Иордан с Иорданией, а я тогда подхватил дизентерию, и Гринуэй буквально на руках тащил меня через толпу нетерпеливых путешественников, ожидавших, когда их пропустят, потом добился на блокпосту — исключительно благодаря своему самообладанию, — чтобы пропустили нас, и доставил меня на другой берег.

Перечитывая отдельные эпизоды, я вижу: я то ли из эгоизма, то ли ради большего эффекта упомянул не всех действующих лиц.

Например, во время нашей встречи с русским физиком, политическим заключенным Андреем Сахаровым и его женой Еленой Боннэр в ресторане города Ленинграда (так он тогда

* Также: мост короля Хусейна.

еще назывался), проходившей под эгидой "Хьюман Райтс Вотч", с нами за столом сидели и трое представителей этой организации и тоже вынуждены были терпеть ребячливую бесцеремонность группы липовых корреспондентов, а на самом деле сотрудников КГБ, что маршировали вокруг нас и обстреливали из допотопных фотоаппаратов, ослепляя вспышками. Надеюсь, кто-то еще из нашей компании описал где-нибудь этот исторический день.

Вспоминаю, как однажды Николас Эллиот, старинный друг и коллега двойного агента Кима Филби, со стаканчиком бренди в руке мерил шагами гостиную нашего лондонского дома, и только теперь мне приходит в голову, что там ведь вместе со мной сидела моя жена — в кресле напротив — и вместе со мной слушала будто завороженная.

А еще вспоминаю — прямо сейчас, пока пишу эти строки, тот вечер, когда Эллиот пришел к нам на ужин со своей женой Элизабет, а в гостях у нас был очень милый человек, иранец, который безупречно говорил по-английски, но имел небольшой и даже приятный речевой дефект. Когда наш иранский гость уехал, Элизабет повернулась к Николасу — глаза ее сверкали — и сказала взволнованно:

— Дорогой, ты заметил, как он заикается? Ну точно Ким!

Большую главу о моем отце Ронни я поместил в конец книги, а не в начало, потому что не хочу, чтобы он, растолкав других локтями, оказался в первых рядах, хотя он бы так и сделал. Долгое время я мучительно размышлял о нем, однако он по-прежнему остается для меня загадкой, равно как и моя мать. Рассказы в этой книге новенькие и впервые увидят свет, если не указано иное. Я менял имена, когда считал необходимым. Даже если главный фигурант умер, у него есть наследники и правопреемники, а они ведь могут и не понять юмора. Я попытался проложить через свою жизнь дорогу, соблюдая если не хронологический, то хотя бы тематический порядок, но подобно самой жизни эта дорога разрослась в нечто беспорядочное, и некоторые истории стали тем, чем и остаются для меня по сей день: отдельными, самодостаточными сюжетами, не имевшими продолжения — во всяком случае известного мне, а рассказал я их потому, что они приобрели для меня особое значение, и потому, что они тревожат меня, или пугают, или трогают, или заставляют просыпаться среди ночи и смеяться в голос.

Некоторые описанные мной встречи по прошествии времени приобрели особый статус: они представляются мне крошечными частицами истории — истории, пойманной *in flagrante**, но так, вероятно, представляется всем пожилым людям. Когда перечитываю их от начала до конца — от фарса к трагедии и обратно, они кажутся мне чуть-чуть легкомысленными, даже не знаю почему. А может, мне кажется легкомысленной собственная жизнь. Но теперь уж с этим ничего не поделаешь.

■

О многом мне вообще не хотелось бы писать, и такое найдется в жизни каждого человека. У меня было две жены, обе верные и безмерно мне преданные, и я обязан выразить им обеим бесконечную благодарность и принести немало извинений. Я никогда не был образцовым мужем и отцом и вовсе не хочу таким казаться. Любовь пришла ко мне поздно, прежде я успел наделать много ошибок. Уроки этики мне преподали четверо моих сыновей, и этим я им обязан. О своей работе в британской разведке, проходившей в основном на территории Германии, не хочу ничего добавлять к сообщениям других — надо сказать, неточным, — которые можно найти в иных источниках. Здесь я связан узами рудиментарной, старомодной преданности обеим моим бывшим службам и, кроме того, обещаниями, данными мужчинам и женщинам, согласившимся со мной сотрудничать. Мы условились, что клятва хранить тайну не будет иметь

* С поличным *(лат.)*.

срока действия, но распространится на поколение наших детей и дальше. Нашу работу не назовешь опасной или захватывающей, однако если ты ее выбрал, мучительное самокопание тебе обеспечено. Независимо от того, живы эти люди или умерли, обещание хранить тайну остается в силе.

Шпионаж был моей судьбой от рождения — полагаю, примерно так же, как для Сесила Скотта Форестера судьбой было море, а для Пола Скотта — Индия. Секретный мир, с которым мне довелось познакомиться, я пробую превратить в театр для другого, большого мира, где мы живем. Начинаю с воображаемого, потом подбираю факты. А затем опять возвращаюсь к воображаемому и к письменному столу, за которым сейчас сижу.

ГЛАВА 1
К своей спецслужбе относись по-людски

— Я знаю, кто ты! — орет Дэнис Хили, бывший министр обороны Великобритании от лейбористской партии (дело происходит на частной вечеринке, куда нас обоих пригласили, и Дэнис пробирается ко мне от дверей и протягивает руки). — Коммунистический шпион, вот кто! Сознайся!

Я и сознаюсь, ведь в такой ситуации хорошие парни во всем сознаются. А окружающие, в том числе слегка встревоженный хозяин вечеринки, хохочут. Я тоже хохочу, потому что хороший парень и шутки понимаю не хуже других, а еще потому, что Дэнис Хили, может, и монстр лейбористской партии и политический скандалист, но еще он видный ученый, гуманист, я им восхищаюсь и к тому же он на пару стаканчиков меня опередил.

— Скотина ты, Корнуэлл! — вопит мне через всю комнату мужчина средних лет, офицер МИ-6 и мой бывший коллега, а группа вашингтонских инсайдеров тем временем собирается на дипломатический прием, организованный британским послом. — Скотина чистокровная!

Он не ожидал встретить меня здесь, но, встретив, обрадовался, ведь теперь-то может высказать все, что думает обо мне, опорочившем доброе имя нашей Службы — нашей проклятой Службы, будь она проклята! — и выставившем дураками мужчин и женщин, которые любят свою страну и не могут мне ответить. Он стоит передо мной, набычился, кажется, готов уже на меня броситься, и если бы чья-то дипломатичная рука не придержала его, заставив отступить на шаг, на следующий день газетчики повеселились бы как следует.

Болтовня за коктейлями постепенно возобновляется. Но прежде я выясняю, какая именно книга засела у него в печенках: не "Шпион, пришедший с холода", а последовавшая за ней "Война в Зазеркалье" — мрачная повесть о британско-польском агенте, которого послали на задание в Восточную Германию да там и бросили погибать. К несчастью, во времена, когда мы вместе работали, Восточная Германия относилась к епархии моего обвинителя. Я подумал, не рассказать ли ему про недавно ушедшего в отставку директора ЦРУ Аллена Даллеса, заявившего, что эта книга намного правдивей своей предшественницы, но побоялся еще больше распалить бывшего сослуживца.

— Мы, значит, безжалостные? Безжалостные, да к тому же профаны! Премного благодарен!

Мой разъяренный экс-коллега не одинок. Вот уже пятьдесят лет, хоть и не столь запальчиво, меня снова и снова упрекают в том же самом — это не сговор и не угроза, это рефреном звучат голоса уязвленных мужчин и женщин, полагающих, что их работа и вправду необходима.

— Зачем ты к нам цепляешься? Сам же знаешь, что у нас и как.

А иные язвят:

— Ну что, нажился на нас? Теперь, может, оставишь на время в покое?

И кто-нибудь обязательно напомнит жалобно, что Служба ведь ничем не может ответить, что перед антипропагандой она беззащитна, что ее успехам надлежит оставаться безвестными, а прославиться она может только своими провалами.

— Разумеется, мы вовсе не такие, как описывает наш общий друг, — строго сообщает за обедом Морис Олдфилд сэру Алеку Гиннессу.

Олдфилд — бывший глава британской разведки, в свое время брошенный Маргарет Тэтчер на произвол судьбы, но к моменту встречи, о которой идет речь, он всего лишь старый разведчик в отставке.

— Всю жизнь мечтал познакомиться с сэром Алеком, — задушевно сообщил мне Олдфилд на своем североанглийском диалекте, когда я пригласил его на обед. — С тех пор как мы вместе в поезде из Винчестера ехали — я напротив сидел. И заговорил бы с ним тогда, да духу не хватило.

Гиннесс будет играть моего Джорджа Смайли, секретного агента, в экранизации романа "Шпион, выйди вон!", которую снимает Би-би-си, и хочет испробовать, каково это — пообщаться с настоящим старым разведчиком. Но вопреки моим надеждам обед проходит не слишком гладко. За закусками Олдфилд принимается рассказывать, сколь безупречна в этическом смысле Служба, где он работал, и намекать в самой деликатной манере, что "наш юный Дэвид" опорочил ее доброе имя. Гиннессу, бывшему морскому офицеру, который, едва познакомившись с Олдфилдом, сразу обосновался в высших эшелонах разведки, остается только глубокомысленно качать головой и соглашаться. За камбалой Олдфилд развивает свое утверждение:

— Это из-за юного Дэвида и таких, как он, — объявляет Олдфилд, игнорируя меня, сидящего рядом, Гиннессу, сидящему напротив, — Службе все труднее вербовать достойных сотрудников и информаторов. Книги Дэвида отвращают людей от такой работы. Что вполне естественно.

Гиннесс в ответ прикрывает глаза и качает головой в знак сожаления, а я тем временем плачу по счету.

— Вам нужно вступить в "Атенеум"*, Дэвид, — говорит Олдфилд мягко, намекая, видимо, что "Атенеум" каким-то образом поможет мне стать лучше. — Я лично буду вас рекомендовать. Вот так. Вам ведь этого хотелось бы, правда?

А потом, когда мы втроем уже стоим на пороге ресторана, Гиннессу:

* Лондонский клуб для интеллектуальной элиты.

— Я очень рад, Алек. Признаться, даже польщен. Мы непременно побеседуем снова в самом скором времени.

— Непременно побеседуем, — воодушевленно соглашается Гиннесс, и два старых разведчика жмут друг другу руки.

Очевидно, не успев насладиться обществом нашего уходящего гостя, Гиннесс увлеченно следит, как Олдфилд — маленький, энергичный, целеустремленный джентльмен — тяжелой поступью шагает по мостовой, а затем, выставив вперед зонт, скрывается в толпе.

— Может, по рюмочке коньяку на дорожку? — предлагает Гиннесс и, едва мы успеваем снова сесть за стол, начинает допрос:

— Эти безвкусные запонки. Что, все наши разведчики такие носят?

Нет, Алек, наверное, Морису просто нравятся безвкусные запонки.

— А кричащие рыжие ботинки из замши на каучуковой подошве? Для того чтобы ходить бесшумно?

Наверное, просто для удобства, Алек. Вообще-то каучуковая подошва скрипит.

— И вот еще что мне скажите. — Он хватает пустой стакан, наклоняет и постукивает по нему кончиком пухлого пальца. — Я видел, когда делают так. (Сэр Алек разыгрывает маленький спектакль — пристально и задумчиво глядит в стакан, продолжая по нему постукивать.) — Видел, когда делают так. (Теперь он водит пальцем по краю бокала все с тем же отрешенным видом.) — Но чтобы делали вот так, вижу впервые. (Он засовывает палец в стакан и проводит по внутренней стенке.) — Как вы думаете, Олдфилд искал следы яда?

Он это серьезно? Сидящий внутри Гиннесса ребенок серьезен как никогда. Я намекаю, что Олдфилд, получается, искал следы яда, который уже выпил. Но Алек предпочитает не обращать внимания на мои слова.

Замшевые ботинки Олдфилда, на каучуковой подошве или какой другой, и сложенный зонт, который он выставлял вперед, прощупывая перед собой дорогу, вошли в историю индустрии развлечений, став неотъемлемыми атрибутами гиннессовского Джорджа Смайли — старого, вечно спешащего разведчика. Насчет запонок теперь уже не знаю, но нашему режиссеру, помню, они казались слегка карикатурными, и он уговаривал Гиннесса поменять их на что-нибудь поскромнее.

Другое последствие нашего совместного обеда оказалось менее приятным, хотя и более продуктивным в художественном плане. Неприязнь, которую Олдфилд питал к моему творчеству — да и ко мне лично, полагаю, — пустила глубокие корни в сердце актера Гиннесса, и он не погнушался напомнить мне об этом, когда почувствовал необходимость показать растущее в душе Джорджа Смайли чувство стыда, намекая, что такое же чувство должен испытывать и я сам.

■

Вот уже сто лет, а то и больше наших британских разведчиков и строптивых авторов шпионских романов связывают драматические, а порой забавные отношения — они друг друга любят и ненавидят. Как и авторам, разведчикам нужен имидж, романтический образ, однако терпеть насмешки они не намерены — ни от Эрскина Чайлдерса и Уильяма Ле Ке, ни от Эдварда Филлипса Оппенгейма, которые возбудили такую антигерманскую истерию, что вполне могут причислить себя к тем, кто прежде всего способствовал появлению на свет постоянно действующей службы безопасности. До этого одни джентльмены якобы не читали писем других джентльменов, пусть даже на самом деле многие джентльмены очень даже читали. В годы Первой мировой зазвучало имя Сомерсета Моэма — писателя и агента британской разведки — не лучшего, согласно большинству оценок. Когда Уинстон Черчилль заявил, что, написав “Эшендена”, Моэм нарушил закон о государственной тайне*, и выразил не-

* Источник: “Секретная служба” (*Secret Service*) Кристофера Эндрю, вышедшая в 1985 году в издательстве Уильяма Хейнемана *(Прим. автора)*.

удовольствие по этому поводу, тот, опасаясь уже готового разразиться гомосексуального скандала, сжег 14 неопубликованных рассказов и отложил публикацию остальных до 1928 года.

Писателя и биографа Комптона Маккензи, шотландского националиста, запугать было не так просто. Во время Первой мировой войны его комиссовали из армии, перевели в МИ-6, и Маккензи стал начальником — компетентным, надо сказать, — британской контрразведки в сохранявшей нейтралитет Греции. Однако начальство и его приказы частенько казались ему нелепыми, и Комптон, по писательскому обыкновению, их высмеивал. В 1932-м его осудили за нарушение государственной тайны и оштрафовали на 100 фунтов стерлингов — за публикацию автобиографической книги "Греческие мемуары", в которой Маккензи и в самом деле слишком много себе позволил. Однако эта история ничему его не научила, и через год Маккензи отомстил, опубликовав свою сатиру "Разжижение мозгов". Я слышал, что в досье Маккензи в МИ-5 имеется среди прочего набранное огромным шрифтом письмо, адресованное генеральному директору службы безопасности и подписанное ручкой с зелеными чернилами, которую традиционно использовал глава секретной службы.

"Хуже всего, — пишет он своему собрату по оружию на другой стороне Сент-Джеймсского парка, — что Маккензи раскрыл настоящие шифры, используемые сотрудниками секретной службы в переписке*, а некоторые из них используются до сих пор". Довольный призрак Маккензи, наверное, потирал руки.

Но самый смелый писатель-перебежчик из МИ-6, само собой, Грэм Грин — я, правда, не знаю, догадывался ли он, как близок был к тому, чтобы предстать перед судом Олд-Бейли** следом за Маккензи. Одно из самых заветных моих воспоминаний, относящееся к концу 50-х годов, — как мы встретились

* Письма эти обычно начинались с трехбуквенного шифра, обозначавшего подразделение МИ-6, затем следовал номер, указывавший на сотрудника подразделения *(Прим. автора)*.

** Центральный уголовный суд в Лондоне.

за чашечкой кофе в первоклассном буфете штаб-квартиры секретной службы с одним из юристов МИ-5. Он был добрый малый, курил трубку и походил скорее на семейного стряпчего, чем на чиновника, но в то утро выглядел весьма встревоженным. К этому юристу на стол попал сигнальный экземпляр "Нашего человека в Гаване", и он уже дочитал роман до середины. Когда я сказал, что ему повезло и я ему завидую, он вздохнул и покачал головой. Этого Грина, говорит, должны судить. Он использовал информацию, которой владел, будучи в военное время офицером МИ-6, и в точности описал, как глава резидентуры в британском посольстве контактирует с полевым агентом. Грина следовало бы посадить в тюрьму.

— И главное, книга хорошая, — сетовал он. — Чертовски хорошая книга. Вот ведь в чем беда.

Я шерстил газеты — искал новость об аресте Грина, но он гулял себе на свободе. Может, тузы МИ-5 подумали и решили, что смеяться тут лучше, чем плакать. За этот акт милосердия Грин отблагодарил их через двадцать лет, изобразив в своем "Человеческом факторе" уже не просто болванами, а убийцами. Но предупредительный выстрел МИ-6, видимо, все же сделала. В предисловии к "Человеческому фактору" Грин осмотрительно уверяет нас, что закона о государственной тайне не нарушал. Если сможете раздобыть один из ранних экземпляров "Нашего человека в Гаване", найдете там такое же заявление об отказе от ответственности.

История, однако, показывает, что наши грехи в конце концов прощены. Маккензи окончил свои дни рыцарем, Грин — кавалером ордена "За заслуги".

— Сэр, в вашем новом романе один человек говорит о главном герое, что он не стал бы предателем, если б умел писать. Скажите, пожалуйста, кем бы стали *вы*, если бы не умели писать? — спрашивает меня серьезный американский журналист.

Размышляя, как бы поосторожней ответить на этот опасный вопрос, я думаю одновременно, а не должны ли, если уж на то пошло, наши секретные службы быть благодарны писателям-перебежчикам? По сравнению с адом кромешным, который мы могли бы устроить другим способом, наши сочинения безобидны, как игра в кубики. Бедные шпионы, которым теперь не дают покоя, наверное, думают, что уж лучше бы Эдвард Сноуден написал роман.

■

Так что я должен был ответить тогда, на дипломатической вечеринке, своему взбешенному экс-коллеге, который еще чуть-чуть и уложил бы меня на пол? Без толку напоминать, что в некоторых книгах я изобразил британское разведуправление более компетентной организацией, чем мне когда-либо приходилось видеть на самом деле. Или что один из самых высокопоставленных его офицеров так отозвался о “Шпионе, пришедшем с холода”: “За всю историю это, черт возьми, единственная удачная операция с двойным агентом”. Или, что, описывая в романе, так его рассердившем, ушедшие в прошлое военные игры обособленного британского ведомства, я, вероятно, преследовал несколько более серьезные цели, нежели грубо оскорбить его Службу. И упаси меня бог, вздумай я утверждать, что, если уж писатель взялся за такое нелегкое дело — изучать характер нации, может, ему как раз следует обратить внимание на национальные спецслужбы. Я б и двух слов не успел сказать, как уже лежал бы на полу.

А насчет того, что Служба не может мне ответить, я, наверное, так скажу, и вряд ли ошибусь: ни в одном другом западном государстве пресса так не нянчится с разведчиками, как у нас. Наша система цензуры — добровольной ли или предписанной туманными и слишком суровыми законами, — наше умение обзаводиться друзьями и коллективная британская покорность тотальному надзору, который обеспечивают двусмысленные требования законодательства, — наверное, предмет зависти шпионов всех стран свободного и несвободного мира.

Без толку говорить и о многочисленных “одобренных” мемуарах бывших работников Службы, где она предстает в таком обличье, которое скорее всего вызовет восхищение; или об “официальных историях”, где самые чудовищные ее преступления снисходительно завуалированы; или о бесконечных статьях в отечественных газетах, состряпанных после обедов, гораздо более приятных, чем тот, за которым я наслаждался обществом Мориса Олдфилда.

Или, может, вот о чем намекнуть моему разгневанному приятелю: писатель, показывая, что профессиональные разведчики всего лишь люди и, как все остальные, не застрахованы от ошибок, оказывает обществу скромную услугу и даже действует во благо демократии, да поможет нам бог, ведь в Британии спецслужбы и по сей день, как бы там ни было, остаются колыбелью нашей политической, социальной и экономической элиты?

Вот на этом, дорогой мой бывший коллега, и заканчивается мое вероломство. И на этом, дорогой лорд Хили, ныне покойный, заканчиваются мои коммунистические идеи, чего, между прочим, нельзя было сказать о вас в дни вашей молодости. Сейчас, по прошествии полувека, трудно передать атмосферу недоверия, царившую в конце пятидесятых — начале шестидесятых в коридорах Уайтхолла, где вершились секретные дела. Когда в 1956-м меня официально зачислили в МИ-5 младшим офицером, мне было двадцать пять. Сказали, будь я хоть немного моложе, не подошел бы. “Пятерка”, как мы ее называли, считала себя зрелой организацией и гордилась этим. Увы, никакая зрелость не помогла ей избежать вербовки таких знаменитостей, как Гай Бёрджесс и Энтони Блант, и других отчаянных предателей того времени, чьи имена остаются в памяти британцев подобно именам известных некогда футболистов.

От работы в Службе я ожидал многого. До сих пор мои шпионские подвиги были весьма скромны, но я успел войти во вкус. Мои офицеры-кураторы все как один оказались людьми приятными, опытными и деликатными. Благодаря им я задумался о призвании, вспомнил забытое со школьных времен чувство, что я должен стараться. Будучи офицером британской разведки в Австрии, я благоговел перед загадочными гражданскими, время от времени посещавшими наш лагерь в Граце и придававшими этому скучнейшему месту таинственность, которой во все остальное время ему, увы, недоставало. Только попав в цитадель, откуда они приходили, я спустился — нет, шлепнулся — с небес на землю.

Шпионить за пришедшей в упадок Коммунистической партией числом 25 тысяч человек — ее МИ-5 нужно было охватить сетью осведомителей — мне не хотелось, это не соответствовало моим амбициям. То же касается и двойных стандартов, использовавшихся Службой для подпитки амбиций собственных. МИ-5 так или иначе выступала моральным арбитром частной жизни британских госслужащих и научных работников. В результате проверок, проводившихся в то время, было установлено, что гомосексуалы и другие люди с выявленными отклонениями легко поддаются шантажу, следовательно, их отстраняли от секретной работы. При этом Служба, кажется, спокойно игнорировала гомосексуалов в своих рядах, а сам генеральный директор открыто жил со своей секретаршей — на неделе, а по выходным — с женой; дошло даже до того, что он оставлял письменные инструкции ночному дежурному на случай, если позвонит жена и поинтересуется, где он. Но боже упаси машинистку из канцелярии надеть юбку, которая покажется кому-нибудь слишком короткой, слишком узкой, а женатого референта — пялиться на эту машинистку.

Если в высших эшелонах Службы сидели дряхлеющие ветераны Второй мировой, то средний слой составляли бывшие солдаты колониальной полиции и окружные офицеры, в съежившейся Британской империи оставшиеся не у дел. Может, усмирять непокорных туземцев, у которых хватило дерзости отвоевывать собственную страну, они и умели, однако, когда понадобилось охранять родину, которую они едва знали, им пришлось трудновато. Британский рабочий класс казался им столь же непредсказуемым и непостижимым, как когда-то —

бунтующие дервиши. А профсоюзы — не чем иным, как прикрытием для коммунистов.

В то же время юным контрразведчикам вроде меня, жаждавшим добычи посерьезней, было приказано не тратить время на поиски тайных агентов, работающих на Советский Союз, поскольку из авторитетного источника стало доподлинно известно, что на британской земле таких агентов нет. Кому известно, от кого известно, я так и не узнал. Четырех лет мне хватило. В 1960-м я подал заявление о переводе в МИ-6 или, как выразился мой недовольный работодатель, “к этим подонкам на той стороне парка”.

Но позвольте мне на прощание выразить МИ-5 признательность, ведь я перед ней в долгу, который никогда не смогу уплатить сполна. Самые суровые уроки писательского мастерства в жизни мне преподал не школьный учитель, не университетский преподаватель и уж точно не мастер на писательских курсах. А преподали начальники управлений МИ-5, сидевшие на Керзон-стрит в Мэйфэре, старшие офицеры — люди с классическим образованием, которые с педантическим удовольствием копались в моих отчетах, отпускали массу презрительных замечаний насчет неверных согласований и неуместных наречий и оставляли на полях моих бессмертных произведений пометки примерно такого содержания: *излишний — пренебрег — извиняет — неопрятный — вы это серьезно?* В жизни не встречал редакторов столь требовательных и столь справедливых.

К весне 1961-го я окончил в МИ-6 подготовительные курсы, где овладел навыками, ни разу мне не пригодившимися и тут же забытыми. Во время заключительной церемонии начальник учебного отдела Службы, ветеран с суровым лицом, краснея, со слезами на глазах сообщил, чтобы мы можем идти домой и ждать дальнейших указаний. Возможно, они поступят не сразу. И вот по какой причине (мне никогда бы и во сне не приснилось, провозгласил он, что придется однажды такое объявить): один из офицеров, уже давным-давно работавший в Службе и пользовавшийся безграничным доверием, разоблачен — он оказался советским двойным агентом. Звали его Джордж Блейк.

Масштабы предательства Блейка колоссальны даже по меркам того времени: он выдал сотни — буквально — британских агентов (Блейк уже сам потерял им счет); провалил несколько тайных операций, связанных с прослушкой и считавшихся чрезвычайно важными для национальной безопасности (например, операцию с берлинским тоннелем*, но не только), еще до их начала, а также сдавал сотрудников, явки, информацию о составе и дислокации подразделений и форпостов МИ-6 по всему земному шару. А еще Блейк, которого обе стороны считали самым искусным оперативным сотрудником, искал Бога и ко времени разоблачения успел побыть христианином, иудеем и коммунистом — именно в таком порядке. Находясь в заключении в Уормвуд-Скрабс, откуда позже он, как известно, сбежал, Блейк обучал сокамерников читать Коран.

Через два года после того, как поступили столь тревожные известия об измене Джорджа Блейка, я служил вторым секретарем (по политическим вопросам) в посольстве Великобритании в Бонне. Однажды поздно вечером глава резидентуры вызвал меня в свой кабинет и строго конфиденциально сообщил о том, что на следующий день в вечерней газете прочтет каждый англичанин: Ким Филби, некогда выдающийся начальник контрразведки МИ-6, которого однажды даже рекомендовали на пост главы Службы, тоже русский шпион и — но об этом нам позволено было узнать только со временем — завербован русскими с 1937 года.

В этой книге вы прочтете рассказ Николаса Эллиота, друга, коллеги и соратника Филби в мирное время и на войне, об их последней встрече в Бейруте, когда Филби частично признал свою вину. Вам может показаться странным, что в словах

* Совместная операция ЦРУ и британской разведки по прокладке подземного туннеля из Западного Берлина на территорию Восточного Берлина для получения доступа к телефонным коммуникациям штаба советских войск в Германии.

Эллиота почти не слышно гнева или хотя бы возмущения. Все очень просто. Разведчики не полицейские, и здравыми в вопросах морали их тоже не назовешь, что бы они там о себе ни думали. Если твоя задача — вербовать предателей и использовать их в своих целях, вряд ли ты будешь сетовать, когда окажется, что и кого-то из твоих в свою очередь переманили, пусть даже ты любил его как брата, ценил как коллегу и посвящал во все детали своей секретной работы. Когда я писал "Шпиона, пришедшего с холода", то этот урок уже усвоил. А когда стал писать "Шпион, выйди вон!", угрюмая звезда Кима Филби освещала мне дорогу.

Шпионаж и писательский труд идут рука об руку. И для того и для другого нужен наметанный глаз, который видит человеческие проступки и множество путей, ведущих к предательству. Кому довелось побывать внутри секретного шатра, тот никогда уже из него не выйдет. И если до этого ты не имел привычек его обитателей, теперь усвоишь их навсегда. За примерами далеко ходить не надо — достаточно вспомнить Грэма Грина и анекдот о том, как он затеял лисьи игры с ФБР, а на самом деле сам с собой. Наверное, какой-нибудь из его неучтивых биографов об этом написал, но лучше не проверять.

Под конец жизни писатель и бывший шпион Грин решил, что попал в черный список ФБР как приверженец коммунистических взглядов и провокатор. И в общем-то имел на то причины, он ведь неоднократно приезжал в Советский Союз, оставался верным своему другу и коллеге — шпиону Киму Филби и не скрывал этого, а еще пытался, но тщетно, увязать идеи католицизма и коммунизма. Когда возвели Берлинскую стену, он сфотографировался не с той ее стороны и заявил всему миру, что предпочел бы быть там, а не здесь. Грин до того не любил Соединенные Штаты и в то же время боялся реакции на свои радикальные высказывания, что с американским издателем соглашался встречаться только на канадской территории.

Но однажды настал день, когда ему наконец разрешили взглянуть на свое досье в ФБР. Там была только одна запись:

о том, что он водил знакомство с политически неблагонадежной британской балериной Марго Фонтейн в то время, когда она боролась за обреченное на провал дело своего разбитого параличом и неверного мужа Роберто Ариаса.

Скрытности меня научил не шпионаж. Изворотливость и хитрость были мне присущи еще в детстве как необходимые средства самозащиты. В юности все мы в некотором роде шпионы, но я-то в этом деле был уже ветераном. И когда секретный мир призвал меня, я почувствовал, что возвращаюсь домой. А почему это так, лучше расскажу в одной из последних глав под названием “Сын отца автора”.

ГЛАВА 2
Законы доктора Глобке

Проклятый Бонн — так в начале шестидесятых мы, молодые британские дипломаты, называли этот город — не потому, что как-то особенно презирали сонный рейнландский курорт, резиденцию курфюрстов Священной Римской империи и родину Людвига ван Бетховена, а просто чтобы шутя уважить наших хозяев, лелеявших абсурдные мечты о переносе столицы Германии дальше к северу, в Берлин, чего, как они думали — и мы охотно с ними соглашались, — уж конечно никогда не случится.

В 1961-м в британском посольстве, расположенном в уродливом производственном здании, растянувшемся вдоль автострады между Бонном и Бад-Годесбергом, числилось три тысячи душ — внушительная цифра; большинство из них, правда, больше работали на родине, нежели в Германии. До сих пор не имею представления, что делали остальные сотрудники в душном Рейнланде. В моей же судьбе за три года, проведенных в Бонне, произошли радикальные перемены: я считаю этот город местом, где моя прошлая жизнь подошла к неизбежному финалу и началась новая жизнь, писательская.

В издательстве взяли мой первый роман, еще когда я был в Лондоне. Но прежде чем он скромно вышел в свет, я успел прожить в Бонне несколько месяцев. Помню, как промозглым воскресным днем отправился в кельнский аэропорт, накупил британских газет, вернулся в Бонн, припарковал автомобиль, сел в парке на скамейку под навесом и читал их в одиночестве. Критики были доброжелательны, но восхищались сдержанней, чем я рассчитывал. Джорджа Смайли они одобрили. На этом неожиданно все и закончилось.

Каждому писателю, наверное, это знакомо: мучаешься неделями, месяцами, порой заходишь в тупик; наконец драгоценная рукопись готова; агент и издатель воодушевлены, но скорее потому, что таков ритуал; идет правка; теплятся большие надежды, тревога по мере приближения дня Икс нарастает; выходят рецензии, и на этом внезапно все заканчивается. Ну написал ты книгу год назад, так чего сидишь? Пиши еще.

Да я, собственно, и писал.

Начал новый роман, действие которого разворачивалось в частной школе. В качестве декораций использовал Шерборн, где учился, и Итон, где преподавал. Есть мнение, что к этому роману я приступил, еще работая в Итоне, но ничего такого не припомню. Я вставал ни свет ни заря, задолго до того, как нужно было отправляться в посольство, работал, быстро окончил роман и отослал. Итак, дело снова сделано, только в следующий раз я решил написать что-нибудь пожестче. О мире, в котором жил теперь.

■

К концу первого года работы *en poste*[*] зона моей ответственности охватывала всю Западную Германию, я имел неограниченную свободу передвижения и всюду был вхож. Как один из странствующих миссионеров посольства, проповедующих вхождение Британии в Общий рынок, я мог напроситься на заседание муниципалитета, собрание политической организации, в кабинет мэра в любой части ФРГ. В молодой Западной

[*] На [дипломатическом] посту *(фр.)*.

Германии, решительно настроенной производить впечатление открытой, демократической страны, молодому любопытному дипломату все двери были открыты. Я мог целыми днями сидеть в бундестаге, на балконе для дипломатов, обедать с парламентскими корреспондентами и советниками. Я мог постучать в дверь министра, прийти на митинг протеста или в выходные — на высокоинтеллектуальную конференцию о культуре и немецкой душе, и все время пытался понять, спустя пятнадцать лет после падения Третьего рейха, где заканчивается старая Германия и начинается новая. В 1961-м это было очень непросто. Во всяком случае для меня.

В изречении, которое приписывают канцлеру Конраду Аденауэру по прозвищу Старик, занимавшему свой пост со времен основания ФРГ, то есть с 1949 года, вплоть до 1963-го, эта проблема сформулирована четко: "Грязную воду не выливают, если нет чистой". Многие предполагали, что таким образом он неявно намекал на Ганса Йозефа Марию Глобке, своего серого кардинала, ведавшего вопросами национальной безопасности и многими другими. Послужной список Глобке даже по нацистским меркам был впечатляющим. Он прославился еще до того, как Гитлер пришел к власти, — тем, что писал антисемитские законы для прусского правительства.

Через два года, уже на службе у своего нового фюрера, Глобке составил Нюрнбергский закон, лишавший всех евреев немецкого гражданства и обязывавший их в целях идентификации добавлять к своим именам "Сара" или "Израиль". Неевреям, состоящим в браке с евреями, было приказано избавиться от своих супругов. Работая в управлении нацистского правительства по делам евреев под началом Адольфа Эйхмана, Глобке написал новый закон — "Об охране германской крови и германской чести", прозвучавший сигналом к началу холокоста.

Одновременно Глобке умудрился (потому, видимо, что был пламенным католиком) на всякий случай сблизиться с правыми антинацистскими группировками — до такой степени, что его собирались выдвинуть на высокий пост в случае, если заговорщики одержат победу и избавятся от Гитлера. Может, именно поэтому, когда война закончилась, он избежал ответственности, к которой союзники вяло пытались его привлечь. Аденауэр был решительно настроен оставить Глобке при себе. Британцы не стали ему мешать.

Вот как случилось, что в 1951-м, когда прошло каких-то шесть лет после окончания войны и два года после образования Западной Германии как отдельного государства, доктору Гансу Глобке удалось осуществить в интересах своих бывших и нынешних коллег-нацистов ловкий законодательный маневр, в который сегодня поверить трудно. По Новому закону Глобке — так я буду его называть — государственным служащим гитлеровского режима, чья трудовая деятельность прекратилась раньше срока по обстоятельствам, от этих служащих не зависящим, восстанавливали жалованье в прежнем объеме, выплачивали недополученное жалованье и давали пенсионные права, какими те пользовались бы, если бы Вторая мировая не началась или если бы победила в ней Германия. Словом, эти служащие получали все то, на что могли бы рассчитывать, если бы победа союзников не помешала им спокойно трудиться.

Результат не заставил себя ждать. Старая нацистская гвардия вцепилась в свои теплые местечки. А молодому поколению, запятнавшему себя в меньшей степени, пришлось сидеть под лестницей.

■

И здесь появляется доктор Йоханнес Ульрих, ученый, архивариус, любитель Баха, хорошего красного бургундского и прусской военной истории. В апреле 1945-го, за несколько дней до того, как командующий обороной Берлина безоговорочно капитулировал перед русскими, Ульрих занимался тем же, чем и предыдущие десять лет: усердно выполнял работу хранителя и младшего архивариуса Прусского имперского архива при министерстве иностранных дел Германии на Вильгельмштрассе. Поскольку Королевство Пруссия ликвидировали в 1918-м, всем документам, проходившим через его руки, было как минимум 27 лет.

Своих фотографий в молодости Йоханнес мне не показывал, но я представляю его спортивным юношей, одевавшимся строго — в костюмы и крахмальные воротнички ушедшей эпохи, к которой он принадлежал. Когда Гитлер пришел к власти, начальство трижды настоятельно просило Йоханнеса вступить в нацистскую партию, и он трижды отказывался. Посему, когда весной 1945-го Красная армия маршала Жукова дошла до Вильгельмштрассе, младший архивариус оставался на прежнем месте и в прежнем качестве. Вошедшим в Берлин советским войскам было вообще-то не до пленных, но в министерстве иностранных дел Германии ведь находились очень ценные пленные, а также документы, изобличающие нацистов.

Что делал Йоханнес, когда русские стояли на пороге, теперь уже стало легендой. Он обернул имперский архив в куски клеенки, погрузил на тележку и, не обращая внимания на непрекращающуюся стрельбу, мины и гранаты, покатил туда, где земля была помягче, закопал архив, вернулся на свой пост и тут же был взят в плен.

Доказательства против него с точки зрения советской военной юстиции оказались неопровержимыми. Как хранитель нацистских документов он по определению считался агентом фашистской агрессии. Следующие десять лет Йоханнес провел в сибирских тюрьмах, шесть из них отсидел в одиночной камере, остальные — в общей, с психами-уголовниками, чьи повадки научился копировать — он ведь хотел выжить.

Его освободили в 1955-м по соглашению о репатриации военнопленных. Первое, что сделал Йоханнес по прибытии в Берлин, — во главе поисковой группы отправился к месту захоронения архива и руководил эксгумацией. После чего удалился поправлять здоровье.

■

Теперь вернемся к Новому закону Глобке.

Разве могли быть привилегии, которых не заслужил этот верный госслужащий нацистской эпохи, эта жертва жестоких большевиков? Забудем, что он трижды отказывался вступить в партию. Забудем, что испытывал отвращение ко всему нацистскому и оттого еще глубже погружался в прусское имперское прошлое. Лучше зададимся вопросом, каких успехов мог бы добиться молодой архивариус с блестящим образованием, одержи Третий рейх победу.

Считалось, что Йоханнес Ульрих, десять лет не видевший ничего, кроме камеры в сибирской тюрьме, весь срок своего заключения проработал на дипломатической службе и проявил себя как человек честолюбивый. Посему он имел право на повышение жалованья в соответствии с должностью, которую мог бы теперь занимать, а также на компенсацию невыплаченного жалованья, премии, пенсионное обеспечение и — безусловно, самую желанную привилегию для любого госслужащего — рабочий кабинет, соразмерный его статусу. Ах да, еще год оплачиваемого отпуска — как минимум.

Поправляя здоровье, Йоханнес погружается в чтение книг по истории Пруссии, вспоминает о своем пристрастии к красному бургундскому и женится на восхитительно остроумной переводчице-бельгийке, которая души в нем не чает. Наконец наступает день, когда он не может уже противиться чувству долга — неотъемлемой составляющей его прусской души. Он надевает новый костюм, жена помогает ему повязать галстук и отвозит в министерство иностранных дел, которое теперь не на берлинской Вильгельмштрассе, а в Бонне. Смотритель провожает Йоханнеса в его кабинет. Да это не *кабинет*, а прямо *парадные покои*, уверяет Ульрих: стол акра три, сделанный по проекту самого Альберта Шпеера, ей-богу. Герр доктор Йоханнес Ульрих, хочет он того или нет, отныне — старшее должностное лицо западногерманской дипломатической службы.

■

Чтобы увидеть Йоханнеса в лучшую его пору — а мне несколько раз посчастливилось, — вообразите сутулого энергичного человека лет пятидесяти, который беспрестанно ходит, будто до сих пор меряет шагами свою камеру в Сибири. Потом бросает на тебя вопросительный взгляд через плечо: я вас, мол, не шокировал? В тревоге закатывает глаза, ужасаясь собственному поведению, глухо, будто ухает сова, смеется и делает еще один круг по комнате, размахивая руками. Однако он не сумасшедший, подобно несчастным заключенным, к которым его приковывали в Сибири. Он блистательно, невыносимо разумен, а сумасшествие снова не в нем, но вокруг него.

Для начала Йоханнес должен во всех подробностях описать каждую деталь своих парадных покоев (для ошеломленных гостей, собравшихся на обед в Кёнигсвинтере, на берегу Рейна, по случаю моего приема в дипломатический корпус): вообразите, говорит он, черного орла с красными когтями, который, повернув голову, глядит на меня с висящего на стене герба (Йоханнес поворачивает голову вправо, изображает презрительную усмешку), и посольский письменный прибор из серебра с чернильницей и подставкой для ручки.

Потом Йоханнес выдвигает воображаемый ящик трехакрового письменного стола Альберта Шпеера и извлекает из него внутренний телефонный справочник министерства иностранных дел ФРГ — только для служебного пользования, в переплете, говорит он, из превосходной телячьей кожи. Йоханнес двумя руками, в которых ничего нет, протягивает нам справочник, благоговейно склоняется над ним, вдыхает запах кожи и закатывает глаза, восхищаясь качеством этой вещи.

Теперь он его открывает. Медленно-медленно. Проигрывая все заново, он будто изгоняет нечистую силу, с помощью этого спектакля очищается от того, о чем подумал, когда впервые увидел фамилии в телефонном справочнике. Это были те самые аристократические фамилии и те самые их обладатели, что заслужили признание на дипломатическом поприще при нелепом Иоахиме фон Риббентропе, гитлеровском министре иностранных дел, который из камеры смертника в Нюрнберге продолжал заявлять о своей любви к фюреру.

Может, они, обладатели этих благородных имен, стали теперь хорошими дипломатами, лучше, чем раньше. Может, они исправились и теперь первые демократы. Может, они, подобно Глобке, заключили договор с какой-нибудь антинацистской группировкой в ожидании дня, когда Гитлер падет. Но Йоханнес не настроен рассматривать своих коллег столь дружелюбно. Мы, его немногочисленная публика, наблюдаем, как он падает в кресло и делает глоток красного бургундского, которое я купил, чтобы его уважить, в специализированном магазине, где мы, дипломаты, имели привилегию делать покупки. Он показывает, что именно сделал тем утром в своих парадных покоях, впервые открыв секретный телефонный справочник министерства иностранных дел ФРГ для внутреннего пользования в переплете из телячьей кожи: плюхнулся в глубокое кожаное кресло с открытым справочником в руках и читал про себя аристократические фамилии одну за другой, слева направо, медленно прочитывал каждое *фон* и *цу*. Мы видим, как увеличиваются его глаза, как шевелятся губы. Он сидит, уставившись в мою стену. Так я сидел, уставившись в стену, в моих парадных покоях, говорит он нам. Так сидел, уставившись в стену, в камере сибирской тюрьмы.

Он вскакивает с моего стула, вернее, со стула в своих парадных покоях. Снова он у трехакрового стола Альберта Шпеера, и пусть это всего лишь расшатанный обеденный столик у стеклянной двери, ведущей в мой сад. Он раскладывает справочник на столе, разглаживает ладонями страницы. На моем расшатанном столике телефона нет, но он поднимает воображаемую трубку, указательным пальцем другой руки отмечает первый внутренний номер в справочнике. Мы слышим зуммер внутреннего телефона. Этот звук издает Йоханнес — через нос. Мы видим, как его широкая спина сгибается и застывает, как он щелкает каблуками в обычной прусской манере. Слышим, как он по-военному гавкает в трубку, достаточно громко, чтобы разбудить моих детей, спящих наверху:

— *Heil Hitler, Herr Baron! Heir Ullrich! Ich möchte mich zurückmelden.*

Хайль Гитлер, герр барон! Говорит Ульрих! Докладываю: вернулся на службу!

Не хочу сказать, что, когда я служил дипломатом в Германии, меня так уж возмущали старые нацисты, занимавшие высокие посты, в то время как все силы нашей Службы были брошены на продвижение британской торговли и борьбу с коммунизмом. А если старые нацисты меня и возмущали — не такие уж и старые вообще-то, учитывая, что в 1960-м от Гитлера мы ушли всего на полпоколения, — то только потому, что я солидаризировался с немцами моего возраста, которым, чтобы двигаться по избранной стезе, приходилось любезничать с людьми, приложившими руку к развалу их страны.

Каково, частенько думал я, молодому амбициозному политику осознавать, что в верхах его партии сидят такие, например, знаменитости, как Эрнст Ахенбах, который в качестве руководителя немецкого посольства в Париже во время оккупации лично контролировал отправку французских евреев в Аушвиц? Французы и американцы пытались привлечь его к суду, но Ахенбах, будучи юристом по профессии, каким-то загадочным образом обеспечил себе право на освобождение от ответственности. И вместо того, чтобы предстать перед Нюрнбергским судом, открыл юридическую контору и получал хороший доход, защищая людей, обвиняемых в тех же преступлениях, какие совершил он сам. Как поступил бы наш молодой амбициозный немецкий политик, обнаружив, что за его работой надзирает Ахенбах, думал я. Молча проглотил бы это и продолжал улыбаться?

Среди прочих вещей, которые заботили меня во время работы в Бонне, а позже в Гамбурге, я думал о непобежденном прошлом Германии, оно не давало мне покоя. В душе я никогда не принимал политкорректность того времени, даже если внешне ее поддерживал. В этом смысле, полагаю, я поступал так, как поступали многие немцы во время войны 1939–1945 годов.

Даже после того, как я покинул Германию, эта тема меня не оставляла. Прошло уже много времени после “Шпиона, пришедшего с холода”, когда я вернулся в Гамбург и разыскал одного немецкого педиатра, обвиняемого в том, что он принимал участие в нацистской программе эвтаназии, которая должна была избавить арийскую нацию от лишних ртов. Оказалось, что обвинение против него безосновательно и состряпано завистливыми учеными-конкурентами. Это был для меня хороший урок. В том же 1964-м году я посетил город Людвигсбург в земле Баден-Вюртемберг и побеседовал с Эрвином Шуле, директором Центра расследований преступлений национал-социалистов. Я искал примерно такую историю, которую позже назову “В одном немецком городке”, но пока не дошел до того, чтобы использовать британское посольство в Бонне в качестве декораций. Тогда то время было слишком близко.

Эрвин Шуле оказался в точности таким, как его описывали: достойный, открытый человек, преданный своей работе. Не меньше Шуле своей работе были преданы и его сотрудники — полдюжины или около того молодых юристов с бледными лицами. Каждый в своем закутке, они ежедневно работали подолгу, изучая жуткие свидетельства, которые собирали по крохам в нацистских досье и получали из скудных показаний очевидцев. Цель у Шуле и его сотрудников была такая: возложить вину за совершенные зверства на отдельных людей, которых можно привлечь к суду, а не на войсковые подразделения, которые отдать под суд нельзя. Стоя на коленях перед детскими песочницами, они расставляли игрушечные фигурки, каждая из них была пронумерована. В одном ряду солдатики в форме с оружием. В другом — фигурки мужчин, детей и женщин в повседневной одежде. Их разделяет бороздка в песке, обозначающая место, где подготовлена братская могила, которая скоро заполнится.

Однажды вечером Шуле и его жена пригласили меня к себе, мы ужинали на балконе их дома, стоявшего на склоне лесистого холма. Шуле увлеченно рассказывал о своей работе. Это призвание, сказал он. Это историческая необходимость. Мы договорились в скором времени встретиться снова, но не встретились. В феврале следующего года Шуле сошел с самолета в Варшаве. Его пригласили ознакомиться с недавно обнаруженными нацистскими досье. Однако вместо приветствия предъявили увеличенную факсимильную копию его удостоверения члена нацистской партии. В то же время советское правительство выдвинуло против него ряд обвинений, в том числе заявило, что, будучи солдатом, на русском фронте он застрелил из своего револьвера двух мирных русских жителей и изнасиловал русскую женщину. И снова обвинения были признаны безосновательными.

Какова мораль? Чем усерднее ищешь абсолют, тем меньше вероятность, что найдешь. Ко времени нашего знакомства, полагаю, Шуле уже стал достойным человеком. Но от своего прошлого никуда не мог деться и как-то должен был с ним разбираться, чего бы ему это ни стоило. Как немцы его поколения это делали, вот что всегда меня интересовало. Когда в Германии грянула эпоха Баадера — Майнхоф, я, например, не удивился. Многие молодые немцы прошлое своих родителей похоронили, или отвергли, или просто вынесли за пределы реальности. Однажды накипеть должно было, и накипело. И накипело не только у горстки “бандитских элементов”. А у целого озлобленного, разочарованного поколения людей среднего класса, мужчин и женщин, которые тайком вступили в эту борьбу и обеспечили собственно террористам тыл и моральную поддержку.

Могло ли такое когда-нибудь случиться в Британии? Мы давно перестали сравнивать себя с Германией. Может быть, уже не осмеливаемся. Возникновение новой Германии — уверенной в себе, миролюбивой, демократической державы (не говоря уж о примерах гуманизма, которые она подает) — для многих британцев пилюля слишком горькая: как такую проглотить? Прискорбно, что перемены эти так нас огорчают.

ГЛАВА 3
Официальный визит

Когда в начале шестидесятых я работал в британском посольстве в Бонне, одной из самых приятных моих обязанностей было играть роль сопровождающего, или, как говорили немцы, гувернера, молодых, подающих надежды немцев, которые в составе делегаций ехали в Британию, где им предстояло познакомиться с нашим демократическим устройством, чтобы однажды — такие благородные надежды мы питали — нас в этом вопросе превзойти. Состояли эти делегации в основном из молодых депутатов и начинающих политических журналистов, некоторые из них были очень толковыми и все, насколько я могу припомнить, мужского пола.

Поездка длилась в среднем неделю: мы вылетали из кельнского аэропорта Британскими европейскими авиалиниями вечером в воскресенье, представители Британского совета или МИДа нас радушно принимали, а в следующую субботу утром мы возвращались. Пять дней были расписаны по минутам: гости посещали обе палаты парламента, присутствовали на часе вопросов в палате общин, потом посещали верховные суды и иногда штаб-квартиру Би-би-си; ходили на прием к министрам правительства и лидерам оппозиции, а какого ранга, зависело частично от положения самих делегатов, частично — от прихотей руководства этой оппозиции; и выборочно осматривали сельские красоты Англии (Виндзорский замок, Раннимид, где была подписана Великая хартия вольностей, и Вудсток, образцовый английский провинциальный городок в Оксфордшире).

Как провести вечер, молодые люди выбирали сами — пойти в театр или заняться тем, что соответствовало их увлечениям, а именно (см. информационные материалы Британского совета): делегаты католического или лютеранского толка могли пообщаться со своими единоверцами, социалисты — со своими товарищами по оружию, лейбористами; и тем, у кого предмет увлечений был особый, например развивающиеся экономики стран третьего мира, тоже предлагалось побеседовать с британскими коллегами.

А если возникнут вопросы и пожелания, пожалуйста, не стесняйтесь — обращайтесь к вашему гиду-переводчику, то есть ко мне.

Они и не постеснялись. В результате в одиннадцать часов вечера, дивного летнего вечера воскресенья, я стоял у конторки портье в вест-эндском отеле с десятифунтовой банкнотой в руке и полудюжиной оживленных молодых немцев-парламентариев, которые, высовываясь из-за моего плеча, требовали женщин. Они приехали в Англию четыре часа назад, большинство из них — впервые. О Лондоне шестидесятых они знали только, что это веселый город, и настроены были веселиться вместе с ним. Сержант из Скотленд-Ярда, мой знакомый, порекомендовал нам ночной клуб на Бонд-стрит, где "девчонки честно работают, без обмана". Два черных кэба примчали нас к дверям этого клуба. Но двери оказались запертыми на засов и свет нигде не горел. В те давно минувшие дни у нас действовали законы о закрытии торговых и присутственных мест в воскресенье, а сержант об этом позабыл. Теперь, когда надежды моих гостей были разбиты, только на портье я и мог уповать, и он меня не подвел — за десять-то фунтов:

— Пройдете до середины Керзон-стрит, сэр, по левую руку увидите окна — светятся синим светом — и написано "Уроки французского здесь". Если окна темные, значит, девочки заняты. А если горят, значит, готовы к работе. Только делайте все по-тихому.

Как быть: идти с моими подопечными в огонь и в воду или предоставить им искать удовольствий самостоятельно? Кровь в них кипела. По-английски они почти не говорили, а на немецком по-тихому у них не всегда получалось. Окна горели. Вернее, светились, как-то особенно двусмысленно, а больше на улице, кажется, света не было. К входной двери вела короткая дорожка. Кнопка звонка с надписью “Нажмите” была подсвечена. Не обращая внимания на совет портье, мои делегаты вели себя отнюдь не по-тихому. Я позвонил. Дверь открыла крупная дама средних лет в белом восточном платье, голова ее была повязана цветным платком.

— Что? — возмущенно вопросила она, будто мы подняли ее с постели.

Я уже готов был попросить прощения за беспокойство, но член парламента от избирательного округа западного Франкфурта меня опередил.

— Мы немцы и хотим изучить французский! — прогремел он (и это было лучшее, что он мог сказать по-английски), а товарищи поддержали его одобрительным ревом.

Хозяйка осталась невозмутимой.

— По пять фунтов с человека за один раз и еще по одному — за каждый последующий, — сообщила она строгим тоном школьной учительницы.

Я уже собирался оставить своих делегатов предаваться их особым увлечениям, но тут заметил двух полисменов в форме — старого и молодого, шедших по тротуару в нашу сторону. На мне был черный пиджак и брюки в полоску.

— Я, — говорю, — сотрудник МИДа. Эти джентльмены прибыли с официальным визитом.

— Не кричите! — отвечает старый полисмен, и оба степенно идут дальше.

ГЛАВА 4
Рука на кнопке

Из политиков, которых мне довелось сопровождать в Британию за три года работы в британском посольстве в Бонне, больше всех меня впечатлил Фриц Эрлер, в 1963-м — главный уполномоченный Социал-демократической партии Германии по вопросам обороны и внешней политики, которому многие прочили пост канцлера ФРГ. Он был к тому же — я узнал это, отсиживая положенное время на прениях в бундестаге, — язвительным и остроумным оппонентом канцлера Аденауэра и его министра обороны Франца Йозефа Штрауса. А поскольку в глубине души я недолюбливал эту парочку не меньше, чем Эрлер, по-видимому, мне было вдвойне приятно получить задание сопровождать его во время визита в Лондон, где Эрлеру предстояло провести переговоры с главами всех фракций британского парламента, в том числе с лидером лейбористов Гарольдом Вильсоном, и с премьер-министром Гарольдом Макмилланом.

Тогда Германия, как говорится, держала руку на кнопке, и с этим был связан самый злободневный вопрос: в какой степени Бонн сможет повлиять на решение о запуске американских ракет с военных баз в ФРГ в случае ядерной войны? Эту тему Эрлер недавно обсуждал в Вашингтоне с президентом Кеннеди и его министром обороны Робертом Макнамарой. Посольство поручило мне повсюду сопровождать Эрлера во время его пребывания в Англии и помогать ему, выполняя функции личного секретаря, доверенного лица и переводчика. Эрлер, человек отнюдь не глупый, знал английский гораздо лучше, чем можно было предположить, однако процедура перевода давала дополнительное время на размышление — этого-то и хотел Эрлер, поэтому, узнав, что переводчик я неподготовленный, не испугался. Планировалось, что поездка продлится десять дней, график у нас был плотный. Министерство иностранных дел забронировало Эрлеру люкс в "Савое", а мне — номер в том же коридоре, почти по соседству.

Каждое утро около пяти я выходил на Стрэнд, покупал у продавца утренние газеты, садился в вестибюле "Савоя" — а над моим ухом свистели пылесосы, — читал и отмечал новости и комментарии, о которых, как я считал, Эрлеру следует узнать до предстоящих днем встреч. Затем сваливал их на пол под дверью его номера, возвращался в свой и ждал сигнала к началу нашей утренней прогулки, а вернее, пробежки, который звучал ровно в семь.

Эрлер в плаще и черном берете, идущий рядом со мной размашистым шагом, казался человеком суровым и, по-видимому, сухим, но я-то знал, что и то и другое лишь видимость. Минут десять мы шли прямо, никуда не сворачивая, каждое утро новым маршрутом. Потом он останавливался, разворачивался в обратную сторону, шел, опустив голову, сцепив руки за спиной и не отрывая взгляда от тротуара, и без запинки повторял названия магазинов и надписи на медных табличках, мимо которых проходил, а я смотрел на них и проверял. После пары таких прогулок Эрлер пояснил: это умственная гимнастика, к которой он приучил себя в концлагере Дахау. Незадолго до начала войны Эрлер был приговорен к десяти годам лишения свободы за то, что "замышлял измену родине", то есть нацистскому правительству. В 1945-м, во время печального известного марша смерти узников Дахау, Эрлеру удалось сбежать и залечь на дно в Баварии, где он и пробыл до капитуляции Германии.

Умственная гимнастика, очевидно, была эффективной: не помню, чтобы Эрлер хоть раз ошибся, повторяя названия магазинов и надписи на табличках.

■

Десять дней мы знакомились с достопримечательностями Вестминстерского дворца — выдающимися, лучшими и не самыми лучшими. Я помню лица людей, сидевших за столом напротив, — визуально, помню некоторые голоса — на слух. Гарольд Вильсон, как мне показалось, был заметно расстроен. Меня, лишенного бесстрастности, присущей подготовленным переводчикам, весьма интересовали особенности — речевые и внешние — тех, чьи слова я переводил. Больше всего мне запомнилось, что трубку Вильсон не закуривал, а использовал как сценический реквизит. О содержании тех переговоров, как будто бы высокого уровня, я не помню вообще ничего. Наши собеседники, по-видимому, о вопросах безопасности имели такое же слабое представление, как и я, то есть мне очень повезло, ведь, хотя я спешно составил список специальных терминов из жутковатого словаря доктрины взаимного гарантированного уничтожения, на английском они оставались для меня настолько же непостижимыми, как и на немецком. Но, кажется, блеснуть ими мне так ни разу и не пришлось, а сейчас я вряд ли их и вспомню.

Только одна встреча оставила неизгладимое впечатление, и я помню ее как сейчас — визуально, на слух и по существу, — это была грандиозная кульминация нашей десятидневной поездки: предполагаемый будущий канцлер Фриц Эрлер встретился с действующим британским премьер-министром Гарольдом Макмилланом на Даунинг-стрит, 10.

■

Сентябрь 1963-го. В марте этого года военный министр Великобритании Джон Профьюмо выступил в палате общин и заявил, что не состоял в неблагопристойной связи с мисс Кристин Килер, стриптизершей из английского ночного клуба и протеже Стивена Уорда, модного лондонского остеопата. Если женатый военный министр имеет любовницу, это, конечно, предосудительно, но не сказать чтобы неслыханно. Но если любовница эта, по всей вероятности, у него одна на двоих с военно-морским атташе советского посольства в Лондоне — а именно так заявляла Килер, — это уже слишком. Козлом отпущения стал несчастный остеопат Стивен Уорд, который после судебного процесса по сфабрикованному делу покончил с собой, не дожидаясь приговора. К июню Профьюмо сложил с себя полномочия члена правительства и парламента. К октябрю Макмиллан тоже ушел в отставку, сославшись на слабое здоровье. Эрлер встречался с ним в сентябре, всего за несколько недель до того, как Макмиллан капитулировал.

На Даунинг-стрит, 10 мы прибыли поздно, а это всегда не к добру. Посланный за нами правительственный автомобиль так и не приехал, и я вынужден был в своем черном пальто и брюках в полоску выйти на середину дороги, остановить проезжавший мимо автомобиль и попросить водителя доставить нас на Даунинг-стрит, 10 как можно скорее. Водитель, молодой человек в костюме, рядом с которым сидела пассажирка, ясное дело, решил, что я сумасшедший. Но пассажирка его отчитала: “Ну что же ты, поторопись! Они ведь опаздывают”. Молодой человек прикусил губу и послушался. Мы забрались на заднее сиденье, Эрлер протянул молодому человеку визитную карточку, сказал: будете в Бонне, обращайтесь в любое время. Однако мы все же опоздали на десять минут.

Нас провели в кабинет Макмиллана, мы принесли извинения и сели. Макмиллан сидел за столом неподвижно, сложив перед собой руки, покрытые пигментными пятнами. Его личный секретарь Филип де Зулуета, валлийский гвардеец, которому вскоре предстояло стать рыцарем королевства, сидел рядом с Макмилланом. Эрлер по-немецки выразил сожаление, что машина опоздала. Я поддержал его по-английски. Руки премьер-министра лежали на стекле, а под ним лежала справка, набранная крупным шрифтом, так что можно было прочитать ее и вверх ногами, с краткими биографическими данными Эрлера. Слово "Дахау" было напечатано большими буквами. Макмиллан говорил и водил руками над стеклом, как будто читал шрифт Брайля. Его аристократическое мычание, которое Алан Беннетт так точно спародировал в сатирической постановке "За гранью", звучало как еле-еле крутящаяся грампластинка. Из уголка его правого глаза безостановочно текли слезы и, оставляя на щеке мокрый след, скатывались вдоль морщины за воротничок.

Макмиллан произнес несколько учтивых приветственных слов, вернее, задал несколько вопросов в очаровательном эдвардианском духе, правда, запинаясь, — удобно ли вас устроили? хорошо ли за вами ухаживают? познакомили ли вас с нужными людьми? — а потом с нескрываемым любопытством поинтересовался, о чем Эрлер пришел поговорить. Вопрос этот по меньшей мере застал Эрлера врасплох.

— *Verteidigung*, — ответил он.

Об обороне.

Получив такую информацию, Макмиллан сверился со справкой — могу предположить, что ему, как и мне, вновь попалось на глаза слово "Дахау", и тогда лицо его просветлело.

— Что ж, герр Эрлер, — объявил он неожиданно бодрым голосом, — вы пострадали во *Вторую* мировую войну, я — в *Первую* мировую.

Пауза для перевода, совершенно ненужного.

Вновь обмен любезностями. У Эрлера есть семья? Да, признает Эрлер, семья у него есть. Я исправно перевожу. По просьбе Макмиллана Эрлер перечисляет своих детей и добавляет, что его жена тоже занимается политикой. Перевожу и это.

— И мне сказали, что вы беседовали с американскими *экспертами по вопросам обороны*, — с веселым удивлением продолжает Макмиллан, еще раз изучив набранное крупным шрифтом на листе бумаги под стеклом.

— *Ja*.

Да.

— А в вашей партии тоже есть *эксперты по вопросам обороны*? — уточняет Макмиллан, будто уже не знает, куда деваться от этих экспертов, и сочувствует своему коллеге-политику, находящемуся в таком же положении.

— *Ja*, — отвечает Эрлер гораздо резче, чем мне хотелось бы. Да.

Затишье. Я бросаю взгляд на де Зулуету, пытаясь заручиться его поддержкой. Но заручиться не удается. Я уже неделю провел бок о бок с Эрлером и знаю: если разговор идет не так, как ему хотелось бы, Эрлер начинает раздражаться. Знаю, он не боится показать, что раздосадован. Знаю, он готовился к этой встрече тщательнее, чем к остальным.

— Видите ли, они ко мне приходят, — тоскливо жалуется Макмиллан. — Эти *эксперты по вопросам обороны*. Так же, как и к вам, вероятно. И говорят, что бомба упадет *здесь*, бомба упадет *там*, — руки премьер-министра располагают бомбы на стекле, — но *вы* пострадали во Второй мировой, а *я* пострадал в Первой! — он как будто снова делает это открытие. — И вы, и я знаем, что бомба упадет там, где упадет!

Я кое-как перевожу. Даже по-немецки это занимает примерно половину времени, которое потребовалось Макмиллану, и кажется вздорным вдвойне. Когда я закончил, Эрлер раздумывал некоторое время. Во время раздумий мускулы его вытянутого лица непроизвольно сокращались. Внезапно он поднялся, взял свой берет, поблагодарил Макмиллана за уделенное время. Эрлер ждал, когда и я встану, и я встал. Макмиллан, удивленный не меньше остальных, привстал для рукопожатия и тяжело опустился обратно. Мы направились к двери, Эрлер повернулся ко мне и дал волю гневу:

— *Dieser Mann ist nicht mehr regierungsfähig*.

Этот человек не способен больше управлять. Странная формулировка, которая резанула бы немецкое ухо. Может, недавно он вычитал ее где-нибудь или услышал, а теперь процитировал. Как бы там ни было, де Зулуета это тоже услышал, хуже того, он знал немецкий. Что и подтвердил, злобно прошипев мне прямо в ухо "я все слышал", когда я проходил мимо.

На этот раз правительственный автомобиль нас поджидал. Но Эрлер предпочел прогуляться, шел, опустив голову, сцепив за спиной руки, не отрывая взгляда от тротуара. По возвращении в Бонн я отправил ему экземпляр "Шпиона, пришедшего с холода", который только что вышел, и признал свое авторство. Под Рождество в германской прессе появился его благосклонный отзыв о книге. Тогда же, в декабре, Эрлера избрали официальным главой парламентской оппозиции Германии. А через три года он умер от рака.

ГЛАВА 5
Всем заинтересованным лицам

Каждый человек старше пятидесяти помнит, где был в этот день, но я, без всяких натяжек и преувеличений, не помню, с кем был. И если вы тот высокопоставленный немецкий гость, что сидел слева от меня в ратуше Сент-Панкраса ночью 22 ноября 1963 года, то, может, будете так любезны и дадите о себе знать. А вы, разумеется, были гостем высокопоставленным, иначе с какой стати британскому правительству вас приглашать? Еще я помню, что в ратушу Сент-Панкраса мы пошли, чтобы вы могли немного передохнуть после утомительного дня, посидеть, откинувшись в кресле, и понаблюдать за нашей британской демократией широких масс в действии.

И увидели широкие массы во всей красе. Зал был забит недовольными по самые карнизы. Крик стоял такой, что я едва мог разобрать оскорбления, которыми бросались у трибуны, а уж тем более перевести их для вас. Мрачные швейцары стояли вдоль стен, сложив руки, и если бы хоть один нарушил строй, мы бы тоже стали участниками этой свалки. Не исключено, что нам предложили полицейский отряд особого назначения для охраны, а вы отказались. Я, помню, сокрушался, что не смог вас переубедить. Мы втиснулись в средний ряд, и укрыться поблизости было негде.

Объект оскорблений, которые выкрикивали из толпы, стоял на трибуне и отвечал толпе тем же. Квентин Хогг, бывший виконт Хейлшем, отказался от пэрства, чтобы бороться за место в парламенте и стать представителем партии тори от Сент-Мэрилебона. Хогг хотел борьбы, и он ее получил. Месяцем ранее ушел в отставку Гарольд Макмиллан. Надвигались всеобщие выборы. И хотя имя его в те дни уже не было широко известно, тем более за границей, Квентин Хогг, он же лорд Хейлшем, в 1963-м представлял собой образец воинственного британца минувшей эпохи. Итонец, солдат, юрист, альпинист, гомофоб и громогласный консерватор-христианин, но прежде всего — политический шоумен, известный своей высокопарностью и несговорчивостью. В тридцатые он, как и многие члены его партии, поиграл в политику умиротворения, прежде чем встать на сторону Черчилля. А после войны сделался одним из тех, кто всегда около политики и имеет все шансы занять высокий пост, но никак не может дождаться своей очереди. Однако с той ночи и до конца его долгой жизни избиратели полюбили ненавидеть британского аристократа-скандалиста.

Я не запомнил сути аргументов, которые Хогг выдвигал тем вечером, даже если и смог расслышать их сквозь шум и крики. Но запомнил, как и всякий в те дни, его раскрасневшееся, свирепое лицо, слишком короткие брюки и черные ботинки на шнурках, которые он снял, словно борец, выходящий на ковер, его пухлое, крестьянское лицо и сжатые кулаки и, само собой, его перекрывавший вопли толпы оглушительный аристократический рык, который я пытался перевести тому неизвестному, кого сопровождал.

И тут на сцене слева появляется шекспировский гонец. Я запомнил маленького, серого человечка, он шел почти на цыпочках. Человечек подкрадывается к Хоггу и шепчет что-то ему в правое ухо. Хогг роняет руки, которыми только что, протестуя и насмехаясь, размахивал, хлопает себя по бокам. Закрывает глаза, открывает глаза. Наклоняет свою необычайно вытянутую голову, чтобы еще раз послушать, что ему шепчут на ухо. На смену черчиллевской суровости приходит неверие, потом полнейшее отчаяние. Он смиренно просит прощения и, выпрямившись, как человек, идущий на эшафот, выходит, а гонец следует за ним. Некоторые, понадеявшись, что он бежал с поля боя, принимаются выкрикивать оскорбления ему вслед. Постепенно зал погружается в тревожную тишину. Хогг возвращается, мертвенно бледный, двигается скованно, неуклюже. Его встречает гробовое молчание. И все же он медлит — склонив голову, собирается с силами. Затем поднимает голову, и мы видим, что по щекам его текут слезы.

Наконец он произносит это. Делает заявление окончательное и бесспорное, которое в отличие от всех остальных, прозвучавших от него этим вечером, опровергнуть невозможно.

— Мне только что сообщили: президент Кеннеди убит. Собрание окончено.

■

Проходит десять лет. Друг-дипломат приглашает меня на великосветский ужин в оксфордский колледж Всех Святых в честь усопшего благотворителя. Присутствуют только мужчины — в те дни, полагаю, это было нормой. Молодежи нет. Стол изысканный, беседа, насколько я могу понять, высокоинтеллектуальная и утонченная. Банкет проходит в несколько этапов и после каждого мы переходим из одной освещенной свечами обеденной залы в другую, еще красивее предыдущей, где также стоит длинный стол, уставленный неподвластным времени серебром. В новом зале мы каждый раз рассаживаемся по-новому, и в результате после второй — или третьей? — перемены блюд я оказываюсь рядом с тем самым Квентином Хоггом, или, как заявлено теперь на его визитной карточке, обладателем недавно пожалованного титула барона Хейлшема из Сент-Мэрилебона. Отказавшийся от прежнего титула, чтобы быть избранным в палату общин, бывший мистер Хогг взял себе новый, чтобы вернуться в палату лордов.

Я и в лучшие времена в светской беседе не силен, а уж тем более, когда меня сажают рядом с воинственным тори, лордом, чьи политические взгляды категорически идут вразрез с моими — в той мере, в какой я их имею. Авторитетный ученый слева от меня красноречиво рассуждает о предмете, совершенно мне незнакомом. Авторитетный ученый напротив меня доказывает что-то насчет древнегреческой мифологии. В древнегреческой мифологии я не силен. Однако барон Хейлшем справа от меня, взглянув на мою карточку гостя, погружается в молчание столь неодобрительное, угрюмое и категорическое, что я, при всем уважении, вынужден его нарушить. Сейчас не могу объяснить, какие такие странности хорошего тона не позволили мне заговорить о той минуте, когда в ратуше Сент-Панкраса ему сообщили об убийстве Кеннеди. Может, я посчитал, что Хоггу будет неприятно напоминание о том, как он не сумел скрыть своих чувств на публике.

Нужно выбрать тему получше, и я завожу разговор о себе. Рассказываю, что я профессиональный писатель, раскрываю свой псевдоним, который не производит на Хогга впечатления. А может, он его и так знает, потому и удручен. Я говорю: мол, мне повезло, у меня дом в Хэмпстеде, но в основном живу в Восточном Корнуолле. Расхваливаю сельские красоты Корнуолла. И спрашиваю Хогга, есть ли и у него местечко за городом, где можно отдохнуть в выходные. На это-то во всяком случае он должен что-нибудь ответить. Ясное дело, такое местечко у него есть, и Хогг раздраженно сообщает мне об этом в двух словах:

— Хейлшем, болван!

ГЛАВА 6
Жернова британского правосудия

В середине лета 1963-го один видный западногерманский парламентарий, находившийся в Лондоне под моей опекой в качестве официального гостя правительства Ее Величества, выразил желание посмотреть, как вращаются жернова британского правосудия, — выразил в присутствии такой величины, как сам лорд-канцлер Англии, которого звали Дилхорн, а до этого был Мэннингем-Буллер — или, как предпочитали говорить его коллеги в суде, Буйный Мэннингем.

Лорд-канцлер — член кабинета министров, который возглавляет судебную власть. Если понадобится употребить меры политического воздействия на ход какого-либо судебного разбирательства, от чего, конечно, упаси бог, этим, скорее всего, займется лорд-канцлер. Темой нашей встречи, к которой Дилхорн не проявлял ни капли интереса, был набор и обучение молодых судей для германских судов. Для моего именитого немецкого гостя этот вопрос имел жизненно важное значение, поскольку напрямую был связан с будущим германской юриспруденции в эпоху, наступившую после нацистов. А лорд Дилхорн воспринимал нашу встречу как покушение, совершенно неоправданное, на его драгоценное время и не скрывал этого.

Но когда мы поднялись и хотели уже откланяться, Дилхорн все-таки совладал с собой и поинтересовался, пусть и формально, может ли он что-нибудь сделать, чтобы нашему гостю еще приятнее было находиться в Британии, и наш гость ответил — замечу с удовольствием, ответил дерзко: да, безусловно, кое-что сделать можно. Он хотел бы взглянуть, как проходит судебное разбирательство по уголовному делу Стивена Уорда, обвиняемого в том, что он жил на безнравственные заработки Кристин Килер (о ее роли в скандале с Профьюмо я уже говорил выше). Дилхорн — а под его руководством и было состряпано это постыдное дело против Уорда — покраснел и пробормотал сквозь зубы:

— Разумеется.

Вот как вышло, что через пару дней мы с моим немецким гостем сидели бок о бок в суде номер один в Олд-Бейли, прямо за спиной обвиняемого — Стивена Уорда. Адвокат уже перешел к заключительной части оправдательной речи, а судья, которому Уорд неприятен был едва ли не больше, чем обвинителю, как мог этому адвокату мешал. Вероятно, хотя я теперь уже не вполне уверен, где-то на галерее, среди публики, сидела и Мэнди Райс-Дэвис — впрочем, тогда она так много появлялась на публике, что я могу и напутать. Мэнди, пока еще слишком молодая, чтобы получить удовольствие от того, что ей периодически приходится появляться в суде, была моделью, танцовщицей, стриптизершей и соседкой Кристин Килер.

Зато я отчетливо помню изможденное лицо Уорда, когда он, поняв, что мы какие-то важные персоны, повернулся нас поприветствовать: напряженный орлиный профиль, лицо — кожа да кости, жесткая улыбка, глаза навыкате, красные, воспаленные от усталости, и хриплый голос курильщика, будто бы беспечный.

— Как, вы считаете, обстоят мои дела? — спросил он нас внезапно, с ходу.

От актера на сцене как-то не ожидаешь, что в самый разгар драмы он повернется и станет между делом болтать с тобой. Я ответил за нас обоих — заверил Уорда, что дела его обстоят очень неплохо, и сам себе не поверил. Дня через два, не дожидаясь приговора, Уорд покончил с собой. Лорд Дилхорн и его соучастники сделали свое дело: преступник попался.

ГЛАВА 7
Перебежчик Иван Серов

В начале шестидесятых, в разгар холодной войны, общение между нами, младшими британскими дипломатами, служившими за границей, и нашими советскими коллегами не поощрялось. Обо всех таких контактах, случайных ли, светских или служебных, следовало немедленно докладывать начальству — желательно до того, как они произойдут. Посему, когда я вынужден был сообщить в свое лондонское ведомство, что добрых две недели ежедневно контактировал со старшим сотрудником советского посольства в Бонне и третьи лица при наших встречах не присутствовали, это вызвало некоторый переполох на служебной голубятне.

Наше знакомство оказалось для меня неожиданностью не меньшей, чем для моего руководства. Внутриполитическая жизнь ФРГ, за которой я, собственно, обязан был следить и о ней докладывать, переживала очередные катаклизмы. Редактора "Шпигеля" посадили в тюрьму за нарушение законов о неразглашении конфиденциальной информации, а упрятавшего его туда Франца Йозефа Штрауса, баварского министра, обвиняли в махинациях, связанных с закупками реактивных самолетов "Старфайтер" для германских ВВС. Каждый день становились известными новые пикантные сюжеты из жизни баварского дна с участием сводников, женщин легкого поведения и всяких сомнительных посредников.

Так что мне, естественно, надлежало делать то же, что положено делать во времена политической нестабильности: бежать в бундестаг, занимать свое место на балконе для дипломатов и использовать всякую возможность пробраться вниз и прозондировать обстановку, побеседовав с моими знакомыми среди парламентариев. Вернувшись после очередной такой вылазки к своему месту на балконе, я с удивлением обнаружил, что оно занято упитанным веселым джентльменом лет пятидесяти с кустистыми бровями, в очках без оправы, одетым в щеголеватый просторный костюм серого цвета, не вполне соответствующий времени года, к тому же с жилетом на пару размеров меньше, чем нужно было этому пузатому джентльмену.

Я говорю "мое место" только потому, что балкон у задней стены зала заседаний бундестага, маленький и высокий, как оперная ложа, на моей памяти, как ни странно, всегда был пуст, если не считать сотрудника ЦРУ, который неубедительно называл себя герром Шульцем. Увидев меня в первый раз, он, вероятно, ощутил тлетворное влияние и сел как можно дальше. Но сегодня на балконе только упитанный джентльмен. Я улыбаюсь ему. И он расплывается в приветливой улыбке. Я сажусь через два кресла от него. Внизу дебаты в самом разгаре. Сидя порознь, мы оба внимательно слушаем, и каждый понимает, что другой сосредоточен. Когда приходит время обеда, мы оба встаем, мнемся у выхода, пропуская друг друга вперед, порознь спускаемся вниз, в буфет бундестага, и из-за разных столов вежливо улыбаемся друг другу, прихлебывая суп. Ко мне присоединяется пара парламентских советников, а мой сосед по дипломатическому балкону остается в одиночестве. Когда с супом покончено, мы возвращаемся к нашим местам на балконе. Заседание парламента заканчивается. Каждый из нас идет своей дорогой.

На следующее утро я застаю его в том же, моем кресле и снова он лучезарно мне улыбается. За обедом он опять совсем один, ест суп, пока я сплетничаю с парочкой журналистов. Может, нужно пригласить его к нам? Он в конце концов коллега, дипломат. Может, нужно к нему подсесть? Мое сочувствие, как часто бывает, беспричинно: сидит человек, читает свою "Франкфуртер альгемайне" и выглядит вполне довольным. Днем он не появляется, но на дворе пятница, лето, и шторы на окнах здания бундестага опущены.

Однако наступает понедельник, и, едва я успеваю сесть на свое прежнее место, как появляется он, прикладывает палец к губам, дабы случайно не нарушить стоящий внизу шум-гам, и протягивает мне пухлую руку — поздороваться, но с таким фамильярным видом, что меня вдруг охватывает чувство вины. Я уже почти уверен: он меня знает, а я его нет; мы, конечно, встречались здесь, в Бонне, в бесконечной круговерти дипломатических коктейлей, и он об этой встрече все время помнил, а я забыл.

Хуже того, судя по возрасту и манере держаться, он, очень может быть, один из посланников, коих в Бонне великое множество. А чего посланники не любят, так это когда другие дипломаты, в особенности молодые, их не узнают. Правда открывается только через четыре дня. Мы оба делаем записи: незнакомец — в плохонькой записной книжке в линейку, перехваченной красной эластичной лентой, которую он каждый раз, сделав запись, натягивает обратно; я — в нелинованном карманном блокноте, и в мои заметки кое-где вкрапляются сделанные украдкой карикатуры на ключевых деятелей бундестага. Поэтому дальнейшее, видимо, неизбежно: однажды во время перерыва, в скучный послеобеденный час мой сосед вдруг перегибается через разделяющий нас пустой стул и спрашивает шаловливо, можно ли взглянуть; а взглянув, лишь одобрительно щурит глаза за стеклами очков, поеживается от смеха и тут же, взмахнув рукой, будто волшебник, извлекает из кармана жилета потрепанную визитку и наблюдает за мной, пока я читаю, что там написано — по-русски, а ниже, для невежд, по-английски:

М-р Иван Серов, второй секретарь, посольство СССР, Бонн, ФРГ.

А в самом низу тоненько выведено от руки черным пером, тоже по-английски: КУЛЬТУРНЫЙ.

■

Я и сейчас, словно издалека, слышу последующий наш разговор:

— Вы хотеть выпить как-нибудь?

Выпить — отличная идея.

— Вы любить музыку?

Очень. Вообще-то мне медведь на ухо наступил.

— Вы женат?

Само собой. А вы?

— Моя жена Ольга, она тоже любить музыку. У вас дом?

В Кёнигсвинтере. К чему лгать? Мой адрес — вот он, в списке дипломатов, Иван может справиться о нем в любой момент.

— Большой дом?

Отвечаю, не считая: четыре спальни.

— У вас телефон есть?

Даю ему свой номер. Он записывает. Дает мне свой. А я даю ему свою визитку — второго секретаря (политического).

— Вы музыку играть? Пианино?

И рад бы, но нет, к сожалению.

— Только делать гадкие рисунки Аденауэра, так? — Со всей силы хлопает меня по плечу и раскатисто хохочет. — Слушайте. Я иметь очень маленькую квартиру. Мы играть музыку — все жаловаться. Вы меня когда-нибудь позовите, так? Пригласите нас ваш дом, и мы играть вам хорошую музыку. Меня зовут Иван, так?

Дэвид.

■

Правило первое холодной войны: всё, абсолютно всё, не то, чем кажется. У всех двойные мотивы, если не тройные. Советский чиновник с женой открыто напрашивается в гости к западному дипломату, *которого он даже не знает*? Кто в таком случае к кому подбирается? Поставим вопрос иначе: перво-наперво, какими словами или действиями я побудил его сделать мне столь невероятное предложение? Давай-ка все сначала, Дэвид. Ты сказал, что никогда с ним не встречался. А теперь говоришь, что, *может*, и встречался?

Решение принято, кем — не моего ума дело. Я должен пригласить Серова к себе, как он и хотел. Не письмом, а по телефону. Я должен позвонить по номеру, который он мне дал, — а это официальный номер советского посольства в Бад-Годесберге. Должен назваться и попросить к телефону атташе по вопросам культуры Серова. Как именно следует выполнить каждое из этих вполне обычных, на первый взгляд, действий, мне разъяснили во всех подробностях. Когда меня соединят с Серовым — если соединят, — я должен между прочим поинтересоваться, в какой день и час ему и его жене было бы удобнее устроить музыкальный вечер, о котором мы говорили. Нужно по возможности сделать так, чтобы вечер состоялся как можно раньше, ведь потенциальные перебежчики склонны к импульсивному поведению. Нужно непременно говорить комплименты его жене, ведь ее участие в сближении, и даже просто ее согласие, исключительно важно, как и всегда в подобных случаях.

По телефону Серов был резок. Словно бы едва меня припомнил, сказал: сверюсь со своим ежедневником и перезвоню. До свидания. Больше ты о Серове не услышишь, заверило меня начальство. А через день он перезвонил — видимо, с другого телефона, поскольку на сей раз больше походил на прежнего себя — весельчака.

Итак, Дэвид, в пятницу в восемь?

Придете вдвоем, Иван?

Конечно. Серова тоже придет.

Отлично, Иван. Жду вас к восьми. Передавайте жене мои наилучшие пожелания.

■

Весь день в нашей гостиной возились звукоинженеры, присланные из Лондона, — тянули провода, а жена беспокоилась, что они поцарапают краску. В назначенный час на аллею, ведущую к нашему дому, вкатился громадный лимузин ЗИЛ с затемненными окнами — за рулем сидел шофер, — подъехал и медленно затормозил. Задняя дверца открылась, появился Иван — задом наперед, из машины он вытащил виолончель размером с себя самого и напомнил мне Альфреда Хичкока в одном из его собственных фильмов*. Больше никто не появился. Так он все-таки приехал один? Нет, не один. Открылась другая задняя дверца, не видная мне с крыльца. Вот сейчас я впервые увижу Серову. Но это не Серова. Это высокий, проворный мужчина в элегантном черном костюме: брюки, однобортный пиджак.

— Здоровайтесь с Димитрием, — заявляет Серов с порога. — Он приехать вместо моей жены.

Димитрий говорит, что тоже любит музыку.

Перед обедом Серов, который, очевидно, с бутылкой дружил, выпил все, что ему предложили, заглотил целую тарелку канапе, а потом исполнил нам на виолончели увертюру к одному из произведений Моцарта, и мы ему аплодировали, громче всех Димитрий. За обедом (подавали оленину, пришедшуюся Серову весьма по вкусу) Димитрий сообщил нам о последних достижениях Советского Союза в сфере искусства, космических полетов и содействия миру во всем мире. После обеда Иван исполнил для нас сложную композицию Стравинского. Мы опять аплодировали, опять следуя примеру Димитрия. В десять на нашу аллею вновь въехал ЗИЛ, и Иван удалился, унося с собой виолончель, Димитрий шел рядом.

Через несколько недель Ивана отозвали в Москву. Ознакомиться с его досье мне не позволили, и я так и не узнал, работал он в КГБ или ГРУ и на самом ли деле его фамилия была Серов,

* В своем фильме "Дело Парадайна" (1947) Альфред Хичкок сыграл эпизодическую роль — человека, несущего виолончель.

поэтому ничто не мешает мне вспоминать *культурного Серова*, как я его про себя называл, по-своему: общительным человеком, любителем искусства, который нет-нет да и задумывался, заигрывал с мыслью, а не перебраться ли ему на Запад. Пожалуй, несколько раз он на это намекал, однако доводить дело до конца не особенно стремился. И почти наверняка работал на КГБ или ГРУ, иначе вряд ли вел бы себя так вольно. Так что "культурный" означало "шпион". Короче говоря, очередной русский, который разрывался между любовью к отчизне и несбыточной мечтой о свободной жизни.

Признал ли он во мне брата-шпиона? Очередного Шульца? Если в КГБ наводили справки, то уж наверняка сумели вычислить, кто я такой. Я не сдавал экзаменов для поступления на дипломатическую службу, не бывал на вечеринках в загородных домах, куда приглашали потенциальных дипломатов будто бы для того, чтобы оценить их умение вести себя в обществе. Я не проходил курс обучения в министерстве иностранных дел, даже не знаю, как выглядит головное здание МИДа на Уайтхолл изнутри. Я прибыл в Бонн неизвестно откуда и по-немецки говорил свободно до неприличия.

А если этого недоставало, чтоб распознать во мне разведчика, так были еще остроглазые жены дипломатов, неустанно следившие за конкурентами, которые могли бы помешать их мужьям продвинуться по службе, получить награду, а в перспективе, возможно, и рыцарское звание, и здесь эти жены не уступали в зоркости исследователям из КГБ. Едва взглянув на мой послужной список, они бы поняли, что насчет меня можно не беспокоиться. Я не член семьи. Я "друг" — так респектабельные британские дипломаты называли шпионов, которых, скрепя сердце, вынуждены были причислять к своим коллегам.

ГЛАВА 8
Наследие

Две тысячи третий год. Ранним утром шофер на пуленепробиваемом "мерседесе" забирает меня из отеля в Мюнхене и везет за десять километров в симпатичный баварский городок Пуллах, где тогда занимались пивоварением, да перестали, и шпионажем — этим не перестанут никогда. За деловым завтраком мне предстоит встретиться с доктором Августом Ханнингом — в ту пору он действующий *Präsident** германской разведслужбы, БНД, — и несколькими его коллегами из руководства. Охрана пропускает нас в ворота, мы минуем ряд низких зданий, наполовину скрытых деревьями и затянутых камуфляжной сеткой, и приближаемся к выкрашенному белой краской загородному дому, какие на юге Германии редко увидишь, скорее на севере. Доктор Ханнинг встречает нас на крыльце. Время еще есть, говорит он. Не хочу ли я у них тут осмотреться? Благодарю, доктор Ханнинг, с большим удовольствием.

Я хоть и прослужил дипломатом в Бонне и Гамбурге больше тридцати лет, прежде дела с БНД не имел. Меня "не утвердили" — так это называлось на профессиональном жаргоне, и, уж конечно, в легендарной штаб-квартире БНД я никогда не бывал. Но когда пала Берлинская стена — чего ни одна раз-

* Президент *(нем.)*.

ведслужба не могла предугадать — и изумленным работникам британского посольства в Бонне пришлось собирать вещи и переезжать в Берлин, нашему тогдашнему послу пришла в голову смелая мысль пригласить меня в Бонн на торжество по случаю этого события. К тому моменту я уже написал роман "В одном немецком городке", где не пощадил ни британское посольство, ни размещавшееся в то время в Бонне правительство. Предположив — ошибочно, — что в ФРГ усиливаются праворадикальные настроения, я выдумал заговор между британскими дипломатами и западногерманскими чиновниками, в результате которого погиб сотрудник британского посольства, твердо решивший докопаться до неприятной правды.

Поэтому я и подумать не мог, что кому-то придет в голову меня позвать, чтобы проводить посольство со старой сцены и поприветствовать на новой, однако британский посол, человек в высшей степени воспитанный, посчитал иначе. Я выступил на церемонии закрытия — кажется, получилось весело, но послу этого показалось мало, и он пригласил в свою резиденцию на берегу Рейна реальных двойников вымышленных немецких чиновников, которых я в своем романе очернил, — пригласил всех до единого и потребовал от каждого в качестве платы за превосходный обед войти в образ и произнести речь.

Доктор Август Ханнинг отнесся к этому делу с юмором и остроумно разыграл самого неприятного персонажа моей вымышленной компании. За что я был ему глубоко признателен.

■

Итак, мы в Пуллахе, с того дня прошло уже больше десяти лет, Германия окончательно воссоединилась, и Ханнинг встречает меня на крыльце своего красивого белого дома. И хотя я здесь впервые, историю БНД в общих чертах знаю, да ее всякий знает: как генерал Рейнхард Гелен, при Гитлере — начальник военной разведки на Восточном фронте, в конце войны (в точности неизвестно когда) тайно вывез свой драгоценный "советский" архив в Баварию и спрятал, а потом заключил сделку с американским УСС*, предшественником ЦРУ, по условиям которой передавал управлению свой архив, своих подчиненных и себя самого, а взамен становился во главе антисоветской разведывательной службы, подконтрольной США, — ее назовут Организацией Гелена, или, для посвященных, "Геленорг".

Все это, конечно, происходит не сразу, можно даже сказать, что Гелена обхаживают. В 1945-м его переправляют самолетом в Вашингтон — юридически он пока еще военнопленный США. Аллен Даллес, главный американский разведчик, руководитель и основатель ЦРУ, присматривается к Гелену и решает, что этот парень ему нравится. Гелена балуют, ему льстят, водят на бейсбол, но он молчалив и держится отчужденно — в шпионской среде так проще простого сойти за человека глубокомысленного и непроницаемого. Никто будто бы не знает или не думает о том, что, когда Гелен шпионил за русскими для фюрера, те как раз исполняли план по введению противника в заблуждение и Гелен на эту удочку попался, а значит, большая часть его архива не представляет ценности. Это новая война, и Гелен наш человек. В 1946-м Гелена, уже, по всей видимости, не в статусе военнопленного, назначают шефом заокеанской разведслужбы, которая еще только формируется и находится под покровительством ЦРУ. Костяк геленовского личного состава — старые товарищи-нацисты. Управляемая амнезия предает прошлое истории.

Опрометчиво рассудив, что бывшие или нынешние нацисты, конечно же, встанут под знамя борьбы с коммунизмом и будут ему верны, Даллес и его западные союзники, само собой, просчитались, и крупно. Человек с темным прошлым — легкая добыча для шантажиста, это знает каждый школьник. Добавьте сюда затаенную горечь поражения, утраченное достоинство, глухую ярость — союзники ведь разбомбили твой родной, лю-

* Управление стратегических служб — разведывательная служба США, созданная во время Второй мировой войны.

бимый город — скажем, Дрезден, — и вот вам действенный рецепт вербовки, о каком КГБ и Штази могли только мечтать.

История Хайнца Фельфе здесь хороший пример. К 1961-му, когда его наконец арестовали — в тот момент я как раз оказался в Бонне, — Фельфе, уроженец Дрездена, уже успел поработать на нацистскую СД, британскую МИ-6, восточногерманское Штази и советский КГБ — именно в таком порядке, ах да, и на БНД, конечно, где его высоко ценили как отличного игрока в кошки-мышки с советскими спецслужбами. И не зря, вероятно, поскольку заказчики Фельфе, советские и восточногерманские, скармливали ему всех числившихся у них запасных агентов, которых провидец из "Геленорг" разоблачал, стяжая славу; для своих советских начальников Фельфе был поистине драгоценен — настолько, что в Восточной Германии создали специальное подразделение КГБ, предназначенное исключительно для того, чтобы организовывать работу агента Фельфе, обрабатывать поставляемую им информацию и содействовать продолжению его блестящей карьеры в "Геленорг".

К 1956 году, когда "Геленорг" стали громко именовать Федеральной разведывательной службой — *Bundesnachrichtendienst*, Фельфе и его сообщник Клеменс, тоже уроженец Дрездена и одна из ключевых фигур БНД, успели передать русским исчерпывающие сведения о составе и дислокации сотрудников БНД, в том числе имена 97 глубоко законспирированных оперативников, работавших за границей, а это, полагаю, был сокрушительный удар. Но Гелен — а он всегда оставался позером и, я бы сказал, выдумщиком — умудрился усидеть на своем месте до 1968-го, и к этому времени 90 процентов его агентов в ГДР работали на Штази, а дома, в Пуллахе, 16 членов обширного геленовского семейства получали зарплату в БНД.

Никто не умеет загнивать всем коллективом незаметнее разведчиков. Никто так охотно не отвлекается на второстепенные задачи. Никто не знает лучше, как создать иллюзию загадочного всеведения и за ней спрятаться. Никто не умеет так убедительно делать вид, будто смотрит свысока на всю эту публику, которой ничего другого не остается, как платить по самым высоким расценкам за разведданные второго сорта, а их прелесть не в том, что они объективно ценны, но в том, что процесс их получения окутан готической таинственностью. И во всем этом БНД, мягко говоря, не одинока.

■

Итак, мы в Пуллахе, у нас есть немного времени, и хозяин показывает мне свой прекрасный дом, пожалуй, в английском стиле. Я впечатлен — полагаю, именно этого Ханнинг и добивался — грандиозным конференц-залом с длинным полированным столом, пейзажами XX века и симпатичным видом на внутренний двор, где на постаментах стоят скульптуры мальчиков и девочек — за их веселостью угадывается сила, наступая друг на друга, они застыли в позах античных героев.

— Доктор Ханнинг, дом просто замечательный, — вежливо отмечаю я.

На что Ханнинг с едва заметной улыбкой отвечает:

— Да. У Мартина Бормана был недурной вкус.

Я следую за Ханнингом вниз по крутой каменной лестнице, пролет за пролетом, и вот мы оказываемся в помещении, которое я бы назвал персональной модификацией фюрербункера для Мартина Бормана — здесь есть кровати, телефоны, уборные, вентиляционные насосы и все прочее, что потребовалось бы любимцу и ближайшему соратнику Гитлера для выживания. И это место, уверяет меня Ханнинг с той же иронической улыбкой, пока я бестолково озираюсь, имеет официальный статус памятника и охраняется законом земли Бавария.

Так вот куда привезли Гелена в 1947-м, думаю я. В этот дом. Передали ему паек, чистое постельное белье, его нацистские архивы и картотеки и прежних его подчиненных-нацистов, а разрозненные отряды охотников за этими самыми нацистами тем временем гонялись за Мартином Борманом, и мир, узнав о неописуемых ужасах, творившихся в Берген-Бельзене, Дахау, Бухенвальде, Аушвице и других местах, пытался как-то это пережить. Вот где устроили Рейнхарда Гелена и его нацистскую тайную полицию: в загородной резиденции Бормана, ведь в ближайшее время она вряд ли могла ему понадобиться. Сегодня Гелен — один из начальников гитлеровской разведки, и не лучший, — бежит от разъяренных русских, а завтра он уже избалован и обласкан новыми друзьями — победоносными американцами.

Пожалуй, человек моего возраста не должен слишком уж всему этому удивляться. Хозяин дома думает так же, потому и улыбается. Разве я сам не был когда-то разведчиком? Разве Служба, где я работал, не обменивалась, и весьма активно, агентурными данными с гестапо вплоть до 1939 года? И разве она не поддерживала тесные связи с главой тайной полиции Муаммара Каддафи до самых последних дней его правления — столь тесные, что задерживала политических противников Каддафи, в том числе беременных женщин, и направляла в Триполи, а там их сажали за решетку и допрашивали, используя все имеющиеся для этого средства?

Нам пора идти обратно, подниматься по длинной каменной лестнице — нас ждет рабочий завтрак. Когда мы оказываемся наверху — думаю, в главном коридоре, ведущем в дом, однако не уверен, — я вижу, надо полагать, здешнюю доску почета, с нее на меня смотрят два лица из прошлого: адмирал Вильгельм Канарис, начальник абвера с 1935 по 1944 год, и наш друг генерал Рейнхард Гелен, первый *Präsident* БНД. Канарис, махровый нацист, но не поклонник Гитлера, вел двойную игру с немецкими группами сопротивления правого крыла и с британской разведкой тоже — контактировал с ней всю войну, правда, нерегулярно. И поплатился за двуличие в 1945-м, когда эсэсовцы без церемоний его судили и подвергли страшной казни. Смелый, но запутавшийся человек, в некотором роде герой и точно не антисемит, но все-таки предатель, изменивший своему правительству. Что до Гелена, еще одного предателя военной поры, теперь, когда смотришь на него беспристрастно, с исторической точки зрения, трудно понять, чем в нем можно восхищаться, кроме хитрости, умения внушить доверие и таланта обманывать самого себя не хуже любого мошенника.

И это *всё*, думаю я, всматриваясь в лица этих двух, не самых удобных персонажей? Больше не было в истории БНД людей, которых можно предложить пылким новобранцам в качестве образцов для подражания? Подумайте только, какие лакомства приготовлены для наших британских новобранцев, вступающих в секретный мир! Всякая разведслужба сама себя мифологизирует, но британцам тут равных нет. Забудем наши плачевные дела во времена холодной войны, когда КГБ почти на каждом шагу удавалось нас перехитрить и перепросчитать. Вспомним лучше о Второй мировой — вот куда, если верить британскому телевидению и бульварной прессе, вложена наша национальная гордость, и вложена очень надежно. Посмотрите на наших гениальных дешифровщиков из Блетчли-Парка! Вспомните наш хитроумный план “Дабл-кросс”, вспомните, как лихо мы обманули противника в день “Д”*, вспомните операции, которые проводили отважные радисты УСО**, и диверсантов, которых забрасывали в тыл врага! Когда впереди шагают такие герои, разве может прошлое нашей Службы не вдохновлять ее новых сотрудников?

И самое главное: мы победили, а значит, мы теперь делаем историю.

А у бедной старушки БНД нет таких славных традиций, и ей, сколько ни мифологизируй, предложить своим новым сотрудникам нечего. Она же не будет, например, рассказывать с гордостью об операции абвера “Северный полюс”, также известной под названием “Английская игра”, когда немцы больше трех лет дурачили УСО, которое в результате отправило пятьдесят отважных агентов-голландцев на верную смерть, а то и что

* День высадки союзнических войск в Нормандии (6 июня 1944 г.).

** Управление специальных операций — британская разведывательно-диверсионная группа, действовавшая во время Второй мировой войны.

похуже в оккупированные Нидерланды. В деле дешифровки немцы тоже добились значительных успехов — но к чему это привело? Не может БНД прославлять, скажем, Клауса Барбье, несомненно, искусного контрразведчика, бывшего шефа гестапо в Лионе, которого завербовала в свои ряды в 1966-м в качестве осведомителя. Барбье лично участвовал в пытках десятков участников французского Сопротивления, но прежде, чем это выяснилось, союзники долгое время укрывали его от правосудия. Приговоренный к пожизненному заключению, он умер в той самой тюрьме, где совершил самые страшные свои злодеяния. Но до этого, по-видимому, успел поработать на ЦРУ — помогал ловить Че Гевару.

■

Сейчас, когда я пишу эти строки, доктор Ханнинг, ныне частнопрактикующий юрист, оказался в эпицентре скандала: специальной комиссии бундестага поручено изучить вопрос о деятельности иностранных спецслужб на территории Германии, а также о предполагаемом сговоре или сотрудничестве с ними германской разведки. Как и всякое закрытое расследование, это стало достоянием широкой публики. Нападки, инсинуации, заявления для прессы на основании неподтвержденных данных — всего хватает. Самое сенсационное обвинение, на первый взгляд, кажется малоправдоподобным: якобы БНД и ее подразделение радиотехнической разведки с 2002 года помогали Агентству национальной безопасности США шпионить за своими же, немецкими гражданами и учреждениями — то ли умышленно, то ли по халатности.

Пока что факты этого не подтверждают. В 2002-м БНД и АНБ заключили соглашение, в котором однозначно сформулировали, что слежение за гражданами Германии запрещено. А чтобы обеспечить выполнение соглашения, были созданы фильтры. Так что же, они вышли из строя? А если вышли, то кто виноват — люди, техника или просто с течением времени к этому стали небрежно относиться? И может, АНБ, заметив сбой, решило не беспокоить немецких товарищей по такому незначительному поводу?

По мнению парламентских экспертов, осведомленных лучше меня, комиссия, рассмотрев дело, придет к такому заключению: ведомство федерального канцлера не сумело выполнить предписанную ему законом обязанность — проконтролировать БНД, БНД не сумела проконтролировать сама себя, а сотрудничество с американской разведкой действительно имело место, однако сговора не было. И может быть, теперь, когда вы читаете мою книгу, выяснилось, что дело это еще запутаннее, еще неоднозначнее, и никто уже никого не винит, разве только историю.

Вероятно, в конечном счете история и правда в ответе за все. Когда сразу после войны американская радиотехническая разведка впервые поймала молодую Западную Германию в сеть, правительство Аденауэра, только оперившееся, слушало, что ему говорили, а говорили ему немного. Со временем отношения, может, и изменились, но только внешне. АНБ продолжала шпионить когда и за кем хотела — разрешение БНД ей было не нужно, и, скорее всего, при таком стиле работы с самого начала предполагалось шпионить за всем, что движется, и на территории принимающей стороны. Шпионы шпионят, потому что имеют такую возможность.

Предположение, что БНД в самом деле могла контролировать действия АНБ хоть когда-нибудь, кажется мне абсурдным, а уж тем более если дело касалось выбора разведцелей АНБ в Германии и Европе. Сегодня АНБ заявляет о своей позиции громко и четко: "Хотите знать, угрожают ли террористы вашей стране? Так мы вам расскажем, а вы молча внимайте".

После разоблачений Сноудена британцы, разумеется, и у себя провели соответствующие расследования и пришли к тем же малоубедительным выводам. Они тоже затронули щекотливый вопрос, в какой мере наша радиотехническая разведка помогала американцам делать то, что сами американцы по закону не имели права делать. Конечно, поднялся ажиотаж, однако британцы с младых ногтей приучены обо всем молчать, и прикормленные СМИ призывают их быть посговорчивей, когда дело касается вмешательства в частную жизнь. Если нарушен закон, его быстренько переписали, чтобы с этим нарушением примирить. А если кто-то громко протестует, консервативная пресса тут же затыкает ему рот. Аргументы у нее такие: если отвернемся от Соединенных Штатов, кто мы после этого?

В Германии, пережившей фашистов и коммунистов — и все это на протяжении одной человеческой жизни, — к шпионам на службе у государства, которые суют свой нос в дела честных немецких граждан, напротив, относятся очень серьезно, особенно когда шпионы делают это по приказу и ради выгоды иностранной сверхдержавы и предполагаемого союзника. То, что в Британии именуют особыми отношениями, в Германии называют государственной изменой. И все же, я полагаю, к тому времени, как эта книга уйдет в печать, никакого однозначного вердикта так и не будет вынесено — в наши-то неспокойные времена. Бундестаг выскажет свое мнение, прозвучат слова о великой цели борьбы с терроризмом, и обеспокоенным немецким гражданам посоветуют не кусать руку, которая их защищает, пусть иногда эта рука и делает что-то не то.

Но если, вопреки ожиданиям, подтвердятся худшие подозрения, чем можно будет утешиться? Пожалуй, только тем, что БНД подобно всякому, кого растили кое-как, не вполне понимала, кем же ей быть. Тому, кто заключил двустороннюю сделку со всемогущей иностранной спецслужбой, придется нелегко даже в лучшем случае, а уж тем более если страна, с которой ты заключил сделку, поставила тебя на ноги, меняла тебе пеленки, давала на карманные расходы, проверяла домашнее задание и говорила, в какую сторону идти. И еще трудней, если эта страна-родитель частично делегирует своим разведчикам внешнеполитические полномочия, а Соединенные Штаты в последние годы делают это, пожалуй, слишком часто.

ГЛАВА 9
Невинный Мурат Курназ

Сижу в номере, на верхнем этаже одной из гостиниц Бремена, что на севере Германии, вижу из окна школьный стадион. 2006 год. Мурата Курназа, немецкого турка, который в Бремене родился, вырос и получил образование, только что, после пяти лет заключения, освободили из тюрьмы Гуантанамо. Прежде чем туда попасть, Курназ был арестован в Пакистане, продан американцам за три тысячи долларов и два месяца находился в американском пыточном центре в Кандагаре, где его пытали током, избивали до полусмерти, топили, вешали на крюк, так что Мурат, хоть и был весьма силен физически, едва не умер. Курназ успел отсидеть в Гуантанамо год, когда занимавшиеся его делом следователи, американцы и немцы — двое из БНД и один из внутренней службы безопасности, — пришли к выводу, что он безобиден, бесхитростен и не угрожает интересам Германии, Америки или Израиля.

И тут возник парадокс, который я не возьмусь разрешить, объяснить, а уж тем более дать ему оценку. Когда я познакомился с Курназом, я не подозревал, что доктор Ханнинг, сидевший со мной за одним столом у английского посла в Бонне и принимавший меня в Пуллахе, сыграл в судьбе Мурата какую-то роль, и даже значительную. А сейчас я услышал, что всего за несколько недель до нашей встречи на совещании с высшими должностными лицами и руководством разведки президент БНД Ханнинг, очевидно, вопреки рекомендациям сотрудников его же собственного ведомства, проголосовал против возвращения Курназа в Германию. Если уж Курназу надо куда-то вернуться, пусть едет в Турцию, на историческую родину. Прозвучало и кое-что позамысловатее: нет, мол, гарантий, что Курназ не был террористом в прошлом или не станет им в будущем — по-видимому, так, Ханнинг.

В 2004-м Мурат все еще в тюрьме, а полиция и служба безопасности земли Бремен тем временем объявляют, что Курназ не продлил вид на жительство, срок действия которого к тому времени истек — простительная оплошность, не правда ли, учитывая дефицит ручек, чернил, почтовых марок и писчей бумаги в камерах Гуантанамо, — и посему в родительский дом вернуться не может.

И хотя суд немедля отменил постановление бременских властей, публично Ханнинг от своих слов до сих пор не отказался.

Но когда я вспоминаю, как лет этак шестьдесят назад, во времена холодной войны, мне, занимавшему пост гораздо скромнее, приходилось принимать решения относительно людей, так или иначе попавших в определенную категорию — например, прежде сочувствовавший коммунистам или их предполагаемый попутчик, тайный член партии и так далее, — то вижу, что и сам, подобно Ханнингу, был связан по рукам и ногам. На первый взгляд и теоретически, молодой Курназ на роль террориста подходил по многим параметрам. В Бремене посещал мечеть, известную тем, что в ней проповедовали радикальные идеи. Перед поездкой в Пакистан отращивал бороду, призывал родителей строже соблюдать Коран. А когда поехал, то поехал тайно, родителям ничего не сказал — не самое хорошее начало. Мать Курназа, крайне встревоженная, сама побежала в полицию и заявила, что в мечети Абу Бакра ее сына сделали исламским радикалом, что он читал джихадистскую литературу и собирался воевать с неверными в Чечне или Пакистане. Другие бременские турки — неясно, из каких побуждений — рассказывали те же небылицы. Впрочем, это неудивительно. Подозрения, взаимные обвинения, отчаяние посеяли раздор внутри диаспоры. В конце концов атаку на башни-близнецы от начала и до конца спланировали братья-мусульмане, жившие совсем недалеко, в Гамбурге. Мурат же стоял на своем: он ехал в Пакистан с одной-единственной целью — продолжить мусульманское религиозное образование. Итак, Курназ, подходивший по всем параметрам, террористом все же не стал, и это исторический факт. Никакого преступления он не совершил, и за свою невиновность терпел страшные муки. Но я понимаю, что если б вернулся в те дни и в той же атмосфере страха столкнулся с человеком, у которого такая анкета, то и сам не спешил бы защищать Курназа.

■

Уютно расположившись в номере бременской гостиницы, попивая кофе, мы беседуем с Курназом, и я спрашиваю, как ему удавалось общаться с другими узниками из соседних камер, ведь это запрещено под страхом немедленного избиения и разных ограничений, а Курназу и так доставалось больше других — во-первых, из-за его упрямства, во-вторых, из-за богатырского телосложения: в карцере он помещался с трудом и 23 часа в сутки не мог ни стоять толком, ни сидеть.

Надо быть осторожным, говорит он, но сначала молчит и обдумывает ответ — к этому я начинаю привыкать. Не только с охранниками, с заключенными тоже. Ни в коем случае не спрашивать, за что они здесь сидят. Ни в коем случае не спрашивать, принадлежат ли они к “Аль-Каиде”. Но когда день и ночь сидишь на корточках в метре от другого заключенного, естественно, рано или поздно попробуешь установить с ним контакт.

Во-первых, в камере был крохотный умывальник, но он годился скорее для переклички. В определенное время — как его определяли, Курназ не хотел рассказывать, поскольку многие из его собратьев, предполагаемых боевиков, по-прежнему находились в тюрьме*, — никто из заключенных не пользовался раковиной, и тогда они шепотом переговаривались через сливное отверстие. Слов, конечно, нельзя разобрать, только гул множества голосов, но ты чувствуешь, что не один.

А еще была пенопластовая миска — в ней приносили суп и просовывали в камеру через специальное отверстие вместе с ломтем черствого хлеба. Выпиваешь суп, затем отламываешь от края миски кусочек размером с ноготь, надеясь, что охранник не обратит внимания. Потом ногтем, который ты затем и отрастил, царапаешь на этом кусочке пенопласта что-нибудь на арабском, из Корана. Оставляешь кусочек хлеба, пережевываешь, скатываешь из него шарик и ждешь, пока он затвердеет. Вытягиваешь из своей хлопчатобумажной робы нитку, к одному ее концу привязываешь хлебный шарик, к другому — кусочек пенопласта. А потом бросаешь все это соседу через решетку (шарик служит грузом), он тянет за нитку, и кусочек пенопласта оказывается у него.

И таким же порядком на твое письмо потом отвечают.

Невиновного человека, который даже с точки зрения туманных правовых норм тюрьмы Гуантанамо признан содержавшимся пять лет под стражей без всяких на то оснований и наконец отправляется домой, безусловно, следует вознаградить — по справедливости и ради соблюдения приличий: на авиабазу Рамштайн в Германии освобожденного следовало доставить специально для этого предназначенным самолетом. Для путешествия Курназу выдали чистое нижнее белье, джинсы и белую футболку. А чтобы было уж совсем спокойно, приставили к нему на время полета десять американских солдат, и когда те передавали Курназа из рук в руки принимающей стороне, старший офицер предложил своему немецкому коллеге легкие и удобные наручники — для Курназа, ведь его путешествие еще

* К моменту выхода этой книги в печать в Гуантанамо остается 80 узников, примерно половина из них уже готовятся выйти на свободу *(Прим. автора)*.

не закончилось, — но немецкий офицер, тем самым навечно прославившийся, ответил:

— Он не преступник. Здесь, в Германии, он свободный человек.

■

Но Август Ханнинг так не считал.

В 2002-м он объявил, что Курназ представляет угрозу национальной безопасности Германии, и с тех пор, насколько мне известно, так и не объяснил, почему не согласен с заключением немецких и американских следователей. Однако спустя пять лет, в 2007-м, теперь уже в качестве главного разведчика министерства внутренних дел, Ханнинг не только вновь протестует против пребывания Курназа в Германии — а это вопрос злободневный, ведь Курназ к тому времени вернулся на немецкую землю, — но и обвиняет следователей БНД, которые прежде работали непосредственно под его началом и признали Курназа безопасным, в превышении полномочий.

И когда выяснилось, что я, пусть и с запозданием, встал на сторону Курназа, Ханнинг, о котором я по-прежнему высокого мнения, по-дружески меня предупредил: не стоит, мол, этому человеку симпатизировать, — но по какой причине, не сказал. И поскольку таковые причины до сих пор неизвестны ни широкой публике, ни многоуважаемому адвокату Курназа, совету Ханнинга я последовать никак не могу. Может, здесь имелась в виду некая высшая цель? Мне даже хочется так думать. Может, демонизировать Курназа было необходимо по политическим соображениям? И Ханнингу, которого я считаю достойным человеком, пришлось взять на себя эту миссию?

Недавно Курназ приезжал в Англию, чтобы презентовать книгу “Пять лет моей жизни”, в которой он описал пережитое*.

* *Five Years of my Life*. Книга вышла в издательстве “Пэлгрейв Макмиллан” *(Прим. автора)*.

Книга имела успех в Германии, была переведена на несколько языков. И я с воодушевлением старался этому поспособствовать. Прежде чем посетить другие города, Мурат остановился у нас в Хэмпстеде, и его неожиданно пригласили побеседовать с учениками Университетской школы Хэмпстеда — идея принадлежала Филиппу Сэндсу, королевскому адвокату и правозащитнику. Курназ согласился, с ребятами разговаривал в своей обычной манере: просто и обстоятельно, на беглом английском, который выучил сам — в Гуантанамо, в том числе во время пыток и допросов. Слушателей набился целый зал — школьников разных вероисповеданий и вообще неверующих, и всем им Курназ сказал, что выжил только благодаря мусульманской вере. Своих охранников и мучителей он не обвинял. О Ханнинге и других немецких чиновниках и политиках, выступавших против его возвращения, как обычно, не упоминал. Рассказал, что, покидая тюрьму, оставил надзирателям свой домашний адрес в Германии — на случай, если однажды бремя собственных деяний покажется им невыносимым. Только говоря о долге перед собратьями-заключенными, оставшимися в тюрьме, Курназ не мог сдержать волнения. Я не буду молчать, сказал он, до тех пор, пока из Гуантанамо не освободят последнего узника. Желающих пожать ему руку после выступления оказалось так много, что им пришлось становиться в очередь.

Один из героев моего романа “Самый опасный человек” — рожденный в Германии турок того же возраста и вероисповедания, что и Мурат, с похожей биографией. Его зовут Мелик, и за грехи, которых не совершал, он платит ту же цену. Мелик очень похож на Мурата Курназа — он такого же телосложения, так же ведет себя и говорит.

ГЛАВА 10
В полевых условиях

В Корнуолле у нас каменный сельский дом, он стоит на скале, над обрывом, а мой письменный стол стоит на чердаке этого дома. Солнечным июльским утром смотрю в окно прямо перед собой и вижу только Атлантический океан, окрашенный — пусть это прозвучит нелепо — настоящей средиземноморской синью. Идет регата, яхты длинными острыми парусами приникли к ленивому восточному ветерку. Друзья, которые приезжают погостить, говорят, что мы, живущие здесь, или безумцы, или счастливчики — от погоды зависит, и сегодня мы счастливчики. Здесь, на окраине суши, погода атакует без предупреждения, когда вздумается. День и ночь дует штормовой ветер, потом вдруг все прекращается и наступает тишина. В любое время года на наш мыс может приземлиться пухлое облако тумана, и если бы пролился дождь, хоть капля, и заставил это облако уйти — так нет!

Метрах в двухстах от нас, если двигаться вглубь полуострова, стоит старая усадьба с красивым названием Боскауэн-Роуз, к ней примыкает полуразвалившийся домик, а в нем живет семейство амбарных сов — сипух. Всех вместе я видел их только однажды: две взрослые совы и четверо птенцов уселись рядком на сломанном подоконнике — словно для семейной фотографии, вот только сделать ее мне было некогда. С тех пор мы поддерживаем отношения только с одной из сов-родителей —

по крайней мере, я так решил, хотя почем знать, может, и с кем другим из обширного семейства, ведь птенцы, конечно, давно выросли. Это сова-отец — буду так о нем думать, и мы с ним тайные сообщники: задолго до того, как промелькнуть в западном окне, он каким-то необъяснимым способом посылает мне сигнал о своем приближении. Я сижу и строчу без остановки, склонив голову, в надежде, что реальность меня уже не затронет, но всегда успеваю заметить бело-золотую тень, проносящуюся низко над землей под моим окном. Никогда не видел, чтоб на него охотились хищники. Вóроны, живущие на скалах, и сапсаны предпочитают с ним не связываться.

А еще он безошибочно чует слежку — мы, люди-шпионы, назвали бы такое чутье сверхъестественным. Прибрежный луг круто обрывается у моря. Сова парит в полуметре над высокой травой, примериваясь, чтобы схватить ничего не подозревающую мышь. Но стоит мне только подумать, не поднять ли голову, как сова прекращает операцию и ныряет вниз со скалы. Если повезет, наступит вечер, когда он забудет обо мне, прилетит снова, и только кончики его молочно-медовых крыльев будут трепетать. В этот раз обещаю себе не поднимать головы.

■

Солнечным весенним днем 1974-го я приехал в Гонконг и выяснил, что между островом Гонконг и Коулуном на большой земле без моего ведома проложили подводный туннель. Я только что внес последние правки в текст романа “Шпион, выйди вон!” и отдал его в издательство. Печатать могли начать в любой момент. Одним из самых увлекательных эпизодов книги мне казалась погоня на пароме “Стар ферри” по проливу между Коулуном и Гонконгом. До самой смерти буду стыдиться, но упомянутый отрывок я рискнул написать, не выезжая из Корнуолла — воспользовался устаревшим путеводителем. И теперь за это расплачивался.

В отеле был факсимильный аппарат. Пробный переплетенный экземпляр романа лежал у меня в чемодане. Я его откопал. Позвонил своему агенту — а у того была глухая ночь, — и умолял его как-нибудь уговорить издателей приостановить печать. Или в Америке мы это сделать не успеем? Он узнает, но боится, не успеем. Я еще пару раз проехал по туннелю с блокнотом на коленях, отправил по факсу в Лондон исправленный текст и поклялся, что никогда больше действие моих романов не будет разворачиваться в местах, которых я не видел. Агент оказался прав: остановить выход первого американского издания мы не успели.

Но помимо необходимости все исследовать лично я осознал еще одно. Что к середине жизни становлюсь тучным, ленивым и живу за счет прежде накопленных впечатлений, а их запас истощается. Настало время бросить вызов неведомым мирам. В ушах звенело изречение Грэма Грина примерно следующего содержания: чтобы рассказывать о человеческой боли, нужно самому ее испытать.

Правда ли дело в туннеле или я позже все это понял, теперь несущественно. Одно только могу сказать наверняка: после истории с туннелем я закинул на плечи рюкзак и, вообразив себя этаким скитальцем в лучших традициях немецкого романтизма, отправился на поиски приключений — сначала в Камбоджу и Вьетнам, потом в Израиль и к палестинцам, а дальше в Россию, Центральную Америку, Кению и Восточное Конго. Это путешествие так или иначе продолжается последние сорок с лишним лет, и я считаю, что началось оно в Гонконге.

Уже через несколько дней мне улыбнулась удача: я случайно познакомился с тем самым Дэвидом (Хью Дэвидом Скоттом) Гринуэем, который потом выбежит из моего шале, позабыв паспорт, бросится вниз по обледеневшей дорожке и станет одним из последних американцев, покинувших Пномпень. Он задумал рискованное дело — отправиться в зоны боевых действий, чтоб написать материал для “Вашингтон пост”. Не хочу ли я составить ему компанию? Через сорок восемь часов я лежал, перепуганный до смерти, рядом с ним в мелком окопе и высматривал красных кхмеров — снайперов, вросших в противоположный берег Меконга.

Прежде по мне никогда не стреляли. В мире, куда я попал, все, казалось, смелее меня — и военные корреспонденты, и обычные люди, идущие по своим делам, зная, что боевики, красные кхмеры, взяли их город в кольцо и стоят всего в нескольких километрах, что в любое время дня и ночи может начаться бомбежка и что армия Лон Нола, которую поддерживают американцы, слаба. Я, правда, был здесь новичком, а они — старожилами. И наверное, когда постоянно живешь в опасности, в самом деле начинаешь к ней привыкать и даже, боже упаси, от нее зависеть. Позже, в Бейруте, я в это почти поверил. А может, я просто один из тех, кто не способен признать факт неизбежности людских конфликтов.

Каждый понимает смелость по-своему, и всякая точка зрения субъективна. Каждый задумывается, где его предел, когда и как он этого предела достигнет и как будет действовать — лучше или хуже других. О себе могу сказать только, что смелым или почти смелым чувствовал себя, если превозмогал противоположное качество — его можно определить как врожденную трусость. Чаще всего это происходило, когда люди вокруг меня проявляли больше смелости, чем мне досталось от природы; я смотрел на них и брал смелость взаймы. И из всех этих людей, повстречавшихся мне на пути, самой смелой (кто-то скажет, безумной, но я не из их числа) была Иветт Пьерпаоли, маленькая француженка из провинции, из города Меца, которая вместе со своим партнером, швейцарцем Куртом, бывшим капитаном дальнего плавания, занималась в Пномпене бизнесом — возила кое-что из-за границы; бизнес был захудалый, но все-таки они держали старенький одномоторный самолет и колоритную команду пилотов и летали из города в город над вражескими джунглями, где засел Пол Пот, — доставляли еду, медикаменты и отвозили больных детей в Пномпень, пока там еще было относительно безопасно.

Потом красные кхмеры плотнее сомкнули кольцо вокруг Пномпеня, в столицу отовсюду хлынули беженцы целыми семьями, а беспорядочные артобстрелы и взрывающиеся автомобили постепенно превратили город в руины, и тогда Иветт Пьерпаоли поняла, что истинное ее призвание — спасать попавших в беду детей. Пилоты Иветт — разношерстная команда китайцев и азиатов других национальностей — больше, конечно, привыкли возить пишущие машинки и факсимильные аппараты, которыми Иветт торговала, но теперь занялись другим: эвакуировали детей и их матерей из отдаленных городов, уже готовых сдаться красным кхмерам во главе с Пол Потом.

Неудивительно, что святыми пилоты были только по совместительству. Некоторые из них параллельно совершали рейсы для “Эйр Америка” — авиакомпании ЦРУ. Другие занимались перевозкой опиума. А большинство делали и то и другое. Больных детей в салоне самолета укладывали на мешки с опиумом или полудрагоценными камнями — пилоты возили их из Пайлина и получали комиссионные. Я с этими ребятами тоже летал, так один из них, помнится, ради развлечения инструктировал меня, как посадить самолет — на случай, если он заторчит от морфия и сам не сможет. В романе, для которого я тогда собирал материал, позже названном “Достопочтенный школяр”, этот пилот получил имя Чарли Маршалл.

В Пномпене Иветт делала все, чтобы дать кров и надежду детям, у которых не было ни того ни другого, — и здесь тоже не ведала страха. Путешествуя с Иветт, я впервые увидел убитых на этой войне: окровавленные трупы босых камбоджийских солдат лежали рядами в кузове грузовика. Кто-то забрал их обувь, а заодно, конечно, и расчетные книжки, наручные часы и деньги, что были при них во время боя. Грузовик стоял рядом с артиллерийской батареей, кажется, без всякой цели стрелявшей по джунглям. Рядом с орудиями сидели маленькие дети, оглушенные выстрелами и растерянные. Рядом с детьми сидели их молодые матери, чьи мужья сражались в джунглях. Женщины ждали возвращения своих мужей, зная, что, если те не вернутся, командиры докладывать об этом не станут, а будут и дальше получать за них денежное довольствие.

Иветт кланялась, улыбалась, *пробредаясь*, как она говорила, среди женщин, потом села рядом с ними и собрала вокруг себя детей. Что такое она могла им сказать, перекрикивая орудийный грохот, я никогда не узнаю, но все тут же рассмеялись — и мамы, и дети. Даже стоявшим у орудий мужчинам шутка понравилась. А в городе мальчишки и девчонки сидели, скрестив ноги, в пыли на тротуарах, рядом стояли литровые бутыли с бензином — дети тайком сливали его из бензобаков разбитых машин. Если поблизости взрывался снаряд, бензин воспламенялся, огонь перекидывался на детей. Услышав с балкона взрыв, Иветт прыгала в свой страшненький автомобиль, который водила словно танк, и прочесывала улицы в поисках уцелевших.

■

Прежде чем Пномпень в конце концов сдался красным кхмерам, я был там еще дважды. Когда уезжал во второй раз, в городе, похоже, оставались только лавочники-индийцы и женщины легкого поведения, до последнего не хотели уходить: торговцы — потому что, чем острее дефицит, тем выше цены, девочки — потому что по простоте душевной полагали, что их услуги будут востребованы независимо от того, кто победит. На самом же деле они пополнили ряды красных кхмеров или умерли в муках на полях смерти. Из Сайгона — тогда он еще так назывался — я написал Грэму Грину, что перечитал “Тихого американца” и, на мой взгляд, роман весьма добротный. Невероятно, но письмо дошло, и Грин написал ответ — настоятельно советовал мне посетить музей в Пномпене и полюбоваться котелком со страусовыми перьями, которым короновали кхмерских королей. Пришлось сказать ему, что нет уже в помине не только котелка, но и музея.

Об Иветт рассказывают немыслимые истории, частично выдуманные, но в большинстве своем правдивые, хоть в них и трудно поверить. Мою любимую я услышал из собственных уст Иветт — что, конечно, не всегда гарантирует достоверность: о том, как в последние дни перед захватом Пномпеня она привела отряд осиротевших кхмерских детей во французское консульство и потребовала каждому из них оформить паспорт.

— Но чьи это дети? — воспротивился окруженный со всех сторон консульский чиновник.

— Мои. Я их мать.

— Они же все ровесники!

— Я сразу по четверо рожала, болван!

Консул тоже сдался, а может, решил стать соучастником и потребовал назвать имена детей.

— *Lundi, Mardi, Mercredi, Jeudi, Vendredi**... — затараторила Иветт.

■

Иветт Пьерпаоли погибла в апреле 1999-го в Косово — она помогала там беженцам — вместе с Дэвидом и Пенни Макколл из “Рефьюджиз интернэшнл”: на горной дороге водитель-албанец не справился с управлением, и автомобиль, пролетев несколько сотен метров, рухнул в ущелье. К тому времени Иветт написала книгу — моя жена ей в этом очень помогла, — которую перевели на несколько языков. На английском книга вышла под названием *Woman of a Thousand Children* — “Мать тысячи детей”**. Иветт погибла в шестьдесят один год. Я тогда был в Найроби, собирал материал для “Верного садовника”; главная героиня этого романа ни перед чем не останавливалась, чтобы помочь беспомощным, а именно женщинам из африканских племен, которых использовали как подопытных кроликов для клинических исследований. Иветт к тому времени успела

* Понедельник, Вторник, Среда, Четверг, Пятница *(фр.)*.

** На французском книга вышла в издательстве Робера Лафона в Париже в 1992 году *(Прим. автора)*.

активно поработать в Африке, а еще в Гватемале и Косово, где ее и настигла судьба. Героиня романа по имени Тесса умирает. Я обрек ее на смерть с самого начала, а после наших с Иветт путешествий, думаю, понимал, что и ей удача однажды изменит. В детстве Иветт пережила изнасилование, оскорбления, отвержение. В юности нашла пристанище в Париже и от нужды стала торговать собой. А узнав, что забеременела от камбоджийца, поехала в Пномпень разыскивать его, но у того была своя, другая жизнь. В баре Иветт познакомилась с Куртом, и они стали партнерами — в бизнесе и в жизни.

Впервые я увидел ее в осажденном Пномпене, в доме немецкого дипломата, за обедом, который накрывали под грохот стрельбы, доносившийся от дворца Лон Нола, а стоял он метрах в ста вниз по улице. Иветт пришла с Куртом. Их торговая компания называлась "Суисиндо", контора располагалась в старом деревянном доме в центре города. Иветт тогда было ближе к сорока, эта кареглазая женщина, живая и упрямая, то казалась беззащитной, то становилась грубой, и ни то ни другое не длилось долго. Она могла упереть руки в боки и обругать тебя последними словами. Могла улыбнуться слегка и тут же растопить твое сердце. Могла умаслить, польстить, могла покорить тебя, что бы для этого ни потребовалось. Но все только ради дела.

Ради какого именно, становилось ясно очень скоро: любым способом, любой ценой найти еду и деньги для голодающих, медикаменты — для больных, убежище — для бездомных, документы — для лиц без гражданства, и вообще совершить чудо — в самом что ни на есть мирском, деловом, практическом смысле. И все это ничуть не мешало Иветт быть ловкой, а то и бессовестной бизнесменшей, особенно когда она сталкивалась с людьми, чьим наличным, по твердому ее убеждению, следовало перекочевать в карманы нуждающихся. "Суисиндо" получала хорошую прибыль — а как же иначе, ведь деньги, приходившие через парадную дверь, в основном тут же утекали через заднюю — они шли на задуманные Иветт благие дела.

А Курт, мудрейший и смиреннейший из людей, только кивал и улыбался: пусть, мол, идут.

Как-то Иветт очаровала представителя одной шведской гуманитарной организации, и тот пригласил ее на свой собственный остров неподалеку от берегов Швеции. Пномпень тогда уже захватили. Иветт с Куртом переехали в Бангкок и сидели без гроша. Решалась судьба контракта — заказа этой гуманитарной организации, который они могли получить или не получить: закупить на несколько миллионов долларов риса и доставить его к границе Таиланда — для голодающих камбоджийских беженцев. Конкурентом Курта и Иветт был один китайский предприниматель, человек, не знающий жалости, замысливший (так считала Иветт, основываясь, похоже, только на своей интуиции) надуть и гуманитарную организацию, и беженцев.

Иветт отправилась на шведский остров — Курт настоял. К ее прибытию дом на берегу превратили в любовное гнездышко. В спальне, божилась Иветт, горели ароматические свечи. Будущий любовник пылал страстью, но она уговорила его немного потерпеть. Не прогуляться ли нам сначала по пляжу, это ведь так романтично? Ну конечно! Все что пожелаешь! На улице едва ли не мороз, так что нужно хорошенько укутаться. Спотыкаясь, они бредут в темноте по песчаным дюнам, и тут Иветт предлагает сыграть в детскую игру:

— Стой, замри. Так. Теперь встань позади меня, поближе. Еще ближе. Так. Очень хорошо. А теперь я закрою глаза, и ты закрой мои глаза руками. Тебе удобно? Мне да. Теперь можешь задать мне один вопрос, какой угодно, но только один, и я должна ответить тебе чистую правду. А если не отвечу, я тебя недостойна. Хочешь сыграть? Хорошо. И я. Какой у тебя вопрос?

Его вопрос, как и следовало ожидать, — о ее самых сокровенных желаниях. Иветт, конечно, беззастенчиво врет: говорит, что мечтает заняться любовью с мужественным красавцем-шведом в благоухающей спальне на уединенном острове посреди бурного моря. Теперь наступает ее черед. Иветт разворачивает шведа спиной к себе, зажимает ему глаза — наверное, совсем не так нежно, как бедняга мог бы рассчитывать, и орет в ухо:

— Так кто главный конкурент "Суисиндо" в конкурсе на поставку тысячи тонн риса беженцам на тайско-камбоджийскую границу?

Теперь я понимаю, что, принимаясь за "Верного садовника", хотел прославить именно труд Иветт. Наверное, я понимал это с самого начала, где бы оно ни было. Наверное, и она понимала. И присутствие Иветт — до ее смерти и после — помогло мне довести книгу до финала. На все это Иветт сказала бы: уж конечно!

ГЛАВА 11
Как я столкнулся с Джерри Уэстерби

В погребке, полном бочонков с вином, на Флит-стрит сидят Джордж Смайли и Джерри Уэстерби, на столе стоит огромный стакан розового джина. Это из моего романа "Шпион, выйди вон!". Чей стакан, не сказано, но предположительно джин пьет Джерри. На следующей странице Джерри заказывает "Кровавую Мэри" — предположительно для Смайли. Джерри — спортивный журналист старой школы. Он крупный мужчина, когда-то был вратарем в команде графства по крикету. У него огромные ручищи, бугрящиеся мускулами, грива рыжевато-седых волос и красное лицо, а в минуту смущения — багровое. Поверх рубашки кремового цвета Джерри повязал галстук известного спортивного клуба — какого именно, в тексте не говорится.

Но Джерри Уэстерби не только опытный спортивный журналист, он к тому же агент британской разведки и души не чает в Смайли. А еще он идеальный свидетель. Он не питает злобы, не преследует личных интересов. Он поступает как лучшие секретные агенты. Сообщает все до мельчайших подробностей, а строить теории оставляет аналитикам разведслужбы, которых ласково называет филинами.

Джерри предлагает пообедать в индийской закусочной и, пока Смайли осторожно его расспрашивает, заказывает самое острое карри, какое было в меню, потом своими огромными ручищами (повторяется автор) крошит в карри чечевичную лепешку и поливает сверху темно-красным соусом — предположительно чили, убийственно жгучим, — "чтоб поострее было". Хозяин ресторана, шутит Джерри, прячет этот соус подальше. Словом, мы видим, что Уэстерби симпатичный малый, неловкий, ребячливый, робкий; иногда, чтобы справиться с робостью, Джерри использует "индейские словечки" (его формулировка) — это вроде нервного тика, и даже говорит Смайли на прощание "Хау!"*, а потом "медленно бредет в свою «резервацию»".

Сцена заканчивается. И заканчивается эпизодическая, хоть и яркая роль Джерри Уэстерби в романе. Он свою задачу выполнил: сообщил Смайли тревожные сведения насчет сотрудника "Цирка" (МИ-6) Тоби Эстерхейзи — предположительно "крота". Уэстерби делать это неприятно, но он понимает, что такова его обязанность. Больше в книге о Джерри ничего не говорится, и я сам больше ничего о нем не знаю до тех пор, пока не отправляюсь в Южную Азию за материалом для "Достопочтенного школяра", взяв с собой Джерри — моего тайного сообщника.

Если у Джерри и был прототип в реальной жизни, пусть даже условный, то это, наверное, человек по имени Гордон — бездельник из высшего общества, вроде бы аристократического происхождения, которого мой отец избавил от семейного состояния. Через некоторое время тот в отчаянии покончил с собой, поэтому, видимо, его образ так четко, во всех подробностях отпечатался в моей памяти. Аристократическое происхождение давало Гордону право предварять свое имя нелепым эпитетом "достопочтенный" — и Уэстерби я удостоил этого титула, хотя ничто на белом свете не заставило бы Джерри им воспользоваться, нет, старина. А насчет школяра… Уэстерби, может, и был матерым корреспондентом, который всегда на переднем крае, и британским секретным агентом, но когда речь шла о чувствах, из сорокалетнего превращался в четырнадцатилетнего.

* Индейское приветствие.

Такого Джерри я придумал и с таким Джерри столкнулся — и эту встречу, без сомнения, считаю одной из самых сверхъестественных за всю мою писательскую жизнь — в сингапурском отеле "Раффлз": не просто с похожим типажом, но с самым настоящим Джерри — настоящим вплоть до ручищ, бугрившихся мускулами, и здоровенных плеч. У него была другая фамилия, не Уэстерби, хотя я бы уже и этому не удивился. Его звали Питер Симмс. Заслуженный британский иностранный корреспондент, а еще — теперь это общеизвестно, но тогда я знал об этом не больше других — заслуженный британский тайный агент. Под два метра ростом, рыжеватый, Симмс улыбался по-мальчишески и, горячо пожимая тебе руку при встрече, рычал "Супер-р!" — любил он это словечко.

Думаю, каждый, кто знакомился с Питером, испытал и навсегда запомнил это чувство: тебя вдруг обдает волной настоящего дружеского тепла — такой мощной, что невозможно устоять. А я навсегда запомню, как смотрел на него с благоговением и легким чувством вины и не верил своим глазам: стоит передо мной человек, которого я создал из воздуха и юношеских воспоминаний, стоит во плоти, во весь свой двухметровый рост.

А вот чего я не знал о Питере тогда и выяснил только со временем — кое-что, увы, слишком поздно. В годы Второй мировой Симмс служил в Индии, в Бомбейском корпусе саперов и минеров. Я всегда полагал, что молодость Уэстерби связана с каким-то уголком империи. И вот пожалуйста. После Симмс изучает санскрит в Кембриджском университете и там же влюбляется в Санду, прекрасную принцессу из Соединенных штатов Шана, которую в детстве возили на церемониальной лодке в виде золотой птицы по бирманским озерам. Уэстерби тоже бы не устоял. Очарованный Азией, Симмс обращается в буддизм. В Бангкоке они с Сандой женятся. И не расстаются до самой смерти, любят друг друга страстно, преодолевая все, переживают вместе самые разные приключения — по собственной воле и по воле разведслужбы Ее Величества. Питер преподает в Рангунском университете, работает в Бангкоке и Сингапуре для журнала "Тайм", потом — на оманского султана и наконец — на разведотдел гонконгской полиции, пока Гонконг еще остается колонией. И всю его жизнь Санда рядом с ним.

Словом, не было в жизни Симмса события, которого я не вписал бы в биографию Джерри Уэстерби, за исключением, пожалуй, счастливого брака, потому что мне Джерри нужен был одиноким, пока еще не нашедшим свою любовь. На это все — в ретроспективе. Столкнувшись с Питером Симмсом в сингапурском отеле "Раффлз" — а где же еще? — я ничего такого не знал. Знал только, что передо мной мой Джерри Уэстерби из плоти и крови — он энергичен и мечтателен, он истый британец и в то же время привержен азиатской культуре, и если такой человек до сих пор не завербован британской разведкой, то исключительно по недосмотру последней.

Мы встретились снова в Гонконге, потом в Бангкоке, потом в Сайгоне. И тогда я наконец решился спросить, не хочет ли Питер составить мне компанию в путешествии по менее приятным уголкам Юго-Восточной Азии. Оказалось, я зря колебался. Буду очень, очень рад, старина. Тогда, интересуюсь я, может, Питер согласится к тому же принять от меня вознаграждение, он ведь станет моим исследователем и проводником? А то! Разумеется, согласится! В гонконгской полиции работы теперь мало, денежки уже не текут рекой, и кой-какие вливания не помешали бы, что уж тут говорить. Мы отправились странствовать. И конечно — иначе и быть не могло, — глядя на неутомимого Питера, знатока Азии и азиата в душе, я дорисовал и раскрасил образ Уэстерби, который в "Шпионе..." только набросал.

Питер умер во Франции в 2002-м. В некрологе под названием "Журналист, искатель приключений, разведчик и друг" (словечко "Супер-р!" я, кстати, оттуда позаимствовал), простом и красивом, Дэвид Гринуэй верно написал, что Питер — прототип Джерри Уэстерби из "Достопочтенного школяра". И все же мой Уэстерби появился прежде Симмса. А Питер, неисправимый романтик и великодушнейший человек, просто взял Джерри своими громадными ручищами и лихо присвоил.

ГЛАВА 12
Одиночество во Вьентьяне

Вьентьян, опиумный притон на верхнем этаже, мы лежим в ряд на тростниковых циновках, под головами — деревянные валики, так что смотреть можно только в потолок. Между нами ползает высохший китаец в остроконечной соломенной шляпе и заново набивает трубки, мою, правда, в основном раскуривает, не скрывая раздражения, — она все время гаснет. Если бы в сценарии было написано "Помещение. Опиумный притон. Лаос. Конец семидесятых. Вечер", именно такую сцену в конце концов изобразил бы художник-декоратор, и мы, курильщики, представляли собой ту самую разношерстную компанию, какой требовали место и время: старый француз-плантатор, житель колонии — месье Эдуард, теперь лишившийся своих владений в результате Тайной войны, бушевавшей на севере, парочка пилотов "Эйр Америки", четверо военных корреспондентов, торговец оружием из Ливана и его спутница, а также военный турист поневоле, то есть я. И еще Сэм с соседней циновки, который с того момента, как я лег рядом, произносил нескончаемый монолог. Вся *fumerie** по этому поводу беспокоилась и злилась, ведь официально лаосские власти курение опиума не одобряли, и один из корреспондентов с самым серьезным видом преду-

* Курильня *(фр.)*.

предил, что в любой момент нам, может быть, придется уходить через крышу и спускаться по пожарной лестнице в переулок. Но Сэм, лежавший рядом со мной, сказал: не обращайте, мол, внимания, все это чушь собачья. Кто такой был или есть этот Сэм, до сих пор понятия не имею. Я предположил, что он английский эмигрант, который приехал на Восток, чтобы найти себя, пять лет провел на войне — в Камбодже, Вьетнаме, а теперь вот в Лаосе, но пока еще себя не нашел. По крайней мере, из его благодушного потока сознания я вынес именно это.

Я ни разу не курил опиум ни до, ни после, но с того самого вечера сохранил некую безответственную уверенность в том, что опиум, хотя и запрещен законом и имеет дурную славу, однако, будучи употребляем разумным человеком в разумных количествах, приносит только пользу. Ты ложишься на тростниковую циновку с некоторым опасением, чувствуешь себя немного глупо. Это ведь твой первый раз. Делаешь затяжку, как тебе говорят, но ничего, конечно, не получается, китаец качает головой, и ты чувствуешь себя еще глупее. Но когда понимаешь принцип — а именно что затягиваться надо медленно и глубоко и в нужный момент, — сразу наступает благодушие, и ты не пьян, не одурманен, не агрессивен, не испытываешь внезапного сексуального возбуждения. Просто умиротворен и можешь свободно говорить о чем хочешь, и это и есть настоящий ты. А лучше всего, что наутро нет ни похмелья, ни чувства вины, ни мучительной подавленности, просто ты хорошенько выспался и готов встретить новый день. По крайней мере в этом убеждал меня Сэм, узнав, что я новичок, и я ему поверил и верю до сих пор.

Вначале жизнь Сэма протекала вполне обычно (так я заключил из его бессвязного рассказа): симпатичный загородный дом в Англии, закрытая школа, Оксбридж, женитьба, дети — а потом что-то лопнуло. Что лопнуло и у кого, я так и не понял. То ли Сэм думал, я знаю, то ли не хотел, чтоб я знал, а я из деликатности решил не спрашивать. Лопнуло. И видно, лопнуло окончательно и бесповоротно, потому что Сэм в тот же день отряс прах Англии со своих ног, поклялся никогда не возвращаться, и укрылся в Париже, и любил его до тех пор, пока не отдал свое сердце одной француженке, а она его отвергла. Словом, все опять лопнуло.

Сначала Сэм решил вступить в Иностранный легион, но не смог — то ли в тот день не набирали, то ли он проспал, то ли явился не по тому адресу, — тут я уже начинаю догадываться: кажущееся простым большинству из нас не всегда просто для Сэма. Ничего у этого парня не вяжется, и, слушая его, начинаешь сильно сомневаться, что одно естественным образом вытекает из другого. В общем, вместо Иностранного легиона он нанимается в информационное агентство Юго-Восточной Азии со штаб-квартирой во Франции. Дорогу, расходы и все такое прочее они не оплачивают, объясняет Сэм, но если присылаешь хоть мало-мальски стоящий материал, платят небольшое жалованье. И поскольку у Сэма, как он выразился, еще кое-что свое осталось, такие условия кажутся ему вполне справедливыми.

И вот уже пять лет он мотается по зонам боевых действий, иногда ему везет, во французской желтой прессе даже раз или два напечатали материал с его именем — то ли кто из настоящих журналистов ему что подкинул, то ли он сам выдумал. Он вообще-то очень даже мог бы стать писателем, учитывая, какая у него жизнь, и хотел бы что-нибудь создать: сборник рассказов, роман или все вместе. Только из-за одиночества не решаюсь, объясняет Сэм, придется ведь целыми днями сидеть за письменным столом в какой-нибудь глуши — и ни редакторов не будет, чтоб понукать тебя, ни сроков сдачи.

Но он к этому идет. И если почитать недавние его вещи — истории, которые он просто-напросто высосал из пальца для своего французского информационного агентства, становится яснее ясного, что они куда лучше всякой строго объективной, как говорится, всячины. Наступит день, и уже скоро наступит, когда он сядет-таки за письменный стол где-нибудь в глуши, невзирая на неизбежное одиночество, отсутствие сроков и редактора, который бы его понукал, и тогда уж, поверьте, ничто его не остановит. Только одиночество ему мешает, повторяет Сэм, на случай если я еще не понял главной мысли. Одиночество съедает его, особенно здесь, во Вьентьяне, где совершенно нечем заняться и остается только курить, спать с проститутками в "Белой розе" и слушать, как пьяные пилоты-мексиканцы из "Эйр Америки", пока им делают минет, хвастают, сколько самолетов сбили.

Дальше Сэм рассказывает, как справляется с одиночеством, которое, признается он, не только с литературными замыслами связано, но пронизывает все его существование. Больше всего на свете он скучает по Парижу. С тех пор как великая любовь окончилась разрывом и все опять лопнуло, Париж стал для Сэма запретной территорией и навсегда такой останется. Он никогда туда не вернется, не сможет после того, что было с этой девушкой. Каждая улица, каждый дом и каждая излучина реки словно кричит о ней, убеждает меня Сэм — его речь хоть и усыпляет, но необычайно высокопарна и поэтична. Или он вспоминает песню Мориса Шевалье? И все-таки душа Сэма осталась в Париже. И сердце, добавляет он по должном размышлении. Ты меня слушаешь? Слушаю, Сэм.

А вот что он любит делать, выкурив трубочку или две, продолжает Сэм — решив посвятить меня в свой большой секрет, ведь я уже его ближайший друг и единственный человек на свете, которому на него не наплевать, добавляет между прочим мой собеседник, — и что собирается сделать, как только почувствует необходимость, а это может случиться в любую минуту, как только у него прояснится в голове, — так вот, он собирается спуститься к "Белой розе" (его там знают), сунуть мадам Лулу двадцать долларов и поговорить по телефону с Парижем, с кафе "Де Флор", три минуты. Когда официант из "Де Флор" поднимет трубку, он попросит пригласить мадмуазель Жюли Делассу — это ненастоящее имя, насколько ему известно, раньше было другое. А потом станет слушать, как ее зовут через все кафе откуда-то с бульвара:

— *Mademoiselle Delassus... Mademoiselle Julie Delassus... au telephone s'il vous plait!**

Они будут кричать ее имя снова и снова, и, пока оно не растворится в эфире или пока не выйдет его время — неизвестно, что случится раньше, Сэм будет слушать Париж — на все двадцать долларов.

* Мадемуазель Делассу... мадемуазель Делассу... к телефону, пожалуйста! *(фр.)*

ГЛАВА 13
Театр жизни: танцы с Арафатом

Это первый из четырех рассказов, объединенных одной темой: они будут посвящены моим путешествиям 1981–1983 годов — я тогда работал над "Маленькой барабанщицей". И исследовал палестино-израильский конфликт. Барабанщицей я назвал героиню романа Чарли — ее прототипом стала моя единокровная сестра Шарлотта Корнуэлл, которая на четырнадцать лет моложе меня. Я окрестил Чарли барабанщицей, потому что в моем романе она вызывает агрессию обеих сторон упомянутого конфликта. Ко времени написания романа Шарлотта была известной актрисой театра и кино (играла в Королевском Шекспировском театре, снималась в телесериале "Рок-безумства"*), а помимо этого — воинственной радикалкой левого крыла.

В моем романе харизматичный агент израильской антитеррористической организации по имени Иосиф вербует Чарли, тоже актрису, чтобы та исполнила, как он выражается, главную роль в театре жизни. Чарли играет революционерку, борца за независимость (прежде она *воображала* себя такой — и убедила в этом Иосифа, а теперь ей нужно было выдать себя за революционерку *настоящую*), под руководством Иосифа все больше совершенствует свое актерское мастерство, и ей удается войти

* *Rock Follies* (1976), Великобритания.

в доверие к палестинским и западногерманским террористам и спасать *настоящие* жизни, невинных людей. Чарли разрывают противоречия: она сочувствует тяжелой участи палестинцев, которых должна предать, однако признает право евреев на историческую родину да к тому же влюблена в Иосифа — и в дважды обетованной земле эта женщина сама становится дважды обетованной.

Я поставил перед собой задачу проделать весь путь вместе с Чарли и тоже, подобно ей, колебаться, когда обе стороны станут забрасывать меня аргументами — каждая своими, и тоже ощущать — по мере сил, как мною овладевают противоречивые движения души: преданность, надежда, отчаяние. Так и вышло, что в канун нового, 1982 года я оказался в горах, в школе для детей-сирот — их родители, которых еще называли мучениками, погибли в борьбе за освобождение Палестины — и танцевал там дабку* с Ясиром Арафатом и его военачальниками.

■

Поездка к Арафату меня расстроила — правда, в то время за ним так прочно закрепилась зловещая слава неуловимого, коварного политика, обратившегося к террору, что, встретив человека хоть немного более приятного, я, конечно, разочаровался бы. Прежде всего я отправился к ныне покойному Патрику Силу — британскому журналисту, уроженцу Белфаста и выпускнику Оксфорда, арабисту и якобы британскому разведчику, который стал корреспондентом "Обсервера" в Бейруте после Кима Филби. Потом по совету Сила навестил палестинского военачальника Салаха Тамари, преданного Арафату, — он регулярно приезжал в Британию, тогда мы и познакомились. Помню, как в ресторанчике "У Одина" на Девоншир-стрит официанты-палестинцы глазели на Тамари, благоговейно затаив дыхание, а он тем временем го-

* Восточный мужской танец.

ворил мне то же, что и все, с кем я советовался: чтоб палестинцы тебя приняли, нужно благословение Председателя.

Тамари сказал, что замолвит за меня словечко, но я должен действовать через официальные каналы. Я пытался. Вооружившись рекомендациями Тамари и Сила, дважды записывался на прием к представителю Организации освобождения Палестины в здание на Грин-стрит в Мейфэре, где сидели и другие представители Лиги арабских государств, дважды меня со всех сторон осматривали мужчины в черных костюмах у входа, дважды держали в стеклянном саркофаге, просвечивая в поисках спрятанного оружия, и дважды вежливо выпроваживали — в связи с обстоятельствами, от представителя ООП не зависящими. Очень может быть, что эти обстоятельства действительно от него не зависели. Месяцем ранее его предшественника застрелили в Бельгии.

В конце концов я все равно вылетел в Бейрут и забронировал номер в отеле "Коммодор", поскольку он принадлежал палестинцам и был известен тем, что там снисходительно относятся к журналистам, разведчикам и тому подобным видам человеческой фауны. Пока я исследовал только израильскую сторону. На протяжении нескольких дней встречался с представителями израильских сил спецназначения, сидел в уютных кабинетах, беседовал с шефами израильской разведки — прежними и действующими. А управление по связям с общественностью Организации освобождения Палестины в Бейруте располагалось на разоренной улице и было окружено кольцом из стальных рифленых бочек с цементом. Вооруженные мужчины у входа, в любой момент готовые нажать на спусковой крючок, увидев меня, нахмурились. В сумрачной приемной вниманию посетителей предлагались пожелтевшие пропагандистские журналы на русском языке, а в витрине, под растрескавшимся стеклом лежали шрапнель и неразорвавшиеся противопехотные бомбы — их привезли из лагерей палестинских беженцев. К отсыревшим стенам были приколоты кнопками фотографии с загнутыми краями, запечатлевшие трупы зверски убитых детей и женщин.

В святая святых — рабочем кабинете представителя ООП мистера Лапади — оказалось ненамного веселее. Он сидел за столом — у левой руки лежал пистолет, рядом стоял "калашников" — и тяжело смотрел на меня поблекшими, измученными глазами.

— Пишете для газеты?

И для газеты тоже. А вообще книгу пишу.

— Вы антрополог?

Я писатель.

— Хотите нас использовать?

Понять ваши мотивы, узнать о них из первых рук.

— Вам придется подождать.

И я жду, день за днем и ночь за ночью. Лежу на кровати в своем номере и поутру, когда светает, считаю дырки от пуль в занавеске. После полуночи забьюсь в бар "Коммодора" в погребе и слушаю рассуждения изможденных военкоров, забывших, что такое сон. А однажды вечером в столовой "Коммодора", душной, похожей на пещеру, ем фаршированный блинчик сантиметров этак двадцать пять длиной, и тут подходит официант и взволнованно шепчет мне в ухо:

— Наш Председатель сейчас с вами встретится.

Сначала я думаю, что председатель — это директор отеля. Он собирается меня выставить — или я не оплатил счет, или оскорбил кого-то в баре, или директор просто попросит подписать ему книгу. Но постепенно до меня доходит. Я следую за официантом через вестибюль, выхожу на улицу под проливной дождь. Вижу "вольво-универсал" песочного цвета, задняя дверца открыта, рядом застыли вооруженные бойцы в джинсовых костюмах.

Мы мчимся по разгромленному городу под проливным дождем, за нами следует джип, висит на хвосте. Мы перестраиваемся. Меняем машины, несемся по переулкам, на оживленном шоссе перепрыгиваем разделительную полосу. Встречные автомобили шарахаются к обочине. Снова пересаживаемся в другую машину. Меня обыскивают уже в четвертый или в шестой раз. Я стою на вымытом дождем тротуаре где-то в Бейруте в окружении вооруженных солдат, с их плащей стекает вода. Все машины исчезли. Перед нами многоквартирный дом со стенами, щербатыми от пуль, с пустыми окнами, темный; дверь в подъезд открывается, кивком головы мужчина приглашает нас внутрь. Машет рукой — мол, идите за мной, — и мы поднимаемся по облицованной плиткой лестнице, а вдоль нее стоят призрачные фигуры вооруженных людей. Поднявшись на два пролета, попадаем на лестничную площадку с ковром, нас заводят в открытый лифт, в нос ударяет запах дезинфицирующего средства. Мы трясемся вверх и останавливаемся резким рывком. Входим в гостиную в форме буквы "Г". Бойцы обоих полов подпирают стены. Удивительно, но никто не курит. Я вспоминаю, что Арафат не любит сигаретный дым. Один боец принимается меня обшаривать в сотый уже раз. Я напуган, и от этого вдруг становлюсь безрассудным.

— Прошу вас. Меня уже достаточно обыскивали.

Он поднимает руки, будто показывая, что в них ничего нет, улыбается и отступает.

В короткой части буквы "Г" за письменным столом сидит Председатель Арафат — я даже не сразу его замечаю. На нем белая куфия, рубашка цвета хаки с жесткими складками — кажется, только из коробки, на поясе — серебристый пистолет в плетеной коричневой кобуре из пластика. Он не поднимает головы, на гостя не смотрит. Он слишком занят — подписывает бумаги. Даже когда меня подводят к трону из резного дерева, что стоит от него слева, он слишком занят и меня не замечает. Наконец он поднимает голову. А улыбка появляется на его лице еще раньше, словно он вспомнил что-то хорошее. Он поворачивается ко мне и в ту же минуту вскакивает, будто бы удивленный и обрадованный. Я вскакиваю тоже. Мы словно сговорились разыграть спектакль и пристально смотрим друг другу в глаза. Арафат всегда на сцене, предупреждали меня. И я думаю, что сам теперь на сцене. Теперь мы оба актеры и стоим перед живой аудиторией — человек, наверное, из тридцати. Он откидывается назад и в знак приветствия протягивает мне обе руки. Я беру Арафата за руки, а они мягкие, как у ребенка. Его карие глаза навыкате горят и будто молят о чем-то.

— Мистер Дэвид! — восклицает он. — Зачем вы хотели видеть меня?

— Мистер Председатель, — отвечаю я, также возвысив голос. — Я хотел ощутить, как бьется сердце Палестины!

Мы это репетировали? Он уже прикладывает мою правую руку к своей рубашке хаки с левой стороны груди. К карману на пуговице, тщательно отутюженному.

— Мистер Дэвид, оно здесь! — говорит он с жаром. — Оно здесь! — повторяет он, теперь уже для аудитории.

Весь дом на ногах. Мы немедленно становимся гвоздем программы. Заключаем друг друга в объятия, как принято у арабов, соприкасаемся щеками — левой, правой, левой. Борода у Арафата совсем не колючая, пушистая и мягкая. И пахнет детской присыпкой. Он выпускает меня из объятий, продолжая, однако, по-хозяйски держать за плечо, и обращается к зрителям. Объявляет, что среди его палестинцев я могу чувствовать себя совершенно свободно — это он-то, который никогда дважды не спит в одной кровати, вопросами собственной безопасности занимается лично и уверяет, что ни на ком не женат, кроме Палестины. Я могу видеть и слышать все, что захочу увидеть и услышать. Он просит меня об одном: писать и говорить правду, ведь только правда сделает Палестину свободной. Он препоручит меня своему военачальнику — тому самому, с которым я познакомился в Лондоне. Салах сам подберет мне телохранителей из молодых бойцов. Салах отвезет меня на юг Ливана, расскажет мне все о великой войне с сионистами, познакомит меня со своими командирами и их отрядами. Ни один палестинец не станет от меня ничего скрывать. Арафат просит с ним сфотографироваться. Я отказываюсь. Он спрашивает почему. У него такой лучистый и задорный взгляд, что я рискую сказать правду:

— Потому что я собираюсь быть в Иерусалиме чуть раньше вас, господин Председатель.

Он смеется от души, посему аудитория смеется тоже. Но я, пожалуй, честен сверх меры и начинаю жалеть об этом.

После Арафата я уже ничему не удивлялся. Салах командовал всеми молодыми бойцами “Фатх”, и восемь из них выделил для моей личной охраны. Им было лет по семнадцать, не больше, они спали или бодрствовали, расположившись вокруг моей кровати в комнате на верхнем этаже, и должны были согласно приказу нести вахту у моего окна, чтобы сразу заметить, если неприятель соберется атаковать с земли, моря или воздуха. Когда ребят одолевала скука — а она одолевала запросто, — они палили из пистолетов по кошкам, прятавшимся в кустах. Но чаще всего тихо переговаривались по-арабски или практиковались в английском со мной — обычно, когда я уже собирался уснуть. В восемь лет они стали палестинскими бойскаутами — вступили в “Ашбал”. В четырнадцать уже считались полноценными солдатами. Салах говорил, что, если надо забросить ручную ракету в ствол пушки израильского танка, им нет равных. И моя бедная Чарли, звезда театра жизни, полюбит их всех, думаю я и записываю ее размышления в потрепанный блокнот.

Вместе с Салахом и Чарли — он мой проводник, она невидимый друг — я езжу по палестинским заставам у границы с Израилем, и там под ленивый гул израильских самолетов-разведчиков и редкие орудийные залпы бойцы рассказывают мне истории — реальные или выдуманные, уж не знаю — о ночных вылазках на резиновой лодке в Галилею. Они не хвастают своей храбростью. Утверждают, что просто *побывать* там достаточно: пожить в мечте, пусть всего несколько часов, рискуя погибнуть или попасть в плен; остановить бесшумно скользящую лодку посередине пути, вдохнуть аромат цветов, оливковых деревьев и вспаханных полей родной земли, услышать, как блеют овцы среди родных холмов, — *это и есть* настоящая победа.

Вместе с Салахом я приобщаюсь к медицине в детской больнице в Сайде. Семилетний мальчишка, которому оторвало ноги, поднимает вверх большой палец: все хорошо, мол. И я ощущаю присутствие Чарли — явственно, как никогда. Из лагерей беженцев помню Рашидию и Набатию — самоуправляемые поселения. Рашидия знаменита своей футбольной командой. Футбольное поле, покрытое только пылью, так часто бомбили, что о предстоящем матче сообщают лишь перед самым его началом. Несколько лучших футболистов — мученики, погибли за общее дело. Фотографии этих людей стоят среди завоеванных ими серебряных кубков. В Набатии старик-араб в просторных белых одеждах замечает мои коричневые английские туфли и походку колониста.

— Вы британец, сэр?

— Британец.

— Прочтите.

Он достает из кармана бумагу. Это свидетельство на английском языке с печатью и подписью британского чиновника мандата Палестина, удостоверяющее, что предъявитель сего — законный владелец такого-то земельного участка и оливковой рощи в окрестностях Вифании. Документ от 1938 года.

— Предъявитель — это я, сэр. А теперь поглядите, что с нами стало.

Мне тут же становится стыдно, хоть в том никакого проку, а вот Чарли возмущена.

После тяжелого дня ужин в доме Салаха в Сайде создает волшебную иллюзию спокойствия. Этот дом тоже обстреливали: однажды израильская ракета, запущенная с моря, пробила стену, правда, не взорвалась. Но под окнами сад, а в нем цветы и ленивые собаки, в камине потрескивают дрова, а на тарелке лежат котлеты из ягненка. Жена Салаха Дина — принцесса из Хашимитской династии и когда-то была супругой короля Иордании Хусейна. Она окончила британскую частную школу, изучала английскую литературу в Кембридже, в Гертон-колледже.

Со знанием дела, деликатно и весьма остроумно Дина с Салахом разъясняют мне суть палестинской идеи. Чарли сидит рядом со мной, близко-близко. Когда под Сайдой в последний раз было сражение, с гордостью говорит Салах, Дина — хрупкая женщина, известная своей красотой и сильным характером, села в их старенький “ягуар”, поехала в город, накупила у булочника пиццы, отправилась на передовую и настояла на том, чтобы лично передать ее бойцам.

Ноябрьский вечер. Председатель Арафат со свитой ни с того ни с сего пожаловал в Сайду — отпраздновать 17-ю годовщину палестинской революции. Небо иссиня-черное, того и гляди польет дождь. Пока мы вместе с сотнями других людей протискивались на узкую улочку, где будет проходить шествие, все мои телохранители исчезли, кроме одного, а именно загадочного Махмуда — он, хоть и служил в моей охране, оружия не носил, по кошкам из окон Салахова дома не стрелял, по-английски говорил лучше всех и к тому же демонстрировал некую таинственную отстраненность. Последние три ночи Махмуда я вообще не видел, в дом Салаха он приходил только под утро. А теперь он стоит рядом в плотной, трепещущей толпе на улице, увешанной знаменами и воздушными шариками, и ревниво меня оберегает — маленький, кругленький юноша восемнадцати лет в очках.

Парад начинается. Сначала идут дудочники и знаменосцы, дальше едет фургон с громкоговорителем, орущим лозунги. Следом на импровизированном пьедестале — группа упитанных военных деятелей в форме и высокопоставленных чиновников в темных костюмах. Там виднеется и белая куфия Арафата. Над праздничной улицей раздается взрыв, на наши головы извергается зеленый дым, потом превращается в красный. Это, невзирая на дождь, запускают фейерверки, которые сопровождаются и настоящими выстрелами, а наш вождь тем временем стоит неподвижно в мерцающем свете на переднем плане сцены и разыгрывает собственную статую, его рука воздета в победном жесте — пальцы сложены буквой *V*. Дальше следуют медсестры с эмблемами полумесяца на зеленом фоне, а вот дети в инвалидных колясках — жертвы войны, а вот девочки и мальчики — скауты из “Ашбал” — размахивают руками и маршируют не в ногу, а вот джип тянет за собой платформу, на ней стоят завернутые в палестинский флаг бойцы, нацелив стволы своих “калашниковых” в черные от туч небеса. Махмуд прямо за моей спиной машет им изо всех сил, и они, к моему удивлению, все как один поворачиваются к нему и тоже машут. Ребята на платформе — остальные мои телохранители.

— Махмуд! — кричу я ему, сложив ладони рупором. — Почему ты не стоишь там с друзьями, нацелив свой автомат в небо?

— У меня нет автомата, мистер Дэвид!

— Почему, Махмуд?

— Я работаю по ночам!

— Но что ты делаешь по ночам, Махмуд? Ты *шпион*? — я понижаю голос, насколько можно в таком шуме.

— Я не шпион, мистер Дэвид.

Даже среди этого гама Махмуд не решается открыть мне свой великий секрет.

— Видели на форме ребят из "Ашбал", на груди, портрет Абу Аммара, Председателя Арафата?

Видел, Махмуд.

— Это я всю ночь в тайном месте горячим утюгом приклеивал портрет Абу Аммара, Председателя Арафата, на форму ребят из "Ашбал".

Чарли, я так думаю, полюбит Махмуда больше всех остальных.

■

Арафат пригласил меня встретить Новый год вместе с ним в школе для детей-сирот палестинских мучеников. Обещал прислать за мной джип к отелю. Я по-прежнему жил в "Коммодоре", а джип мой оказался лишь одним из целого каравана автомобилей — бампер к бамперу они неслись по извилистой горной дороге на головокружительной скорости мимо ливанских, сирийских и палестинских блокпостов, и снова под проливным дождем, который, видимо, вознамерился каждый раз мешать нашим с Арафатом встречам.

Однополосная дорога была разбита да еще размыта ливнем. Из-под колес ехавшего впереди джипа в нас все время летели камни. Почти сразу за бордюром открывалась пропасть, а в ней на глубине сотен метров — долины, устланные коврами огней. Первым ехал бронированный красный “лендровер”. Говорили, в нем везут Председателя. Но когда мы остановились у школы, охранники сообщили, что обманули нас. “Лендровер” только для отвода глаз. Арафат уже в безопасности, он внизу, в концертном зале, приветствует гостей своего новогоднего вечера.

С фасада школа выглядела как обычный, неприметный двухэтажный дом. Но, попав внутрь, я понял, что нахожусь на верхнем этаже, а нижние этажи расположены уступами на склоне холма. Мы спустились по лестнице — за нами, как обычно, наблюдали вооруженные мужчины в куфиях и молодые женщины с патронташами поперек груди. Концертный зал представлял собой огромный, забитый до отказа амфитеатр с высокой деревянной сценой, у подножия которой, в первом ряду, стоял Арафат и обнимал гостей, а переполненный зал ритмично сотрясался от грохота аплодисментов. Под потолком качался серпантин. Стены украшали плакаты с революционными лозунгами. Меня подтолкнули к Арафату, и мы снова заключили друг друга в ритуальные объятия, а седовласые мужчины в хаки, подпоясанные оружейными ремнями, тут же принялись пожимать мне руку и, стараясь переорать аплодисменты, поздравлять меня с Новым годом. У некоторых из них были имена. У других — только боевой псевдоним, например у заместителя Арафата Абу Джихада. Остальные оказались безымянными. Началось представление. Сначала осиротевшие палестинские девочки танцевали в кругу и пели. Потом осиротевшие мальчики. Потом они все вместе танцевали дабку, передавая друг другу деревянные “калашниковы”, а зрители отбивали такт. Справа от меня стоял Арафат и простирал к детям руки. А с другой стороны от него стоял угрюмый воин, который кивнул мне, и тогда я подхватил Председателя под левую руку, и мы с воином потащили Арафата собственной персоной к сцене и вскарабкались на нее следом за ним.

Выделывая пируэты среди своих возлюбленных сирот, чуя их поблизости, Арафат, кажется, забылся. Ухватил кончик куфии и крутит его, как Алек Гиннесс в роли Феджина в "Оливере Твисте". Судя по лицу, он себя не помнит. Он смеется или плачет? Впрочем, его волнение столь очевидно, что это едва ли имеет значение. Теперь он подает мне знак взять его за талию. А кто-то берет за талию меня. И мы все дружно — верховное командование и сопровождающие его гражданские лица, восторженные дети и, без сомнения, полное собрание шпионов всего мира, ведь ни за одним историческим деятелем, наверное, не шпионят так тщательно, как за Арафатом, — выстраиваемся в змейку во главе с нашим лидером.

Вдоль бетонного коридора, вверх по лестнице, через галерею, вниз по другой лестнице... Топот наших ног заглушают аплодисменты. За нами или над нами громовые голоса вдруг грянули палестинский национальный гимн. Кое-как, шаркая и наступая друг другу на ноги, мы снова добираемся до сцены. Арафат выходит вперед, останавливается. И под рев толпы ныряет ласточкой вниз — на руки своих бойцов.

Моя воображаемая Чарли тоже вне себя от восторга и аплодирует ему что есть мочи.

Восемь месяцев спустя, 30 августа 1982 года, после израильского вторжения Арафата и руководство ООП изгнали из Ливана. Демонстративно стреляя в воздух, Арафат и его бойцы вышли из порта Бейрута и направились в порт Туниса, где их уже готовились встречать президент Бургиба с министрами. В роскошном отеле неподалеку от столицы для Арафата спешно оборудовали новую штаб-квартиру.

Через несколько недель я отправился туда его навестить.

Длинная аллея привела меня к изящному белому зданию в окружении дюн. Два молодых солдата спросили, что мне нужно. Не было ни нарочито широких улыбок, ни других обычных проявлений восточной учтивости. Американец? Я показал британский паспорт. Со злой усмешкой один поинтересовался, не известно ли мне совершенно случайно о резне в Сабре и Шатиле. Я сказал, что был в Шатиле всего несколько дней назад и глубоко опечален всем увиденным и услышанным. Сказал, что приехал навестить Абу Аммара (нарочно использовал имя для приближенных) и выразить ему соболезнования. Сказал, что мы встречались в Бейруте, потом еще в Сайде и вместе отмечали Новый год в школе для детей-сирот палестинских мучеников. Один из парней позвонил по телефону. Имени моего не назвал, хотя паспорт держал в руке. Положил трубку, рявкнул "идем", вытащил из-за пояса пистолет, вжал в мой висок и так повел по длинному коридору к зеленой двери. Открыл ее, вернул мой паспорт и вытолкнул меня на вольный воздух. Я увидел круглую площадку для верховой езды, утоптанный песок. Ясир Арафат в белой куфии ездил по ней на красивом арабском скакуне. Я наблюдал, как он делает один круг, второй, третий. Но Арафат то ли не заметил меня, то ли не хотел замечать.

■

Тем временем с Салахом Тамари, моим гостеприимным хозяином и командиром палестинских боевых отрядов в Южном Ливане, израильтяне сделали то, что им и надлежало делать с самым высокопоставленным палестинским боевиком, когда-либо попадавшим в их руки. Заключили в одиночную камеру в печально известной тюрьме Ансар и применяли к нему, как сейчас любят говорить, *расширенные методы допроса*. В тюрьме Салах подружился с выдающимся израильским журналистом Аароном Барнеа, который приезжал к нему время от времени, и дружба эта побудила последнего написать книгу "Мой враг" и показала, что, помимо прочего, Салах сходился с Барнеа вот в чем: он тоже был приверженцем мирного сосуществования палестинцев и израильтян, а не бесконечной и безнадежной войны.

ГЛАВА 14
Театр жизни: вилла Бригитты

В пустыне Негев, во впадине, стояла тюрьма — зеленые казармы за оградой из колючей проволоки. На каждом углу — смотровая вышка. Разведчики между собой называли тюрьму виллой Бригитты, а остальные о ней не знали вовсе. Бригиттой — рассказывал мне молодой англоговорящий полковник Шабака из службы безопасности Израиля, ведя наш джип по песчаным волнам, — зовут одну радикальную немецкую активистку, решившую соединить свою судьбу с группой палестинских террористов. Палестинцы планировали сбить самолет "Эль Аль" на подлете к аэропорту Кеньятта в Найроби, для чего им потребовались ракетная установка, доступ на крышу, над которой пролетит самолет, и Бригитта — всем этим они себя обеспечили.

Бригитте, блондинке нордического типа, всего и нужно было стоять в телефонной будке в аэропорту, держа коротковолновой приемник у одного уха и трубку у другого, и передавать парням на крыше, какие команды поступают самолету из диспетчерского пункта. Этим Бригитта и занималась, когда подоспели израильские агенты, и ее участие в операции тут же закончилось. Самолет "Эль Аль" предупредили, и он давно уже приземлился — без пассажиров, если не считать тех самых агентов. И теперь вылетел обратно в Тель-Авив с Бригиттой, пристегнутой наручниками к полу, на борту. Судьба парней на крыше оставалась неясной. О них позаботились, уверил меня полковник Шабака, но не уточнил каким образом, а спрашивать я посчитал неприличным. Мне и так дали понять, что я удостоился исключительной привилегии и обязан этим любезности генерала Шломо Газита, в недавнем прошлом начальника израильской военной разведки, и кое-каким полезным знакомствам.

Теперь Бригитта в израильской тюрьме, но подробности операции все равно разглашать нельзя, предупредили меня. Власти Кении согласились сотрудничать с израильтянами, но вовсе не хотели волнений среди кенийских мусульман. А израильтяне не хотели компрометировать свои источники и усложнять жизнь ценному союзнику. Поэтому повидать Бригитту мне позволили при условии, что я не буду писать о ней, пока израильтяне не разрешат. А поскольку они до сих пор даже семье Бригитты и германским властям не сообщили о ее местонахождении, ждать, вероятно, предстояло долго. Но меня это не слишком беспокоило. Я хотел показать моей вымышленной Чарли, какие люди окружали бы ее, сумей она внедриться в палестино-западногерманскую террористическую ячейку, ведь к этому Чарли и готовили. И если мне повезет, именно у Бригитты Чарли возьмет первые уроки теории и практики террора.

— Бригитта что-нибудь говорит? — спрашиваю я у полковника.

— Может быть.

— О своих мотивах?

— Может быть.

Лучше сами спросите. Отлично. Я могу и сам. И наверное, даже хочу завязать с Бригиттой дружбу, пусть лживую и мимолетную. Я покинул Германию за шесть лет до эпохи расцвета "Фракции Красной армии" Ульрики Майнхоф, однако причины появления такой организации были мне вполне понятны, и я даже отчасти соглашался с ее идеями — не соглашался с методами. Вот в чем, но только в этом, я схож с представителями тех обширных слоев немецкого среднего класса, которые втайне обеспечили группе Баадера–Майнхоф поддержку, в том числе финансовую. И мне противно, что бывшие высокопоставленные нацисты везде — во власти, в судах, в полиции, в промышленной и банковской сфере и в церквях, и что немецкие родители отказываются говорить о нацистском прошлом с собственными детьми, и что западногерманское правительство в угоду американцам поддерживает политику холодной войны в самых отвратительных ее проявлениях. А если упомянутых моих заслуг Бригитте будет недостаточно, так разве я не ездил по палестинским лагерям и госпиталям, не видел страданий, не слышал плача? Ведь всего этого, вместе взятого, несомненно, хватит, чтобы немка-радикалка двадцати лет открылась мне, пусть ненадолго?

Тюрьмы воздействуют на меня самым неприятным образом. Не дает покоя неотступный образ моего отца — заключенного. Я представлял его себе во множестве тюрем, где он и не сидел, представлял всегда одинаково, как этот крепкий, властный, неуемный мужчина с эйнштейновским лбом ходит по камере туда-сюда и заявляет о своей невиновности. В молодости, когда меня посылали в тюрьму на допрос, приходилось брать себя в руки — я боялся, что, как только захлопнется за спиной железная дверь, узники, которых я пришел допросить, начнут надо мной насмехаться.

Внутреннего двора на вилле Бригитты не было, или я его не запомнил. У ворот нас остановили, пристально рассмотрели и пропустили. Молодой полковник повел меня вверх по наружной лестнице и кому-то прокричал приветствие на иврите. Тюрьмой руководила майор Кауфман. Даже не знаю, правда ли ее так звали или это я нарек. Когда я служил офицером военной разведки в Австрии, сержант Кауфман заведовал городской тюрьмой Граца, где мы держали своих подозреваемых. Но я отчетливо помню, что на форменной рубашке — удивительно безупречной, над левым нагрудным карманом, начальница тюрьмы носила белую нашивку с именем, что она была майором армии лет пятидесяти или около того, женщиной крепкой, однако не полной, с яркими карими глазами и страдальческой, но доброй улыбкой.

■

Мы с майором Кауфман говорили по-английски. Я и с полковником говорил по-английски, и поскольку иврит не знаю, на английском, мы, само собой, и продолжили общаться. Так вы приехали повидать Бригитту, говорит майор, а я говорю: да, и я прекрасно понимаю, что это редкая привилегия, и очень благодарен, и, может быть, о чем-то я не должен с ней говорить или, наоборот, должен? И объясняю майору Кауфман то, чего не объяснил полковнику: я не журналист, а писатель и приехал изучить историю вопроса, и поклялся не писать и не рассказывать о сегодняшней встрече без согласия израильтян. В ответ на мои слова она вежливо улыбается, говорит "конечно" и спрашивает, предпочитаю я чай или кофе, и я говорю: кофе.

— С Бригиттой в последнее время *нелегко*, — предупреждает меня майор, обдумывая свои слова, будто доктор, сообщающий о состоянии пациента. — Поначалу она *соглашалась*. А теперь, в последние недели, — майор чуть слышно вздыхает, — *не соглашается*.

Я вообще не понимаю, как можно согласиться с лишением свободы, поэтому молчу.

— Она побеседует с вами, а может, не будет. Не знаю. Сначала она говорила "нет", теперь говорит "да". Не может решить. Попросить ее привести?

И майор просит привести Бригитту — говорит на иврите по рации. Мы ждем, и ждем долго. Майор Кауфман улыбается мне, я улыбаюсь ей в ответ. И уже гадаю, не передумала ли Бригитта снова, но тут слышу, как к внутренней двери подходят несколько человек, на мгновение представляю, что сейчас появится обезумевшая, растрепанная девушка в наручниках, которую привели насильно, по моему желанию, и мне становится тошно. Дверь отворяется с той стороны, и в комнату входит высокая молодая женщина в тюремной робе, украшенной туго затянутым поясом, в сопровождении двух миниатюрных надзирательниц — они стоят справа и слева и придерживают Бригитту за руки. Ее длинные светлые волосы распущены и причесаны. И даже роба ей к лицу. Надзирательницы отпускают Бригитту, она подходит ближе, делает шутливый книксен и, как благовоспитанная хозяйская дочь, протягивает мне руку.

— С кем имею честь? — учтиво интересуется она по-немецки, и я слышу, как повторяю ей, тоже по-немецки, то, что уже сказал майору Кауфман по-английски: я такой-то, писатель, и приехал кое в чем разобраться. Бригитта ничего не отвечает, только смотрит на меня, пока майор Кауфман, сидящая на стуле в углу, не говорит ей участливо на своем безупречном английском:

— Можешь сесть, Бригитта.

И та садится, прямая и чопорная, словно послушная немецкая школьница, которой Бригитта, видно, сегодня решила побыть. Я думал для начала обменяться с ней парой общих фраз, но ни одной на ум не пришло. Поэтому сразу перешел к делу — задал пару неуклюжих вопросов типа “Сожалеете ли вы сейчас, по прошествии времени, о том, что сделали, Бригитта?” и “Как вы вообще встали на путь радикализма?”. Ни на один из этих вопросов отвечать она не собирается, а только сидит неподвижно, положив ладони плашмя на стол, и внимательно смотрит на меня в замешательстве и в то же время презрительно.

Майор Кауфман приходит мне на помощь:

— Может быть, расскажешь ему, как вступила в группировку, Бригитта? — говорит она, прямо как директриса английской школы, только с иностранным акцентом.

Бригитта, кажется, не слышит. Она разглядывает меня с головы до ног, методично и едва ли не надменно. Осмотр окончен, и в ее лице читается все, что мне нужно знать: я всего лишь очередной невежественный прихвостень репрессивного буржуазного режима, турист, интересующийся террором, и лишь наполовину человек — в лучшем случае. Так зачем ей со мной возиться? Однако она возится. Говорит, что расскажет коротко о своей миссии, не ради меня, но ради себя. С точки зрения философии я, пожалуй, коммунистка, признает она, если объективно оценивать, но не то чтобы в советском духе. Впрочем, я предпочитаю думать, что не ограничена рамками какого-то одного учения. Моя миссия — разбудить буржуазное общество, ярчайшими представителями которого я считаю своих родителей. Отец вроде бы понемногу прозревает, мать не прозрела до сих пор. Западная Германия — нацистская страна, где у власти стоят буржуи-фашисты, еще те, времен Аушвица. А пролетарии просто берут с них пример.

Дальше она вновь говорит о родителях. Она надеется их изменить, особенно отца. Она много думала, как разрушить стену у них в подсознании, которую когда-то воздвигли нацисты. Может, таким образом Бригитта хочет сказать, только не напрямую, что тоскует по родителям, думаю я. И даже любит их? Может, она изводит себя, день и ночь о них думая? Будто бы для того, чтобы устранить такие сентиментальные, буржуазные мысли, Бригитта тут же принимается перечислять тех, кто наставил ее на путь истинный: Хабермас, Маркузе, Франц Фанон и еще двое, о которых я не слышал. Потом она рассуждает о пороках военного капитализма, ремилитаризации Западной Германии, о поддержке фашистских диктаторов вроде иранского шаха со стороны империалистической Америки и о других вопросах, по которым я бы мог с ней согласиться, если бы ее хоть немного интересовало мое мнение, но оно ее не интересует.

— А теперь, майор Кауфман, если не возражаете, я бы хотела вернуться в камеру.

Бригитта вновь делает шутливый книксен, жмет мне руку и показывает надзирательницам, что можно ее уводить.

■

Майор Кауфман остается на своем месте, в углу комнаты, а я на своем — за столом, напротив стула, где сидела Бригитта. Мы оба молчим, и это немного странно. Будто просыпаемся после одного и того же дурного сна.

— Вы услышали, что хотели? — спрашивает майор Кауфман.

— Да, благодарю вас. Это было весьма интересно.

— По-моему, Бригитта сегодня слегка растерянна.

И я отвечаю: да, но, если честно, обо мне можно сказать то же самое. Я настолько поглощен своими мыслями, что только тут понимаю: мы с майором говорим по-немецки, и она говорит чисто — никаких следов идиша или чего-то еще. Майор замечает мое удивление и отвечает на незаданный вопрос.

— С ней я говорю только по-английски. По-немецки ни в коем случае. Ни слова. Когда она говорит по-немецки, мне трудно с собой справиться.

И добавляет на случай, если мне нужны дальнейшие объяснения:

— Я была в Дахау, понимаете?

ГЛАВА 15
Театр жизни: вопрос вины

Жаркая летняя ночь в Иерусалиме, я в гостях у Майкла Элкинса, американского радиожурналиста, сначала работавшего для Си-би-эс, а потом семнадцать лет для Би-би-си. Я приехал к нему, потому что, как миллионы людей моего поколения, с детства привык к его раскатистому голосу, ворчливому нью-йоркскому выговору и безупречным фразам, звучавшим из какой-нибудь суровой зоны боевых действий; но был и второй мотив, продиктованный другой частью моего сознания: я тогда занимался поисками двух своих героев — офицеров израильской разведки, которых мне вздумалось назвать Иосифом и Куртцем. Иосиф — помоложе, а Куртц — старый волк.

Что именно я надеялся увидеть в Элкинсе, сейчас не смогу объяснить, а может, и тогда не смог бы. Ему было за семьдесят. Может, я искал в нем частицу Куртца? Я знал, что Элкинс делал не "все понемножку", но гораздо больше, хотя мне еще только предстояло узнать насколько: работал на Управление стратегических служб и одновременно занимался нелегальными поставками оружия в Палестину для еврейской "Хаганы" незадолго до создания Государства Израиль. За это Элкинса выгнали из УСС, они с женой бежали и скрывались в кибуце, а впоследствии развелись. Но книгу его — "Закаленные яростью" (*Forged in Fury*), опубликованную в 1971-м, я не прочел, а следовало бы.

Еще я знал, что у Элкинса восточноевропейские корни, как и у Куртца, что вырос он в нью-йоркском Нижнем Ист-Сайде, где его родители-иммигранты работали в швейной мастерской. Поэтому я, наверное, и правда искал в нем частицу Куртца — не черты или повадки, ведь я уже в точности представлял себе, как выглядит мой Куртц, и не позволил бы Элкинсу украсть этот образ, но мудрые слова, которые он мог обронить, предаваясь воспоминаниям об ушедших временах. Однажды в Вене мне довелось слушать самого Симона Визенталя, знаменитого (хоть его личность и вызывает споры) охотника за нацистами: он не сказал мне ничего нового, однако эту встречу я запомнил навсегда.

Но прежде всего я хотел просто познакомиться с Майком Элкинсом — обладателем самого грубого и самого обворожительного голоса из всех, что мне когда-либо доводилось слышать в радиоэфире. Его образная, тщательно выстроенная речь, его манера говорить врастяжку подобно темнокожим жителям Бронкса всех заставляли садиться, слушать и верить. Поэтому, когда Майк позвонил мне в отель и сказал: "Слышал, вы в Иерусалиме", я не упустил шанса с ним повидаться.

■

Ночь в Иерусалиме необычайно душная, я покрываюсь потом, а вот Майк Элкинс, наверное, никогда не потеет. Он худощав, но крепок, и во плоти не менее харизматичен, чем его голос. У Элкинса большие глаза, впалые щеки, длинные руки и ноги, он сидит слева от меня — я вижу только силуэт, — в одной руке держит стакан виски, другой сжимает подлокотник шезлонга, а за его головой — огромный лунный диск. Его голос, будто созданный для радиоэфира, как всегда, звучит успокаивающе, формулировки, как всегда, точны, только фразы выходят покороче. Иногда он внезапно замолкает, словно оценивая самого себя со стороны, а потом делает глоток скотча.

Он обращается не ко мне лично, говорит в темноту, что прямо перед ним, в микрофон, которого нет, и, очевидно, по-прежнему заботится о синтаксических конструкциях и голосовых модуляциях. Сначала мы сидели внутри, но потом взяли стаканы и вышли на балкон, ведь ночь так прекрасна. Не знаю, в какой момент и почему мы завели речь об охоте на нацистов. Может, я упомянул встречу с Визенталем. Но Майк говорит об этом. И не об охоте, а об убийствах.

Не всегда было время объяснять, в чем дело, рассказывает он. Мы убивали молча и уходили. А иной раз увозили их куда-нибудь и объясняли, что к чему. Где-нибудь в поле или на складе. Одни плакали и во всем сознавались. Другие угрожали. Третьи молили о пощаде. А некоторые ничего толком и сказать не могли. Если у этого человека гараж был, случалось, и туда отводили. Веревку на стропило, петлю на шею. Ставили его на крышу автомобиля, садились за руль и выезжали из гаража. А потом возвращались проверить, умер ли он.

Мы, я верно услышал? В каком смысле *мы*? Ты хочешь сказать, Майк, что и сам был среди мстителей? Или это обобщенное *мы — мы, евреи*, — и ты просто себя к ним причисляешь?

Он описывает другие способы убийства и опять использует не вполне понятное мне "мы", потом отвлекается и рассуждает о моральном оправдании убийств нацистских военных преступников, которые иначе никогда не предстали бы перед судом — в этой жизни, они ведь скрывались под чужими именами, залегали на дно — в Южной Америке, например. А дальше Элкинс переходит к теме вины вообще: не только тех, кого убивали, но и тех, кто убивал, если только они в чем-то виноваты.

■

До книги Майка я добрался слишком поздно. Она наделала много шума, особенно в среде самих евреев. Ее устрашающее заглавие вполне соответствует характеру повествования и содержанию. Майк говорит, что написать эту книгу его уговорил некий Малахия Вальд — дело было в галилейском кибуце. Майк рассказывает, как впервые столкнулся с антисемитизмом, еще в детстве, в Америке, и тогда уже начал осознавать положение евреев, а ужасы холокоста и то, что он увидел в оккупированной Германии, приехав туда в качестве сотрудника УСС, заставили его прозреть окончательно. Стиль изложения контрастный: то эмоциональный, искренний, то едкий и ироничный. В мельчайших подробностях Майк описывает невообразимые зверства, которые нацисты чинили над евреями в гетто и концлагерях, и так же ярко — героизм и самопожертвование участников еврейского сопротивления.

Но самый важный и неоднозначный факт, обнародованный Элкинсом, — это существование еврейской организации под названием "ДИН" ("суд" на иврите); одним из ее основателей был тот самый Малахия Вальд из галилейского кибуца, убедивший Майка написать книгу.

Только в 1945 и 1946 годах, рассказывает Элкинс, члены "ДИН" выследили и убили не менее тысячи нацистских военных преступников. Организация продолжала свою деятельность до семидесятых годов и разработала такой план (который, слава богу, так и не осуществился): отравить воду в источнике, снабжавшем 250 тысяч немецких домохозяйств, чтобы убить миллион немецких мужчин, женщин и детей и отомстить таким образом за шесть миллионов убитых евреев. "ДИН", рассказывает Майк, оказывали поддержку евреи по всему миру. Первоначально в организацию входило пятьдесят человек, и это были люди из самых разных сфер: бизнесмены, духовные лица, поэты...

А также журналисты, добавляет Майк, но не комментирует.

ГЛАВА 16
Театр жизни: нежности

В те неспокойные дни (хотя когда в Бейруте выдавались спокойные?) бар отеля "Коммодор" был любимым питейным заведением всех настоящих и мнимых военкоров, торговцев оружием, наркодилеров, а также гуманитарных работников — фальшивых и подлинных — нашего полушария. Поклонники бара любили сравнивать его с кабачком "У Рика" в Касабланке, но я лично не видел ничего общего. Касабланка ведь не город, превращенный в поле боя, скорее эвакуационный пункт, а в Бейрут люди приезжали затеять сделку, заваруху или даже миротворческую миссию, но уж никак не в поисках спасения.

С виду "Коммодор" не представлял собой ничего особенного. Во всяком случае в 1981-м, а сейчас его и нет уже. Унылое, ровное со всех сторон здание — никакой архитектурной ценности, если, конечно, не считать бетонной стойки портье толщиной этак метр с лишним в вестибюле, которая в тревожные времена служила одновременно бруствером. Самым почтенным обитателем отеля был престарелый попугай по имени Коко, державший бар в подвале в ежовых рукавицах. По мере того как совершенствовалось оружие городской войны — от полуавтоматического до ракетного, от малокалиберного до среднекалиберного или как там это правильно называется, — Коко обновлял и свой репертуар звуковых эффектов уличного боя, так что какой-нибудь неискушенный гость, пасущийся в баре, бывало, подскакивал, услышав свист приближающейся ракеты и пронзительный вопль "Ложись, кретин! Мордой в пол!" И ничто не доставляло измученным войной работягам, пережившим еще один адский денек в раю, большего удовольствия, чем видеть бедолагу-новичка, ныряющего под стол, пока они продолжают беззаботно потягивать красновато-коричневый виски.

Уверяют, что Коко еще мог воспроизвести первые такты "Марсельезы" и начальные аккорды Пятой симфонии Бетховена. Исчезновение попугая окутано тайной: то ли его нелегально переправили в безопасное место, где он поет по сей день, то ли застрелили сирийские боевики, то ли Коко все-таки погубил попадавший в его корм алкоголь.

В тот год я несколько раз приезжал в Бейрут и Южный Ливан — и ради моего романа, и ради его злосчастной экранизации. Путешествия эти вспоминаются мне как одна сплошная цепь сюрреалистических событий. Человеку робкому в Бейруте было страшно 24 часа в сутки — то придется обедать на набережной Корниш под грохот стрельбы, то внимательно прислушиваться к словам палестинского юноши, который, приставив к твоей голове ствол "калашникова", говорит, что мечтает поступить в Гаванский университет и заниматься международными отношениями, так не можешь ли ты этому посодействовать?

■

Меня, человека в "Коммодоре" нового, сразу же заинтересовал Мо. За день он видел больше мертвых и умирающих, чем я за всю свою жизнь. Мо передавал сенсационные новости из самых страшных мест на этой планете, как говорится, из сердца тьмы. Достаточно было лишь взглянуть на Мо мельком, когда после очередного дня на передовой он, закинув на плечо измочаленную сумку цвета хаки, размашисто шагал по многолюдному вестибюлю отеля к своему пресс-бюро, чтобы понять: он не такой, как все. Всякое повидал, через всякое прошел, зря не треплется, умеет выйти сухим из воды — такой он, этот Мо, любого спроси, кто его знает. Пожалуй что мрачноват и чудаковат. И любит запереться в своей комнате с бутылкой на денек-другой, да и пусть. А дружил он в последние годы, насколько известно, только с одним котом, который, согласно коммодорским преданиям, потом выбросился с горя из окна верхнего этажа.

Словом, когда через пару дней после того, как я приехал в Бейрут в самый первый раз, Мо вроде бы между прочим сообщил, что собирается кое-куда съездить и мне, пожалуй, интересно будет составить ему компанию, я ни минуты не раздумывал. У других журналистов мне удавалось кое-что выведывать, а вот Мо до сих пор держался в стороне. Я был польщен.

— Прокатимся до пустыни? Проведаем кой-кого из моих чокнутых дружков?

Я, говорю, ни о чем другом и не мечтаю.

— Тебе же колорит нужен, так?

Нужен.

— Один друз нас повезет. Эти засранцы друзы плевать хотели на всех, окромя их самих. Так?

Истинно так, Мо, спасибо тебе.

— Шайя, Санни, Кристиан — эти засранцы вечно нарываются на неприятности. А друзы не нарываются.

Очень рад это слышать.

Мы путешествуем по блокпостам. Терпеть не могу аэропорты, лифты, крематории, государственные границы и пограничников. Но блокпосты — разговор отдельный. Здесь не паспорт твой проверяют, а руки. Потом лицо. Потом наличие или отсутствие харизмы. И даже если на одном блокпосту решили, что ты в порядке, передать эту радостную новость на следующий они и не подумают, ведь всякий блокпост имеет право на свои подозрения и пренебрегать ими никому не позволит. Останавливаемся перед красно-белым шестом, уложенным на две железные бочки. Парень в желтых резиновых сапогах, потертых джинсах, обрезанных до колен, с нашивкой болельщика "Манчестер Юнайтед" на груди нацеливает на нас "калашников".

— Мо, засранец! — радостно орет это пугало вместо приветствия. — Здрасьте, сэр! Как вы нынче поживаете?

Похоже, парень прилежно практиковался в английском.

— Неплохо, неплохо, благодарю вас, засранец Анвар, — охотно откликается Мо, растягивая слова. — Засранец Абдулла сегодня принимает? Имею честь представить вам моего друга, засранца Дэвида.

— Засранец Дэвид, чрезвычайно рад вас приветствовать, сэр.

Он что-то весело горланит в русскую рацию, мы ждем. Хлипкий красно-белый шест поднимается. Беседу с засранцем Абдуллой я помню смутно. Его штаб-квартира располагалась в массивном строении из кирпича и булыжников, щербатом от пуль и размалеванном лозунгами. Абдулла расположился за громадным столом красного дерева. Вокруг сидели развалясь другие засранцы — товарищи Абдуллы и поглаживали свои полуавтоматические винтовки. Над головой Абдуллы висела в рамочке фотография самолета "Дуглас" DC-8 авиакомпании "Свисс эйр", который разорвало на куски на взлетно-посадочной полосе. Я точно знал, что аэродром этот назывался Доусонс-филд, а DC-8 был угнан палестинскими боевиками с помощью группы Баадера — Майнхоф. В то время я часто летал самолетами "Свисс эйр". Думал, помню: кто же это не поленился отнести фотографию в багетную мастерскую, выбрать рамку? Но лучше всего помню, как благодарил создателя за то, что общаемся мы через переводчика и переводчик наш владеет английским, мягко говоря, неуверенно, — и молился, чтоб неуверенность эта сохранилась до тех пор, пока шофер-друз, который на неприятности не нарывается, не привезет нас обратно, в милый сердцу "Коммодор", к нормальным людям. И помню счастливую улыбку на бородатом лице Абдуллы, когда он, приложив руку к сердцу, душевно благодарил засранца Мо и засранца Дэвида за визит.

— Мо любит доводить людей до крайности, — предупредил меня один добрый человек, да слишком поздно. Но подтекст я понял: в компании Мо военный турист получает желаемое.

■

Звонок с другой планеты разбудил меня в ту самую ночь? Может, и нет, а следовало бы. Но это точно произошло в начале моего бейрутского периода, ведь только человеку, впервые поселившемуся в "Коммодоре", хватило бы ума согласиться совершенно бесплатно переехать в лучший номер — люкс для новобрачных — на верхнем этаже отеля, который по какой-то загадочной причине пустовал. В 1981-м бейрутский ночной оркестр, конечно, был еще не тот, что в последующие годы, но уже производил впечатление. Обычно концерт начинался около десяти вечера, а после полуночи достигал кульминации. Переселившиеся на верхний этаж гости имели возможность насладиться представлением сполна: в небе что-то вспыхивало, будто занимался рассвет, грохот артиллерийских орудий то приближался, то удалялся — только как различить? — трещали автоматы, а потом наступала красноречивая тишина. И человеку неподготовленному казалось, что все эти звуки доносятся из соседней комнаты.

В моем номере звонил телефон. Вообще-то мне полагалось лежать под кроватью, но теперь я сидел на ней, выпрямившись и прижав трубку к уху.

— Джон?

Джон? Я? Так ко мне обращаются редко и очень немногие, в основном журналисты, которые меня не знают. Ну я и говорю: да, а кто это? В ответ мой собеседник разражается бранью. Вернее, собеседница — она американка и чем-то рассержена.

— Ты еще, черт тебя дери, спрашиваешь, кто это? Не прикидывайся, что не узнаешь, блин, мой голос! Ты грязная британская скотина, понял? Слабак и врун… Не перебивай меня, мать твою, ясно? — гневно обрывает она меня, когда я начинаю протестовать. — И прекрати мне лапшу вешать и говорить таким равнодушным тоном, будто мы чаи распиваем в Букингемском дворце, чтоб ему провалиться! Я на тебя *надеялась*, ясно? Это называется доверием. Нет, ты, блин, послушай. Я иду к долбаному парикмахеру. Складываю шмотки в симпатичную сумочку. Стою на тротуаре, как шлюха, и жду тебя *два распроклятых часа*. Извожусь, думаю, ты уже мертвый лежишь в канаве, а ты где? В постели, твою мать! — Она сбавляет тон, ошеломленная внезапной догадкой. — Ты что там, с другой в постели? Если так... Молчать! Не смей разговаривать со мной таким противным *голоском*, ты, скотина британская!

Не сразу, ох не сразу мне удается ее разубедить. Я объясняю ей, что это не тот Джон, что я в общем-то и не Джон совсем, а Дэвид (пауза, бойкая перестрелка), а тот Джон, настоящий Джон, кто бы он там ни был, вероятно, выехал (и снова: бах! бах!), потому что руководство отеля предложило мне этот прекрасный номер совершенно бесплатно сегодня днем. И мне жаль, говорю, *правда* жаль, что ей пришлось пережить такое унижение, из кожи вон лезть ради недостойного мужчины. И я *правда* понимаю, как она расстроена, — ведь в этот момент я уже чувствую благодарность, потому что могу говорить с другим человеческим существом вместо того, чтобы умирать в одиночестве под кроватью в любезно предоставленном мне гостиничном номере. И как неприятно, наверное, было стоять там вот так, продолжаю я великодушно, ведь теперь ее проблема — моя проблема, и я уже очень хочу с этой женщиной подружиться. И может, у настоящего Джона была очень даже веская причина, чтобы не прийти, предполагаю я, ведь, в конце-то концов, в этом городе всякое может случиться и в любой момент, разве не так? И снова: бах! бах!

А она говорит: может, Дэвид, как пить дать может, а кстати, почему у тебя два имени? Я и об этом ей рассказываю и спрашиваю, откуда она звонит, а она отвечает, что из бара в подвале и что ее Джон — тоже писатель из Великобритании — ну разве не *мистика?* — а *ее* зовут Дженни — или Джинни, или Пенни — не уверен, что расслышал правильно, ведь снаружи такой грохот. И почему бы мне не спуститься в бар и не выпить с ней?

Я говорю, лукавя: а как же настоящий Джон?

А она отвечает: да пошел он, этот Джон, ничего с ним не случится, никогда не случается.

Все лучше, чем лежать под кроватью или на кровати под обстрелом. К тому же голос у нее очень даже приятный, когда спокойный. К тому же я одинок и напуган. Да и вообще нет ни одной убедительной причины ей отказать. Я одеваюсь и спускаюсь вниз. Иду пешком по лестнице, поскольку не люблю лифты да еще начинаю сомневаться насчет своих истинных мотивов и хочу потянуть время. И когда прихожу наконец в бар, там уже нет никого, кроме двух пьяных французов — торговцев оружием, бармена и старого попугая (полагаю, самца, хотя почем знать), который продолжает оттачивать баллистические звуковые эффекты.

■

Вернувшись в Англию, я твердо решил, что "Маленькую барабанщицу" нужно экранизировать. Главную героиню, конечно, сыграет моя сестра Шарлотта, ведь это она была прототипом Чарли. "Уорнер Бразерс" выкупает права, подписывает контракт с Джорджем Роем Хиллом — режиссером, который прославился фильмом "Бутч Кэссиди и Сандэнс Кид". Я предлагаю Шарлотту на роль. Хилл в восторге, он встречается с Шарлоттой, остается ею доволен. Он поговорит с киностудией. Однако роль достается Дайан Китон, что, в общем, тоже неплохо. Позже Джордж — а он, как известно, слов не выбирал — скажет:

— Дэвид, я испохабил твой фильм.

ГЛАВА 17
Советский рыцарь гибнет в своих доспехах

Я был в России всего два раза: в 1987-м, когда благодаря Михаилу Горбачеву Советский Союз доживал последние дни и все это понимали, кроме ЦРУ; и еще спустя шесть лет, в 1993-м — к тому времени в распавшемся государстве воцарился криминальный капитализм, страна обезумела и превратилась в Дикий Восток. И эту новую, неистовую Россию мне тоже очень хотелось увидеть. Получается, что я захватил начало и конец периода величайших социальных потрясений в русской истории со времен Октябрьской революции. Эта трансформация — беспрецедентный случай — была, можно сказать, бескровной, по российским меркам, если не считать парочки государственных переворотов да нескольких тысяч жертв заказных и политических убийств, гангстерских разборок, пыток и вымогательства.

В течение двадцати пяти лет, предшествовавших моему первому визиту, мы с Россией не особенно дружили. После того как вышел "Шпион, пришедший с холода", советские литературные критики принялись меня обличать: во-первых, я, как они выражались, возвеличил шпионов и сделал их героями (можно подумать, в Советском Союзе не занимались, и весьма искусно, тем же самым); а во-вторых, давая правильное представление о холодной войне, приходил, однако, к неверным выводам — такое обвинение вообще невозможно опровергнуть логически. Но тогда мы говорили не языком логики, а языком пропаганды. Из траншей советской “Литературной газеты”, контролируемой КГБ, и журнала “Инкаунтер”, контролируемого ЦРУ, мы послушно забрасывали друг друга гранатами, понимая бесплодность словесной идеологической войны, в которой не будет победителей. Неудивительно поэтому, что, отправившись в 1987-м с вынужденным визитом в советское посольство на Кенсингтон-Пэлес-Гарденз, к атташе по вопросам культуры, чтобы получить визу, я должен был услышать от него не слишком любезное замечание: мол, если пускать меня, тогда уж и всех пускать.

Неудивительно и остальное: что через месяц в московском аэропорту Шереметьево, куда я прибыл как гость советского Союза писателей (приглашение, по-видимому, удалось оформить в обход КГБ через нашего посла и жену Михаила Горбачева Раису), юноша в стеклянной будке с каменным лицом и пурпурными погонами усомнился в подлинности моего паспорта; что мой чемодан исчез на двое суток при загадочных обстоятельствах, а потом необъяснимым образом появился в моем гостиничном номере, и все мои костюмы были свернуты комом; что этот самый номер в унылой гостинице “Минск” демонстративно переворачивали вверх дном всякий раз, когда я выходил хоть на пару часов — рылись в шкафу, бумаги вываливали кучей на стол; или что КГБ приставил ко мне двух соглядатаев — грузных мужчин средних лет (я прозвал их Маттский и Джеффский*) — и те следовали за мной по пятам на расстоянии двух метров, когда я осмеливался выйти один.

И слава богу, что следовали. После бурного вечера в доме журналиста-диссидента Аркадия Ваксберга, который отключился и заснул на полу в своей гостиной, я оказался совершенно один посреди какой-то неизвестной улицы в кромешной тьме — ни луны, ни признаков рассвета, ни огней, чтоб понять, где центр города и куда идти. И ни слова по-русски я не знаю,

* Матт и Джефф — персонажи американских комиксов 1907–1950 гг. художника Бада Фишера.

чтоб посоветоваться с прохожими, если бы, они, конечно, были, только их не было. Но тут я, к счастью, разглядел на скамейке в сквере силуэты моих верных соглядатаев — они сидели, привалившись друг к другу, и, надо думать, дремали по очереди.

— Вы говорите по-английски?

Нет.

— По-французски?

Нет.

— По-немецки?

Нет.

— Я такой пьяный, — улыбаюсь, как идиот, и вяло кручу правой рукой у правого уха. — Гостиница "Минск" — о'кей? "Минск" знаете? Вместе пойдем?

Расставляю локти в стороны, демонстрируя покорность и братские чувства.

Выстроившись в ряд, мы медленным маршем движемся по обсаженному деревьями бульвару, по пустынным улицам к этому жуткому "Минску". Я предпочитаю жить со всеми удобствами и хотел поселиться в одной из немногочисленных валютных гостиниц, работавших тогда в Москве, но русские об этом и слышать не хотели. Я должен остановиться в "Минске", в ВИП-люксе на верхнем этаже, где круглосуточно работают допотопные подслушивающие устройства, а в коридоре несет вахту консьержка.

Но соглядатаи тоже люди. Со временем я увидел, что Маттский и Джеффский ребята безропотные, терпеливые и даже, можно сказать, обаятельные, и мне, вопреки всем законам, захотелось не бегать от них, а наоборот, сблизиться. Однажды вечером я ужинал в одном из первых в Москве кооперативных, то есть частных, ресторанов, со своим младшим братом Рупертом, который в те горячие деньки был шефом московского бюро газеты "Индепендент". Разница в возрасте у нас с Рупертом приличная, но в полумраке между нами можно уловить некоторое сходство, особенно после рюмки-другой. Руперт пригласил и других московских корреспондентов. Мы болтали, выпивали, а мои соглядатаи сидели за столиком в углу и ничем не могли утешиться. Растроганный их незавидной участью, я попросил официанта принести им бутылку водки, но смотрел при этом в другую сторону. А повернув голову, бутылки нигде не увидел, однако когда мы расходились, Маттский и Джеффский пошли провожать до дома не того брата.

■

Представить Россию того времени без водки — это все равно что представить скачки без лошадей. На той же неделе я отправился к своему московскому издателю. Одиннадцать утра. Его тесный кабинет под самой крышей завален Диккенсом, картонными коробками с неизвестным содержимым и кипами пожелтевших рукописей, перетянутых шпагатом. Я появляюсь в дверях, издатель вскакивает из-за стола с радостным воплем и прижимает меня к груди.

— У нас гласность! — кричит он. — У нас перестройка! Цензуре конец, друг мой! Теперь я буду издавать все твои книжки, сколько захочу: старые книжки, новые книжки, паршивые книжки — наплевать! Напишешь телефонный справочник? Я и его издам! Буду издавать все, кроме того, что понравилось бы этим паршивым ублюдкам из отдела цензуры!

В блаженном безразличии к недавно изданным горбачевским указам о борьбе с пьянством, он вытаскивает из ящика бутылку водки, срывает пробку, швыряет ее в корзину для мусора, и у меня обрывается сердце.

■

За мной следили, ходили по пятам, меня во всем подозревали, но в то же время встречали как почетного гостя советского правительства, и в зазеркальном мире, куда я попал, мне это казалось вполне логичным. Мою фотографию напечатали в “Известиях”, и текст под ней мне понравился, по-королевски меня принимали и устроители этого визита — члены Союза писателей, чьи литературные таланты представлялись по большей части сомнительными, а в отдельных случаях оказывались попросту мифом.

Был там один великий поэт, его творчество состояло из объемного сборника стихов, опубликованного тридцать лет назад, но ходили слухи, что их написал другой поэт, расстрелянный при Сталине как заговорщик. Был древний старик с белой бородой и красными слезящимися глазами, который полвека провел в трудовых лагерях ГУЛАГа, но потом началась гласность, то есть открытость, и его реабилитировали. Он описал пережитое в дневнике и даже издал его — толстенный том. Сейчас эта книга в моей библиотеке — на русском, то есть прочесть ее я не могу. Были и писатели-акробаты, годами ходившие по канату цензуры, используя аллегории — зашифрованные послания тем, кто был достаточно проницателен, чтобы их разгадать. Что они напишут, раздумывал я, теперь, когда их выпустили на свободу? Станут ли новыми Толстыми и Лермонтовыми? Или они слишком долго думали из-за угла, и теперь уже не смогут высказываться напрямую?

На пикнике в писательском поселке Переделкино слишком усердные сторонники партийной линии выглядят уже слегка подлецами рядом с теми, кто, напротив, прославился как несогласный, и все потому, что наступила эпоха перестройки — политических и экономических реформ Горбачева. Одним из представителей последней группы (по его собственным словам) был Ян, захмелевший драматург, который все время настойчиво обнимал меня рукой за шею и заговорщицки шептал что-то на ухо.

Мы с Яном уже успели обсудить Пушкина, Чехова и Достоевского. Вернее, обсуждал Ян, а я слушал. Мы оба любили Джека Лондона. Вернее, Ян любил. А теперь он говорил вот о чем: чтобы *и в самом деле* понять, в какой глубокой заднице

Россия оказалась при коммунистах, мне бы нужно было попробовать отправить подержанный холодильник из своей ленинградской квартиры бабушке в Новосибирск и посмотреть, далеко ли я продвинусь. Мы согласились, что результат этого эксперимента очень точно характеризовал бы степень развала Советского Союза, и от души посмеялись.

На следующее утро Ян позвонил мне в гостиницу "Минск".

— Не называйте мое имя. Вы ведь узнали меня по голосу?

Узнал.

— Вчера вечером я рассказал вам дрянной анекдот про бабушку, верно?

Верно.

— Помните?

Помню.

— Так вот никакой никакого анекдота я не рассказывал. Верно?

И это верно.

— Поклянитесь.

Я поклялся.

Один художник, с которым я познакомился, несомненно, выжил бы в условиях любых ограничений, они ему даже нравились; звали его Илья Кабаков, и на протяжении нескольких десятилетий он был то в фаворе у советского правительства, то наоборот — Кабакову приходилось даже подписывать свои работы чужим именем. Попасть в его мастерскую мог только человек надежный и имеющий нужные знакомства, и только в сопровождении мальчика с карманным фонариком, освещавшего путь, а путь этот, долгий и небезопасный, пролегал через несколько соседних чердаков по мосткам из досок, перекинутых между балками.

Оказавшись наконец в мастерской, ты видел Кабакова, колоритного затворника и экстраординарного художника, и его свиту: улыбчивых дамочек и почитателей таланта. А на холсте — удивительный мир его добровольного заточения: осмеянный, помилованный, украшенный и универсализированный своим непобедимым и любящим создателем.

В Троице-Сергиевой лавре в Загорске, которую часто называют русским Ватиканом, я смотрел, как русские старушки в черных одеждах падают ниц на каменные плиты пола и целуют крышки саркофагов с мощами святых — крышки из толстого, помутневшего стекла. А потом в современном кабинете, обставленном глянцевой скандинавской мебелью, представитель архимандрита в изысканном облачении объяснял мне, как христианский Бог творит чудеса посредством государства.

— Мы говорим только о *коммунистическом* государстве? — спрашиваю я, дождавшись, пока он окончательно отшлифует свою заготовку. — Или Он творит чудеса посредством *любого* государства?

И вместо ответа вижу широкую всепрощающую улыбку инквизитора.

К писателю Чингизу Айтматову, о котором, к стыду своему, я прежде не слышал, мы с моим переводчиком-британцем летим "Аэрофлотом" в Киргизию, садимся в военном городке на территории Фрунзе (ныне Бишкека). Место, где нас разместили, — это не фрунзенский ответ гостинице "Минск", а роскошный пятизвездочный дом отдыха ЦК.

Территория огорожена колючей проволокой, периметр патрулирует охрана из КГБ с собаками. Говорят, они здесь, чтобы защитить нас от горцев — угонщиков скота. Ни намека на кланы мусульманских диссидентов. Кроме нас, в доме отдыха постояльцев нет. В подвале — прекрасно оборудованный бассейн и сауна. На шкафчиках, полотенцах и банных халатах изображены мохнатые звери. Я выбираю лося. В бассейне жарко, как в торговом зале биржи. За несколько американских долларов управляющий готов нам предложить запрещенную водку с разными вкусами и местных девушек. Первое мы берем, от второго отказываемся.

Когда возвращаемся в Москву, Красная площадь по какой-то загадочной причине закрыта. Наше паломничество в Мавзолей Ленина откладывается на другой день. Проходит полсуток, прежде чем мы узнаем уже известное всему миру: Матиас Руст, молодой летчик из Германии, оказав открытое неповиновение силам советской наземной и воздушной обороны, посадил свой самолетик буквально у входа в Кремль и, сам того не подозревая, обеспечил Горбачеву предлог для увольнения министра обороны и группы генералов, не согласных с его реформами. Когда новость распространилась среди литераторов Переделкина, я, помню, не слышал ни хриплых голосов, прославлявших подвиг авиатора, ни громкого хохота — наоборот, все как-то сжались и притихли — это сгустился знакомый страх, ведь последствия могли быть суровыми и непредсказуемыми. Смена власти, военный переворот или, даже в нынешние времена, устранение неугодных интеллигентов вроде нас — кто знает?

В городе, который пока еще зовется Ленинградом, я встречаюсь с физиком, лауреатом Нобелевской премии мира Андреем Сахаровым, известнейшим русским диссидентом и одним из самых выдающихся представителей своего поколения, и его женой Еленой Боннэр — недавно Горбачев, как того требовала гласность, освободил их после шестилетней ссылки в Горьком и попросил принять участие в перестройке.

Сахаров-физик приложил все усилия, чтобы создать по заказу Кремля первую водородную бомбу, а Сахаров-диссидент проснулся однажды утром, понял, что бомбу свою отдал в руки бандитов, и осмелился сказать им об этом во всеуслышание. Мы беседуем в кооперативном ресторане (он в Ленинграде один-единственный), Елена Боннэр сидит рядом с Сахаровым, а отряд молодых кагэбэшников взял наш столик в кольцо и непрерывно обстреливает из фотоаппаратов 1930-х годов со вспышкой. Это тем более абсурдно, что ни в ресторане, ни на улицах русских городов никто не повернет головы, чтоб поглядеть на Андрея Сахарова, никто не сделает к нему шаг, чтобы тайком пожать руку великому человеку, по вполне очевидной причине: лицо опального Сахарова запретили. Стало быть, наши не-фотографы снимают не-лицо.

Сахаров спрашивает, приходилось ли мне встречаться с Клаусом Фуксом, британским физиком-атомщиком и советским шпионом, который к тому времени вышел из британской тюрьмы и поселился в Восточной Германии.

Нет, не приходилось.

А не знаю ли я, случаем, как Фукса поймали?

Я, говорю, знал того, кто Фукса допрашивал, но как его поймали, не знаю. Полагаю, худший враг шпиона другой шпион — я киваю на липовых фотографов, что вертятся вокруг нас. Может, кто-то из *ваших* шпионов рассказал о Клаусе Фуксе кому-то из *наших* шпионов. Сахаров улыбается. Он улыбчив, в отличие от Боннэр. Интересно, он от природы такой или приучил себя улыбаться, чтобы обезоруживать следователей? Почему он спрашивает о Фуксе? Размышляю я, но не вслух. Может, потому что Фукс, хоть и жил на относительно свободном Западе, предпочел предавать тайком, вместо того чтобы смело и открыто заявить о своих убеждениях. А Сахаров жил в полицейском государстве, теперь погибавшем в предсмертных муках, и за право высказываться открыто должен был страдать и лишиться свободы.

■

Сахаров рассказывает, что у дверей их квартиры в Горьком ежедневно дежурил сотрудник КГБ в форме, и ему запрещено было встречаться глазами с арестантами, поэтому свежий номер газеты “Правда” он передавал им, повернувшись спиной, через плечо: держите, но в глаза мне не смотрите. Рассказывает, что Шекспира перечитал от корки до корки. Отрывки из Великого Барда Андрей знал наизусть, вставляет Боннэр, но не умел произнести, ведь в годы ссылки он ни разу не слышал живой английской речи. А потом Сахаров рассказывает, как однажды вечером, на седьмом году ссылки, в дверь грозно постучали, и Боннэр просила не открывать, но он открыл.

— Я сказал Елене: ничего нам не сделают, они ведь и так уже сделали все, что могли, — объясняет Сахаров.

В общем, он все-таки открыл дверь и увидел двух мужчин — офицера КГБ в форме и человека в спецовке.

— Мы пришли установить телефон, — сказал офицер КГБ.

Тут на лице Сахарова снова заиграла озорная улыбка. Я, говорит он, человек непьющий — по правде говоря, и вовсе трезвенник, — но скажу вам так: в закрытом советском городе заполучить телефон — это все равно что заполучить рюмку ледяной водки в пустыне Сахара.

— Нам не нужен телефон, заберите его, — сказала Боннэр сотруднику КГБ.

Но Сахаров снова ее урезонил: пусть, мол, устанавливают, что нам терять? И телефон установили, к неудовольствию Елены Боннэр.

— Завтра в полдень ожидайте звонка, — предупредил на прощание офицер КГБ и захлопнул дверь.

Сахаров тщательно подбирает слова, как все ученые. Истина кроется в деталях. Полдень наступает и проходит — уже час, два... Оба чувствуют, что проголодались. Оба плохо спали и не завтракали. Сахаров говорит затылку охранника, что пойдет в магазин за хлебом. Но когда Сахаров выходит, Боннэр окликает его:

— Тебя к телефону!

Он возвращается, берет трубку. Сначала диспетчеры, в разной степени нелюбезные, передают его по цепочке, а потом наконец соединяют с Михаилом Горбачевым, генеральным секретарем ЦК КПСС. Что было, то прошло, говорит Горбачев. Центральный комитет рассмотрел ваше дело, теперь вы свободны и можете вернуться в Москву. Вас ждет прежняя квартира, вы будете немедленно восстановлены в Академии наук, и теперь уже ничто не помешает вам занять достойное место ответственного гражданина новой России эпохи перестройки.

Услышав про ответственного гражданина, Сахаров выходит из себя. Он заявляет Горбачеву — и, полагаю, горячится, хоть и рассказывает об этом с обычной своей улыбкой, — что ответственным гражданином, по его мнению, называется человек, соблюдающий законы своей страны. А в этом закрытом городе, только в нем одном, продолжает он, полно сидельцев, которые к суду и близко не подходили, иные едва ли понимают, за что их сюда сослали.

— Я писал вам об этом, а в ответ ни звука.

— Мы получили ваши письма, — успокаивает его Горбачев. — Центральный комитет их рассматривает. Возвращайтесь в Москву. С прошлым покончено. Помогите нам с переустройством.

Но Сахаров уже, как видно, закусил удила, потому что принимается перечислять Горбачеву прочие оплошности ЦК, прошлые и нынешние, о которых он тоже ему писал, и тоже безрезультатно. Однако в самый разгар своей речи Сахаров ловит взгляд Елены Боннэр. И понимает, что, если продолжит в том же духе, то Горбачев ему скажет: "Ну, товарищ, раз вы так настроены, тогда можете там и оставаться".

И Сахаров бросает трубку. Просто бросает, и все. Даже не говорит: "До свидания, Михаил Сергеевич".

А потом до него доходит — теперь Сахаров улыбается широко-широко, и даже у Боннэр в глазах мелькает шаловливый огонек:

— А потом до меня доходит, — повторяет Сахаров смущенно, — что впервые за шесть лет я говорил по телефону, говорил с самим секретарем ЦК КПСС, и умудрился бросить трубку.

■

Проходит два дня. Я, как и было объявлено, выступаю перед студентами Московского государственного университета. На кафедре вместе со мной Джон Робертс, мой бесстрашный британский гид и переводчик, Володя, мой русский гид, то ли от ПЕН-клуба, то ли от Союза писателей — я так и не понял, и какой-то бледный профессор, представивший меня аудитории (по-моему, не очень-то любезно) как продукт нынешней гласности. Кажется, он считает, что гласность была бы куда лучше без меня. И без особого энтузиазма предлагает студентам задавать мне вопросы.

Сначала вопросы звучат на русском, но бледный профессор их явно цензурирует, и тогда строптивые студенты начинают выкрикивать вопросы по-английски. Мы разобрались с моими любимыми и нелюбимыми писателями. Потом разобрались со шпионом — продуктом холодной войны. Обсудили, и довольно бойко, нравственно это или безнравственно — доносить на своих коллег. Профессор, видимо, решил, что с него хватит. Он разрешает задать еще один вопрос, последний. Руку поднимает студентка. Да, пожалуйста.

СТУДЕНТКА: Сэр... Мистер Ле Карре... Будьте добры... Ваше мнение о Марксе и Ленине?

Громкий хохот в аудитории.

Я: Люблю обоих.

Не думаю, что это лучшее мое высказывание, однако слушатели встречают его продолжительными аплодисментами и радостными возгласами. Бледный профессор объявляет, что встреча окончена, студенты быстренько меня подхватывают, ведут вниз по лестнице, видимо, в комнату отдыха, и там настойчиво расспрашивают о моем романе, который в Советском Союзе уже двадцать пять лет как запрещен — я это точно знаю. Спрашиваю: да где вы умудрились его прочитать?

— В нашем частном клубе книголюбов, где же еще! — с гордостью отвечает остроумная студентка на ломаном английском времен Джейн Остин и указывает на громоздкий компьютер*. — Ребята перепечатали текст книги с нелегального экземпляра, который нам дал один ваш соотечественник. Мы читали эту книгу по ночам, и не один раз. Мы уже много запрещенных книг так прочитали.

— А если вас поймают? — спрашиваю.

Смеются.

* Персональные компьютеры стали появляться в СССР в конце 1980-х годов, так что, скорее всего, это была пишущая машинка.

Я заезжаю попрощаться с Володей, моим незаменимым русским гидом, и его женой Иреной в их крошечную квартирку и исполняю роль Санта-Клауса, хотя до Рождества еще очень далеко. Они аспиранты, талантливые ребята и живут очень бедно. У них две маленькие дочки — смышленые девчушки. Володе я привез шотландский виски, шариковые ручки, шелковый галстук и другие дефицитные сокровища из дьюти-фри в Хитроу, Ирене — английское мыло, зубную пасту, колготки, шарфики и прочие мелочи, которые посоветовала купить моя жена. А девчушкам — шоколад и юбочки-шотландки. Они так благодарны, что мне становится неловко. Я вовсе не хочу быть в роли такого человека. И они не хотят быть в роли таких людей.

■

Собирая воедино все эти встречи, непонятно как уместившиеся в две мои короткие недели в России 1987 года, я снова тронут до глубины души воспоминаниями о той несчастной стране, о стойкости ее так называемых обычных (а на самом деле вовсе не обычных) граждан, постоянно живших в борьбе, об унижениях, которые они вынуждены были сообща терпеть, когда стояли в очереди за продуктами первой необходимости (чтоб удовлетворить элементарные нужды своих собственных тел и тел своих детей), когда заставляли себя молчать, дабы не обронить рокового слова. Вскоре после того, как Матиас Руст экспромтом приземлился на Красной площади, мы прогуливались там с одной писательницей преклонных лет, и я сфотографировал караул у Мавзолея Ленина — так писательница, помню, побледнела и прошипела, чтоб я скорее спрятал фотоаппарат.

Больше всего в России боятся хаоса, больше всего мечтают о стабильности, больше всего страшатся неизвестного будущего — таков русский менталитет. И ничего удивительного, ведь этот народ двадцать миллионов душ отдал сталинским палачам и еще тридцать — гитлеровским. *В самом ли деле* после коммунистов жизнь станет лучше, чем была? Да, люди творческие, интеллигенты, если были в тебе уверены или просто достаточно смелы, говорили с жаром о свободах, которые вскоре (тьфу-тьфу-тьфу) обретут. Но и в их словах между строк читалось сомнение. Какое место *они* займут в этом новом, неизвестном обществе, которое все так приветствуют? Если у них были партийные привилегии, что их заменит? Если партия одобряла их творчество, кто будет одобрять его на свободном рынке? А если они все время жили в опале, воздаст ли им новая система за это?

В 1993-м я вернулся в Россию в надежде все это выяснить.

ГЛАВА 18
Дикий Восток: Москва 1993-го

Берлинская стена пала. Михаил Горбачев покатался на американских горках: вот он под домашним арестом в Крыму, а вот уже снова сидит в Кремле и управляет страной, — и наконец уступил место своему давнему врагу Борису Ельцину. Деятельность КПСС приостановлена, ее штаб-квартира в Москве закрыта. Ленинград опять называется Санкт-Петербургом, а Сталинград — Волгоградом. Разгул организованной преступности. Правосудия не доищешься. Советские солдаты вернулись домой после неудачной афганской кампании и разбрелись по стране в поисках работы, потому что денег им никто не платит. Гражданского общества попросту нет, и Ельцин не хочет или не может его создать. Обо всем этом я знал еще до отъезда в Москву летом 1993-го. И с чего вдруг решил взять с собой сына, студента-старшекурсника двадцати лет, что на меня нашло, ума не приложу. Однако он отправился со мной — к счастью, и все обошлось благополучно, нам даже ни разу не нагрубили.

Я точно знал, зачем мы едем, или так говорю себе теперь. Мне хотелось вкусить этой новой жизни. Узнать, например, новые воры в законе — это переодетые старые? И в самом ли деле Ельцин распустил КГБ или, как часто делали прежде, просто преобразовал и переименовал? В Гамбурге, откуда началось наше путешествие, я вновь торжественно закупал те же необходимые мелочи, что привозил в Россию в 1987-м: сувенирное мыло, шампунь, зубную пасту, шоколадное печенье "Кэдбери", шотландский виски, немецкие игрушки. Но уже в аэропорту Шереметьево, где нас пропустили без всяких формальностей, витал дух безвкусицы и вещизма. Наверное, больше всего меня поразило, что в павильончике у входа, оставив в залог пятьдесят долларов, можно взять напрокат сотовый телефон — к этому я был совсем не готов.

А уж отель: какой там "Минск"! Роскошный мраморный дворец, и лестницы в нем широкие, изогнутые, и хрустальные люстры — такие большие, что осветили бы оперный зал, и стайки бойких, явно незамужних девушек скучают в вестибюле. В наших спальнях воняло свежей краской, освежителем воздуха и канализацией. Одного взгляда на витрины магазинов, мимо которых мы проезжали, было достаточно, чтобы понять: нет больше ГУМа, легендарного государственного универмага, теперь вместо него *Estée Lauder*.

■

На этот раз мой русский издатель не заключает меня в объятия. Не выхватывает на радостях бутылку водки из ящика стола, не швыряет пробку в корзину для мусора. Сначала он глядит на меня через глазок в стальной двери, затем отпирает множество замков, быстро затаскивает меня внутрь и снова их запирает. И тихим голосом извиняется за то, что встречает меня один из всей редакции. После того как явились ребята из страховой компании, говорит он, остальные сотрудники, наверное, больше сюда не войдут.

Из страховой компании?

Ребята в костюмах с портфелями. Страхуют от пожара, воровства, затопления, в основном от пожара. В этом районе велика опасность пожара, поскольку число поджогов в последнее время резко возросло. Так что и страховые взносы высоки, это вполне естественно. Пожар может вспыхнуть в любой момент. Так что лучше подпишите договор прямо сейчас, вот вам ручка. А не то ведь наши знакомые бросят сюда бутылку с зажигательной смесью, и что тогда будет со всеми этими старыми папками и рукописями — вон их здесь сколько.

Я спрашиваю: а милиция?

Посоветуют заплатить и помалкивать. Они с рэкетирами в доле.

И ты заплатишь?

Может быть. Он еще посмотрит. И без боя не сдастся. Раньше он знал кой-каких влиятельных людей. Только теперь они уже не влиятельные.

Я спрашиваю друга, который раньше работал в КГБ, как мне встретиться с главарем мафии. Он мне перезванивает. Приходи в такой-то ночной клуб в четверг в час ночи, Дима тебя примет. Сын? Его тоже возьми, ему будут рады, а если у него есть девушка, пусть и ее приводит. Это Димин ночной клуб. Он владелец. Приятные гости, хорошая музыка. И абсолютно безопасно. Нашего незаменимого телохранителя зовут Пусей, он чемпион Абхазии по рукопашному бою и специалист по всем вопросам, касающимся борьбы абхазов за независимость. Пуся коренастый, широкоплечий и похож на Бибендума — мишленовского надувного человечка, а еще он эрудит, лингвист, ученый и — вот ведь парадокс — самый миролюбивый парень, какого только можно встретить. К тому же в своей стране он, можно сказать, знаменит, что уже само по себе отчасти гарантирует безопасность.

Вдоль дорожки у входа в клуб выстроились в ряд спортивные молодые люди с автоматами. Они обыскивают нас, и Пуся не возражает. Около круглого танцпола расставлены диванчики, обитые алым плюшем. Пары медленно танцуют под музыку шестидесятых годов. Мистер Дима скоро к вам присоединится, сообщает Пусе управляющий и провожает нас к банкетке. Пуся привез нас на своей машине и по пути уже продемонстрировал, как умеет улаживать конфликты мирным путем. Движение застопорилось. Два автомобиля — большой и маленький — не могут разъехаться. Водители того и гляди полезут в драку. Разгоряченные зрители тоже делятся на два лагеря. Пуся выходит из машины и направляется к драчунам — чтоб их разнять или утихомирить, думаю я. Но он вместо этого берет маленькую машину за бампер, высвобождает ее и под бурные аплодисменты зрителей аккуратненько ставит к бордюру.

Мы пьем прохладительные напитки. Мистер Дима, возможно, задержится, предупреждает нас управляющий. Возможно, мистеру Диме нужно уладить некоторые вопросы, связанные с *бизнесом*, — слово *бизнес* в России теперь модно и обозначает какие-то темные дела. Но, судя по звукам из коридора, там кого-то торжественно встречают, а значит, высочайшая особа прибыла — готовность номер один. Музыка гремит в знак приветствия и сразу смолкает. Сначала входят двое молодых людей — спортивные, короткостриженые, в тесноватых итальянских костюмах темно-синего цвета. Спецназ, шепчет мне Пуся. Московские нувориши предпочитают набирать телохранителей из бывших спецназовцев. По-птичьи дергая головой, двое осматривают зал сектор за сектором. Задерживают взгляд на Пусе. Тот добродушно им улыбается. Затем телохранители делают шаг назад, встают по обе стороны от входа. Пауза, и наконец, будто бы по многочисленным просьбам публики, появляется Коджак из нью-йоркского полицейского управления по кличке Дима и его свита: красивые девушки и еще несколько молодых людей.

Кто видел телесериал "Коджак", согласился бы, что Дима до смешного похож на главного героя — во всем, вплоть до солнцезащитных очков "Рэй-Бэн": блестящий лысый череп, громадные плечи, походка вразвалочку, однобортный пиджак, руки колесом, как у обезьяны. На круглом, чисто выбритом лице застыла легкая усмешка. Сейчас в России "Коджак" как раз очень популярен. Может, Дима нарочно его копирует? Что ж, тогда он не первый криминальный авторитет, который воображает, будто снимается в главной роли в своем собственном фильме.

Места в первом ряду, очевидно, предназначены для Димы и приближенных. Дима располагается в центре. Его люди подсаживаются рядом. Справа умопомрачительно красивая девушка в бриллиантах, слева — мужчина с невыразительным рябым лицом: видимо, консильери. Управляющий приносит им прохладительные напитки. Дима отказался от спиртного, говорит Пуся — он и сам отказался.

— Теперь мистер Дима с вами побеседует. Прошу.

Пуся не двигается с места. Мы с моим русским переводчиком пробираемся на другую сторону танцпола. Дима протягивает мне руку, я ее пожимаю, а она такая же мягкая, как моя. Я присаживаюсь на корточки, прямо на танцполе. Переводчик присаживается рядом со мной. Не самая удобная поза, но больше нам негде разместиться. Дима и его люди разглядывают нас поверх балюстрады. Меня предупредили, что Дима, кроме русского, языков не знает. А я не знаю русского.

— Мистер Дима спрашивает, что вам нужно! — орет переводчик мне в ухо.

Музыка играет так громко, что я не слышу Диминых слов, но мой переводчик слышит, и это главное, а мое ухо сантиметрах в десяти от его рта. Я сижу на корточках, поэтому как будто бы имею право дерзить и говорю: нельзя ли убавить музыку и не будет ли Дима так любезен снять солнцезащитные очки, потому что трудно беседовать с человеком, у которого глаза затонированы? Дима приказывает, чтобы музыку убавили, а потом раздраженно снимает очки, обнажая свои поросячьи глазки. Он по-прежнему хочет знать, что мне нужно. Я и сам хочу, если уж на то пошло.

— Я так понимаю, вы бандит, — говорю. — Правильно?

Как прозвучал мой вопрос в переводе, я знать не могу, но подозреваю, что переводчик смягчил формулировку, поскольку Дима остается на удивление спокойным.

— Мистер Дима говорит, в этой стране все бандиты. Все прогнило, и все бизнесмены — бандиты, а всякая фирма — преступный синдикат.

— Могу я в таком случае узнать, каким бизнесом занимается мистер Дима?

— Мистер Дима занимается импортом-экспортом, — говорит переводчик умоляющим тоном, намекая, что лучше в это дело не соваться.

Но других тем для разговора у меня нет.

— Пожалуйста, спросите его, что это за импорт-экспорт? Ну спросите же.

— Это неудобно.

— Ну ладно. Тогда спросите, какой у него капитал. Скажем, пять миллионов долларов будет?

Скрепя сердце мой переводчик, видимо, все-таки задает этот вопрос или вопрос вроде этого, потому что Димина свита усмехается, а сам он презрительно пожимает плечами. Ну и пусть. Зато теперь я понимаю, как дальше вести разговор.

— Ну хорошо. Сто миллионов, двести — неважно. Будем считать, что сейчас в России нажить большое состояние несложно. И если так дальше пойдет, то через пару лет Дима, вероятно, и правда станет *очень* богатым человеком. Сказочно богатым. Скажите ему это, пожалуйста. Я ведь просто рассуждаю.

И переводчик, очевидно, говорит, потому что нижняя часть Диминого голого лица вроде бы ухмыляется в знак согласия.

— У Димы есть дети? — спрашиваю я, осмелев.

Есть.

— А внуки?

— Это не имеет значения.

Дима опять надел очки, видимо, желая показать, что разговор окончен, вот только я так не думал. Я слишком долго угадывал верное направление, чтобы теперь останавливаться.

— Вот что я хочу сказать. В Америке в былые времена знаменитые бароны-разбойники, как Диме, конечно же, известно, сколотили себе состояния, скажем так, *полулегальным* путем.

С удовольствием отмечаю, что за темными стеклами очков промелькнула искра интереса.

— Но время шло, бароны старели и, глядя на своих детей и внуков, становились прямо-таки идеалистами и думали, что нужно создать новый мир — светлее и чище того, который они в свое время ободрали.

Затонированные глаза смотрят на меня не отрываясь, пока переводчик передает, уж не знаю каким образом, мое сообщение.

— Так вот о чем я хочу спросить Диму. Может ли он представить себе, что, когда станет старше — скажем, лет через десять-пятнадцать, — может ли *Дима* вообразить, что настанет такое время, когда и *он*, возможно, примется строить больницы, школы, музеи? То есть займется благотворительностью? Я серьезно. Спросите его. Чтобы таким образом воздать русским людям, которых он, в сущности… ограбил?

Авторы старых кинокомедий любили такую шутку. Двое общаются через переводчика. Один задает вопрос. Переводчик переводит. Тот, для кого переводят, внимательно слушает, потом принимается яростно жестикулировать, разглагольствует целых две минуты, а переводчик после театральной паузы говорит: "Нет". Или: "Да". Или: "Может быть". Дима не жестикулирует. Он неторопливо говорит что-то по-русски. Его группа поддержки начинает хихикать. Коротко стриженые часовые у входа тоже хихикают. А Дима продолжает говорить. Наконец, довольный, умолкает и, сложив руки, ждет, пока переводчик передаст его сообщение.

— Мистер Дэвид, я очень сожалею. Но мистер Дима послал вас подальше.

■

Усевшись под огромной хрустальной люстрой в вестибюле нашей роскошной гостиницы "Москва", худощавый, застенчивый мужчина лет тридцати в сером костюме и в очках потягивает апельсиновую шипучку и объясняет мне кодекс поведения воровского братства, или попросту *воров*, известным представителем которых он является. Мне сказали, он из Диминой группировки. И может, один из тех людей в костюмах, предлагавших моему издателю застраховаться от пожара. Слова этот человек подбирает тщательно, прямо как пресс-секретарь министерства иностранных дел.

— Сильно изменились *воры* с тех пор, как рухнул советский коммунизм?

— Я бы сказал, *воры развернулись*. Сейчас, в посткоммунистическую эпоху, у них больше свободы передвижения и средства связи совершеннее, так что, можно сказать, *воры* расширили сферу своего влияния на множество стран.

— И какие же это страны, например?

Он бы сказал, что речь идет скорее о городах, а не о странах. Варшава, Мадрид, Берлин, Рим, Лондон, Неаполь, Нью-Йорк — в этих городах *ворам* удобнее всего осуществлять свою деятельность.

— А здесь, в России?

— Я бы сказал, что социальная нестабильность в России помогает *ворам* осуществлять самую разную деятельность.

— А именно?

— Простите?

— Какую именно деятельность?

— Я бы сказал, что в России хорошую прибыль приносят наркотики. Новые фирмы также часто занимаются вымогательством, без этого никак нельзя. А еще мы владеем игорными домами и клубами.

— А публичными домами?

— Публичные дома *ворам* не нужны. У нас есть девочки, и мы обеспечиваем им работу в гостиницах. Некоторые гостиницы тоже принадлежат нам.

— Национальность имеет значение?

— Простите?

— Члены воровских братств — это люди из каких-то конкретных регионов?

— Я бы сказал, сейчас среди воров много тех, кто не является этническими русскими.

— А именно?

— Абхазы, армяне, нерусские славяне. И евреи тоже.

— А чеченцы?

— С чеченцами, я бы сказал, другая история.

— А в среде *воров* есть расовая дискриминация?

— Если *вор* достойный и подчиняется нашим законам, он на равных с остальными *ворами*.

— И много у вас законов?

— Немного, но они строгие.

— Будьте добры, приведите пример.

Он, кажется, только рад. *Вор* не должен работать на власть. Государство — это власть, поэтому он не должен работать на государство, или воевать за государство, или служить государству любым другим способом. Вор не должен платить налоги государству.

— *Воры* почитают Бога?

— Да.

— Вор может заниматься политикой?

— Если вор занимается политикой, чтобы расширить сферу влияния воров, а не помогать властям, тогда он может заниматься политикой.

— А если он становится видным политиком? Или даже популярным? Успешным? В душе он все равно может оставаться вором?

— Может.

— Если вор нарушил воровской закон, другой вор должен его убить?

— Если так прикажет совет.

— И вы бы могли убить лучшего друга?

— Если это необходимо.

— Вы лично много людей убили?

— Возможно.

— Вы никогда не думали стать юристом?

— Нет.

— Вор может жениться?

— Он должен стоять *над* женщинами. У него может быть много женщин, но он не должен им подчиняться, потому что они не важны.

— То есть лучше не жениться?

— У воров не принято жениться.

— Но некоторые женятся?

— Это не принято.

— Вор может иметь детей?

— Нет.

— Но некоторые имеют?

— Я бы сказал, это возможно. Но нежелательно. Лучше помогать другим ворам и подчиняться воровскому совету.

— А как насчет родителей вора? С ними общаться допустимо?

— Нежелательно. С родителями лучше распрощаться.

— Потому что они тоже своего рода власть?

— Нельзя проявлять чувства, не выходя за рамки воровского закона.

— Но некоторые воры любят своих матерей?

— Возможно.

— А вы распрощались с родителями?

— Отчасти. Но, наверное, не вполне.

— Вы когда-нибудь влюблялись?

— Это неприемлемо.

— Неприемлемо об этом спрашивать или влюбляться неприемлемо?

— Это неприемлемо, — повторяет он.

Но уже краснеет и смеется, как школьник, и мой переводчик смеется тоже. А потом мы смеемся все вместе. И я, скромный читатель Достоевского, размышляю, где в душе современного русского преступника спрятаны мораль, достоинство и человечность, потому что в голове у меня сидит один персонаж, и ему нужно это знать.

Вообще-то, как оказалось, даже несколько. Эти персонажи рассеяны по двум романам (их замысел тогда еще был мне неясен, но в конце концов я их написал) о новой России начала посткоммунистической эпохи: "Наша игра" и "Сингл и Сингл". В обоих я обратился к России, Грузии и Западному Кавказу. В обоих затронул тему размаха криминальной коррупции в России и непрекращающихся войн на российском мусульманском юге. Через десять лет я написал третий "русский" роман — "Такой же предатель, как и мы" — о том, что в то время стало, пожалуй, важнейшей статьей российского экспорта (после энергоносителей) — о грязных деньгах, о миллиардах, украденных русскими из своей же казны.

■

Пуся, наш чемпион Абхазии по рукопашному бою, всегда был рядом, но не слишком близко. И только однажды я испугался, что придется воспользоваться его физической силой.

На этот раз мы идем в петербургский ночной клуб. Его владелец тоже новый русский *бизнесмен* вроде Димы, уже небезызвестный, зовут его Карл, и у него есть юрист по имени Илья, который следует за ним повсюду. В клуб мы приехали на бронированном микроавтобусе, а бронированный "лендровер" прикрывал нас сзади. У входа, к которому ведет мощеная дорожка, украшенная китайскими фонариками, нас встречает привычный уже отряд вооруженных людей, только у этих помимо автоматов на портупеях красуются еще и ручные гранаты, подвешенные на блестящие медные крючки. В самом заведении грохочет рок-музыка, и здешние девочки лениво танцуют друг с другом в ожидании клиентов.

Но клиентов не видно, а между тем уже половина одиннадцатого.

— Петербург просыпается поздно, — с улыбкой объясняет Карл (он-то знает, о чем говорит), провожая нас к длинному обеденному столу, накрытому в нашу честь среди плюшевых диванчиков. Чопорный носатый Карл молод, но манеры у него старомодные. Странно видеть рядом с Карлом неуклюжего Илью, уж больно он неотесан. Жена Ильи, блондинка, одета в соболью шубку, хотя на дворе лето. Нас ведут по крутой лестнице к верхнему ряду расположенных амфитеатром сидений. Танцпол внизу — это еще и боксерский ринг, с гордостью сообщает Илья, но сегодня бокса не будет. Пуся садится слева от меня, Ник, мой сын, — справа. Илья, не отходя от хозяина, беспрестанно звонит по сотовому и монотонно, без остановки бубнит что-то в трубку.

Клиенты все не появляются. Банкетки вокруг нас пустуют, орущая музыка мешает сосредоточиться, скучающие девушки покорно кружат по танцполу, и светская беседа за нашим столиком уже не клеится. Это все пробки, объясняет Карл, выглядывая из-за громадного Ильи. Это все нынешнее процветание. Теперь у всех автомобили, и вечером в Петербурге такие пробки — просто безобразие.

Проходит еще час.

Потому что четверг, объясняет Карл. По четвергам питерские тусовщики сначала идут на вечеринку, а потом уже в ночной клуб. Я ему не верю, и Пуся, кажется, тоже — мы с ним беспокойно переглядываемся. В моей голове проигрываются сценарии развития событий — один хуже другого, и в Пусиной, видимо, тоже. Может, питерским тусовщикам известно что-то, неизвестное нам? Может, Карл поссорился с конкурентом, и мы здесь дожидаемся, пока нас взорвут или пулями изрешетят? Или — тут возникает призрак ручной гранаты, висящей на медном крючке, — нас уже взяли в заложники, и Илья не просто так бубнит в телефон, а ведет переговоры?

Приложив палец к губам, Пуся направляется в туалет, а затем резко меняет курс и исчезает в темноте. Через пару минут возвращается, улыбаясь благодушнее, чем обычно. Наш хозяин Карл решил сэкономить, да только зря, тихонько объясняет мне Пуся под грохот музыки. Охранники с гранатами на поясах — чеченцы. А в петербургском обществе охранники-чеченцы — это перебор. В Петербурге, говорит Пуся, ни один хоть сколько-нибудь важный человек не покажется в клубе, который охраняют чеченцы.

■

А что же Дима? Прошел еще год, но потом (редкое явление в те времена) московская милиция все же привлекла его к ответственности — может, по приказу одного из Диминых конкурентов, а может (если он не платил налоги), и Кремля. Последнее, что слышали о Диме — он сидит в тюрьме и пытается объяснить, как в подвале его дома оказались два других бизнесмена, полумертвые и прикованные цепями к стене. В романе "Такой же предатель, как и мы" я изобразил Диму, но этот персонаж стал лишь тезкой настоящего. Мой герой — матерый бандит, который, в отличие от своего прототипа, мог бы и впрямь ни с того ни с сего отстегнуть денег на школу, больницу или музей.

ГЛАВА 19
Кровь и сокровища

В последние годы, пусть это и ребячество, наотрез отказываюсь читать, что обо мне пишут в прессе — и плохое, и хорошее, и всякое-разное. Но какая-нибудь новость нет-нет да и просочится через мою систему защиты, как случилось однажды утром, осенью 1991-го, когда я открыл "Таймс" и обнаружил на развороте собственное недовольное лицо. По кислому выражению этого лица я сразу понял: в тексте вокруг него ничего хорошего обо мне не сказано. Фоторедакторы свое дело знают. В бедствующем варшавском театре, прочел я, дабы отпраздновать конец коммунистической эпохи и ознаменованное им освобождение, решили поставить "Шпиона, пришедшего с холода". Но ненасытный Ле Карре (см. фотографию) потребовал непомерную плату — 150 фунтов за каждый спектакль: "Видимо, такова цена освобождения".

Я вновь посмотрел на фотографию и подумал: именно такое лицо должно быть у субъекта, который только тем и занимается, что грабит бедствующие польские театры. Одышка у него. И наклонности явно дурные. Взгляните только на эти брови. Завтракал я уже без удовольствия.

Успокойся и позвони своему агенту. Первое мне не удалось, со вторым я справился. Моего литературного агента зовут Райнер. Дрожащим, как пишут в романах, голосом, я читаю ему статью. Он случайно, деликатно намекаю я — может быть, только на этот раз, есть ли такая вероятность? — в данной ситуации не переусердствовал, совсем чуть-чуть, заботясь о моих интересах?

Райнер категоричен. Совсем наоборот. С поляками он был просто душкой, они ведь еще только начали приходить в себя после того, как рухнул коммунизм. И в доказательство зачитывает мне, о чем договорился с польским театром. Мы вовсе не 150 фунтов берем за спектакль, уверяет Райнер, а каких-то 26 — стандартную минимальную ставку, или я забыл? Вообще-то да, забыл. Вдобавок права мы им отдали бесплатно. Словом, мы предложили им самые выгодные условия, Дэвид, можно сказать, в трудную минуту сознательно протянули польскому театру руку помощи. Прекрасно, говорю, — я сбит с толку, внутри уже все кипит.

Успокойся и отправь факс главному редактору “Таймс”. С тех пор я больше узнал о жизни и литературном творчестве этого человека и весьма им восхищаюсь, но в 1991-м не был вполне осведомлен о его достоинствах. Ответ главного редактора звучит вовсе не утешительно. Он звучит высокомерно. И если уж без обиняков, то просто возмутительно. Редактор говорит, что большого вреда в этой статье не видит. В конце концов, человеку в таком благоприятном положении, как я, следует спокойно относиться к подобным неприятностям. Однако я не готов последовать его совету. Так к кому мне обратиться?

К владельцу газеты, ясное дело, — к Руперту Мёрдоку, моему старому приятелю!

■

Ну не совсем приятелю. Я, конечно, пару раз встречался с Мёрдоком в обществе, но сомневаюсь, что он об этом помнит. Сначала в ресторане “Булестен” в начале семидесятых — мы обедали там с прежним моим литературным агентом, и тут появился Мёрдок. Мой агент нас представил, и Мёрдок решил выпить за компанию стаканчик сухого мартини. Мы были ровесниками. Война не на жизнь, а на смерть между Мёрдоком и профсоюзами печатников Флит-стрит тогда еще только разгоралась. Мы немного поговорили об этом, а потом я спросил Мёрдока как бы между прочим — может, во мне говорил мартини, — почему он нарушил традицию. В былые времена, пояснил я беспечно, бедные британцы отправлялись искать счастья в Австралию. А он, небедный австралиец, приехал искать свое в Британию. Что пошло не так? Я просто задал дурацкий вопрос, и обстановка этому благоприятствовала, но Мёрдок за него уцепился.

— А я *скажу* вам почему, — парировал он. — Потому что чурбан у вас *на этом вот месте*!

И резанул ребром ладони по горлу, показывая, откуда начинается чурбан.

В следующий раз мы встретились в гостях, в частном доме, и Мёрдок, помнится, не стесняясь в выражениях, излагал сидящим за столом свое негативное мнение о новой, постсоветской России. А на прощание сделал широкий жест — вручил мне визитку с телефоном, факсом и домашним адресом. Звоните в любое время, это номер телефона прямо на моем столе.

Успокойся и отправь факс Мёрдоку. Я выдвигаю три условия: во-первых, обстоятельные извинения, опубликованные в "Таймс" где-нибудь на видном месте; во-вторых, щедрое пожертвование бедствующему польскому театру, в-третьих — может, это все еще говорил мартини? — обед. Ответ от Мёрдока пришел на следующее утро, он лежал на полу рядом с моим факсом:

"Согласен на ваши условия. Руперт".

■

В те времена в "Савой-гриль" был верхний этаж — для больших шишек, обставленный красными плюшевыми штуковинами в форме подковы: в иные, более яркие дни богатые джентльмены, наверное, развлекали здесь своих дам. Я шепнул имя Мёрдока метрдотелю, и мне указали на отдельный кабинет. Я пришел рано. Мёрдок — точно в назначенный час.

Он оказался ниже ростом, чем мне запомнилось, зато стал задиристей и научился ходить стремительно, переваливаясь с ноги на ногу и слегка подбрасывая таз, — такой походкой перед камерами приближаются друг к другу, протягивая руки, важные персоны. И наклон головы относительно тела стал заметнее, а когда Мёрдок щурит глаза, лучезарно мне улыбаясь, возникает странное ощущение, будто он в меня целится.

Мы садимся друг напротив друга. Я замечаю — да и как не заметить? — что пальцы его левой руки унизаны кольцами, и это действует на нервы. Мы делаем заказ, обмениваемся общими фразами. Руперт сожалеет, что обо мне такое написали. Британцы, говорит он, великие писатели, но не всегда все правильно понимают. Я отвечаю: ничего страшного, и спасибо, что вы охотно пошли мне навстречу. Но хватит пустой болтовни. Мёрдок смотрит не меня в упор, лучезарной улыбки как не бывало.

— Кто убил Боба Максвелла? — настойчиво спрашивает он.

Счастливчикам, успевшим его забыть, напомню, что Роберт Максвелл был медиамагнатом чешского происхождения, британским парламентарием и, как полагают, шпионил для разведок разных стран, в том числе Израиля, Советского Союза и Великобритании. В молодости Максвелл, борец за свободу из Чехии, принимал участие в высадке союзников в Нормандии, а затем заслужил звание офицера британской армии и награду за отвагу. После войны работал на Министерство иностранных дел Великобритании в Берлине. Максвелл к тому же был весьма экстравагантным лжецом и пройдохой, и его гигантские размеры соответствовали его аппетитам: он украл из пенсионного фонда своих же компаний около 440 миллионов фунтов, задолжал примерно 4 миллиарда фунтов, которые, конечно, никак не мог вернуть, и наконец, в ноябре 1991-го его нашли мертвым у берегов Тенерифе — очевидно, Максвелл упал за борт собственной роскошной яхты, названной именем его дочери.

Конспирологических версий множество. Одни не сомневаются, что человек, запутавшийся в собственных преступлениях, совершил самоубийство; другие — что Максвелла отправила на тот свет одна из разведслужб, на которые предположительно он работал. Но какая именно? Почему Мёрдок вообразил, что я знаю обо всем этом больше других, мне непонятно, но я уж постараюсь ему угодить. Что ж, Руперт, если вы уверены, что это не самоубийство, тогда, как по мне, так это, вероятнее всего, дело рук израильтян.

— Почему?

Я же читал, какие ходят слухи, как и мы все. И теперь бездумно их пересказываю: Максвелл долго работал на израильскую разведку, а потом стал шантажировать бывших заказчиков; Максвелл торговал с “Сияющим путем” в Перу — предлагал израильское оружие в обмен на стратегически важный кобальт; Максвелл угрожал оглаской, если израильтяне не заплатят.

Но Руперт Мёрдок уже вскочил, жмет мне руку и говорит, что рад был снова повидаться. Может, Мёрдок смущен, как и я, а может, наша беседа просто ему наскучила, потому что он уже энергично движется к выходу, а счетов большие люди не подписывают — оставляют своим помощникам. Продолжительность обеда — примерно 25 минут.

Но теперь я жалею, что этот обед не состоялся месяца на два позже, потому что к тому времени я бы мог предложить Мёрдоку гораздо более интересную версию относительно причины смерти Боба Максвелла.

■

Я в Лондоне, пишу о новой России и хочу познакомиться с кем-нибудь из западных дельцов, решивших поучаствовать в русской золотой лихорадке. Один человек сказал, что мне нужен Барри, и этот человек оказался прав. Рано или поздно Барри отыщется, и, когда найдешь его, пристань к нему как банный лист и не отставай. Друг *A* знакомит тебя со своим другом *B*. Друг *B* сожалеет, что ничем не может помочь, но его друг *C*, пожалуй, сможет. *C* тоже не может, но *D* сейчас как раз в городе, так позвоните старине *D* и скажите, что вы от *C*, — вот вам его номер. И тебя нежданно-негаданно сводят с нужным человеком.

Барри натуральный истэндец, преуспевший в Вест-Энде: неопределенного социального происхождения, умеет убедить, книги читает только по необходимости, но с писателем познакомиться рад, известен тем, что сколотил состояние быстро и без труда, и возможность сорвать хороший куш в распадающемся Советском Союзе рассматривает отнюдь не теоретически. Все это вполне объясняет, говорит мне Барри, почему однажды ему позвонил Боб Максвелл и сказал, очень по-максвелловски: тащи, мол, свой зад ко мне в офис *сейчас же* и расскажи, как в России разбогатеть за неделю, иначе я окажусь по уши в дерьме.

И, да, по счастью, Барри сегодня свободен и может со мной пообедать, кстати, Дэвид, это Джулия, отмени мои дневные встречи, дорогая, будь добра, потому что мы с Дэвидом ненадолго исчезнем, посидим тут недалеко, в “Сильвер-гриль”, и звякни Марте, скажи, что мы вдвоем и это тихое, уютное местечко.

Ты, главное, Дэвид, запомни, *в какое время* Боб Максвелл мне позвонил, настойчиво повторяет Барри — сначала в такси, потом за бифштексом, точно таким, как Барри любит. В июле 1991-го, то есть тело его всплывет в море через четыре месяца. Запомнил? Если нет, то не поймешь, в чем суть. Хорошо. Тогда рассказываю.

■

— Михаил Горбачев — *мой* человек, — заявляет Роберт, как только они с Барри остаются наедине в роскошном офисе Максвелла в пентхаусе. — И я хочу, Барри, чтоб ты взял мою яхту, — он имеет в виду “Леди Гислен”, за борт которой позже упадет и погибнет, если, конечно, не погиб до этого, — покатался на ней, а потом вернулся ко мне с *проектом*. Даю тебе максимум три дня. А теперь пошел вон.

Само собой, Барри тоже причитается кругленькая сумма, иначе он бы там не сидел, верно? Вознаграждение авансом за его идеи, а потом, когда дело будет сделано, — комиссионные. От яхты Барри отказывается, не любит он яхты, а вместо этого отправляется в одно местечко за городом, в глуши, где любит иногда, как говорится, голову включить, и через 24 часа — а не три дня, о которых толковал Боб, — Барри возвращается в его кабинет в пентхаусе с *проектом*. А вообще-то, Дэвид, даже с тремя. И все три — верняк, все гарантированно принесут хорошую прибыль, хотя не факт, что все одинаково быстро.

Первое, Боб, и самое очевидное, говорит ему Барри, это нефть. Если Горби удастся потихоньку передать тебе в концессию одно из кавказских месторождений, а их скоро будут предлагать, ты сможешь продать его кому-нибудь из нефтяных воротил — кто больше предложит, или сдавать скважины в аренду и получать роялти. Так и так сорвешь огромный куш, Боб…

— А какие тут минусы? — перебивает Максвелл. — Есть тут, мать их, минусы?

Главный минус, Боб, — время, ты ведь сказал, это серьезная проблема. А нефтяную сделку такого масштаба не провернешь за один день, даже если в Кремле сидит твой человек и жмет на рычаги, поэтому что-нибудь продать ты сможешь только…

К черту, неинтересно. Дальше?

А дальше, Боб, металлолом. И я не о том говорю, чтобы ходить с тележкой по Кейбл-стрит и кричать под окнами, не найдется ли у кого старого утюга. Я говорю о самом высококачественном металле в мире, который русские как ненормальные штамповали тоннами во времена командно-административной экономики, о целых полях ржавых танков и прочей боевой техники, о разрушенных заводах, вышедших из строя электростанциях и прочем хламе, оставшемся от пятилетних планов, семилетних планов и отсутствия каких-либо планов. Но мировой рынок, Боб, только и ждет, когда кто-нибудь вроде тебя придет и возьмет этот бесценный металлолом. И никому в России он не нужен, а тебе нужен. Ты окажешь русским услугу, уберешь все это барахло. Наш друг из Кремля напишет тебе письмецо, поблагодарит за труды, я сделаю пару звонков своим знакомым, которые металлом занимаются, и ты будешь в полном порядке.

Но?

Минусы, Боб? Затраты, ведь это все надо собрать. К тому же в столь сложный момент своей жизни ты окажешься на виду, к тебе, скажем так, будет приковано внимание всего мира. И ведь рано или поздно кто-то заинтересуется, чего это Боб Максвелл занимается уборкой, а не какой-нибудь хороший русский человек.

И тогда Максвелл раздраженно спрашивает Барри: а третий проект? И Барри отвечает: а третий, Боб, — это кровь.

■

— Кровь, Боб, — говорит Барри Роберту Максвеллу, — очень ценный *товар* на любом рынке. Но *русская* кровь, если ее правильно собрать и продать, это просто золотое дно. Русский гражданин — патриот. Когда он слышит по радио, или по телевизору, или читает в своей русской газете, что случилась какая-нибудь национальная трагедия — небольшая война, или крушение поезда, или самолета, или землетрясение, или взорвался газ, или бомба на рыночной площади, которую подложили террористы, — этот русский гражданин не сидит на месте, а идет прямо в ближайшую больницу и сдает кровь. *Сдает*, Боб. Бесплатно. Потому что он сознательный гражданин. Миллионы литров крови. Русские выстраиваются в очередь и терпеливо ждут, они ведь к этому привыкли, и сдают кровь бесплатно. Они поступают так по доброте своей русской души. Бесплатно.

Барри делает паузу — вдруг у меня появились вопросы? — и ест свой бифштекс, но вопросов у меня нет, может, потому что я содрогнулся, вдруг вообразив, будто он уже не Роберту Максвеллу свою идею продает, а мне.

— Итак, если запасы русской крови не ограничены и отдают ее бесплатно, тогда что еще тебе нужно? — продолжает Барри и переходит к логистике. — Это Россия, поэтому, скорее всего, придется повозиться с организацией. Служба переливания крови работает, то есть кровь в общем-то уже собирают, но ты должен ускорить процесс. Дальше — наладить сбыт. Холодильники для крови есть в каждом крупном городе, но нужно увеличить их количество. Сделать холодильники больше, лучше, закупить новые. Кто финансирует твою операцию? Советское государство, вернее, то, что от него осталось. Советское государство по доброте душевной улучшает, модернизирует службу переливания крови по всей стране, ведь давно пора, и Горби сам себя за это гладит по головке. Советская казна финансирует операцию *централизованно*: направляет деньги в республики, а республики взамен посылают оговоренную долю всей собранной крови в *центральное* хранилище в Москве, где-нибудь рядом с аэропортом. Для чего официально используется кровь из центрального хранилища в Москве? Для помощи пострадавшим в неких катастрофах общесоюзного масштаба. А для чего используешь ее ты? У тебя есть парочка 747-х “Боингов” с холодильниками, которые курсируют между Шереметьево и аэропортом Кеннеди. Необязательно их покупать. Можно арендовать через меня. Словом, кровь едет в Нью-Йорк, лаборанты проверяют ее на ВИЧ прямо по пути — я знаю подходящих ребят. Ты вообще представляешь, сколько на мировом рынке стоит литр кавказской крови, проверенной на СПИД? Так я тебе скажу…

А минусы, Барри? Спрашиваю на это раз я, не Максвелл, но Барри уже качает головой.

— Минусов Дэвид, не было. Этот бизнес с кровью шел бы как по маслу. И я очень удивлюсь, если в эту самую минуту он не идет как по маслу у кого-то другого.

Так почему не у Боба?

Дело во времени, Дэвид, ты же понимаешь.

Барри вновь говорит о времени, которое — об этом он предупреждал в начале рассказа — имеет первостепенное значение.

— Лето 1991-го, помнишь? Горби цепляется за власть из последних сил. КПСС трещит по швам, Ельцин того и гляди возьмет его за задницу. Наступает осень, республики требуют независимости и даже не думают посылать кровь в Москву. Скорее думают, может, Москва сама им пошлет хоть что-нибудь — для разнообразия.

— А твой друг Боб? — спрашиваю.

— Боб Максвелл ведь не слепой был и не дурак, Дэвид. Он понял, что песенка Горби спета, а значит, с кровью ничего не выйдет — последний шанс упущен. Если б Боб продержался еще месяцок, то увидел бы, как Советский Союз ушел на дно, а вместе со своим кораблем утонул и Горби. Боб понял, что игра окончена, и решил тут не задерживаться.

Идею Барри насчет торговли русской кровью я использовал в романе, написанном впоследствии, но она прозвучала менее эффектно, чем мне думалось, — может, потому что в моем романе никто себя из-за этой крови не убивал.

■

А вот эпилог нашего двадцатипятиминутного свидания с Рупертом Мёрдоком в “Савой-гриль”. Бывший помощник Мёрдока в заметках о выступлении своего экс-работодателя перед британским парламентским комитетом (Мёрдок объяснялся по поводу одной из принадлежащих ему газет, уличенной в незаконной прослушке телефонных разговоров) упомянул, что советники Руперта убеждали его: не стоит, мол, заявлять аудитории, сглатывая ком в горле, “сегодня я несчастен как никогда”, демонстрируя набор золотых колец на левой руке.

ГЛАВА 20
Самые крупные медведи в садке

Я познакомился с двумя бывшими главами КГБ, и оба мне понравились. Последним, кто занимал эту должность перед тем, как КГБ дали новое название, оставив за ним, однако, старые позиции, был Вадим Бакатин. Как сказал один мудрый человек, разведка похожа на электропроводку: новый владелец въезжает в дом, щелкает выключателем и загорается все та же старая лампа.

1993 год. Вадим Бакатин, глава упраздненного КГБ в отставке, в своем блокнотике рисует сломанные стрелы. У них безукоризненное оперение и тонкие древки. Но посередине они ломаются под прямым углом и превращаются в этакие стрелы-бумеранги, их наконечники нацелены в разные стороны, и все за край бумаги. Мы в офисе моего русского издателя, в конференц-зале, и Бакатин рисует стрелы, сидя за длинным столом по стойке смирно: мощная, как у центуриона, спина выгнута, голова втянута в плечи и неподвижна, будто он на торжественном смотре. На англоязычной стороне плохо напечатанной визитки Бакатина читаю: “Фонд «Реформа». Международный фонд экономических и социальных реформ”.

Бакатин крупный, рыжеватый мужчина нордического типа, у него печальная улыбка и рябые умелые руки. Он родился и вырос в Новосибирске*, по образованию инженер, был начальником в строительной сфере, членом ЦК КПСС, министром внутренних дел. А потом, в 1991-м, Михаил Горбачев, так сказать, поднес ему отравленную чашу: попросил возглавить КГБ и навести там порядок — Бакатин удивился и не сказать чтобы очень обрадовался. Слушая его сейчас, я прекрасно понимаю, что побудило Горбачева предложить ему такую должность: Бакатин явно человек порядочный, порядочность эта глубока, непоколебима, о ней свидетельствуют неловкие паузы: Бакатин тщательно обдумывает вопрос, прежде чем дать тщательно обдуманный ответ.

— Мои предложения в КГБ не одобрили, — замечает он, рисуя новую стрелу. И добавляет: — Непростая у меня была задача, — словно только сейчас это понял.

Бакатин имеет в виду: непростая задача — однажды летним утром ворваться в штаб-квартиру КГБ на площади Дзержинского, одним махом выбить оттуда авторитарный дух и предъявить новую, оздоровленную и социально ответственную спецслужбу, адекватную перестроенной, демократической России, о которой мечтал Горбачев. Бакатин с самого начала знал, что дело это нелегкое. Но насколько *много* он знал, остается только догадываться. Был ли он осведомлен, что КГБ — хорошо организованная клептократия и кагэбэшники уже присвоили немалую сумму из национальных золотовалютных запасов и припрятали ее за границей? Что главари комитета в сговоре с отечественными преступными синдикатами? Что многие сотрудники КГБ — сталинисты старой закалки и Горбачева считают великим разрушителем?

Знал обо всем этом Бакатин или не знал, неизвестно, однако совершенный им акт *гласности* вошел в анналы мировых спецслужб и до сих пор остается беспрецедентным. Уже через несколько недель после вступления в должность Бакатин передал Роберту Страуссу, послу США в СССР, схему размещения

* Вадим Бакатин родился в г. Киселевске Кемеровской области, а университет действительно окончил в Новосибирске.

(и руководство по эксплуатации) подслушивающих устройств, которые команда аудиотехников из КГБ замуровала в теле нового здания, куда предстояло переехать американскому посольству. Страусс назвал поступок Бакатина "бескорыстным жестом доброй воли и знаком стремления к сотрудничеству". А московские остряки говорили, что после того, как американцы отыскали и извлекли все установленные КГБ жучки, здание чуть не рухнуло.

— С этими технарями никогда не знаешь наверняка, — честно признается Бакатин. — Я сказал Страуссу: мол, выведал у них все что мог.

Сделав столь смелый шаг к открытости, Бакатин, конечно, навлек на себя гнев подчиненных, всех до единого. Громко зазвучали слова "государственная измена", должность Бакатина была упразднена, а КГБ по указанию Бориса Ельцина разбит на отделы и разделен между другими ведомствами, но лишь затем, чтобы в скором времени возродиться, получив новое имя и укрепив свое влияние, под началом Владимира Путина — верного сына того самого, ушедшего в прошлое КГБ.

Вернувшись к сломанным стрелам, Вадим Бакатин рассуждает о шпионаже. Те, кто предпочитает таким способом зарабатывать на хлеб, говорит он, маньяки, оторванные от нормальной жизни. Он сам пришел в разведку новичком и таким же ушел из нее.

— Вы знаете об этом куда больше, чем я, — вдруг добавляет Бакатин и поднимает на меня глаза.

— Нет, это не так, — возражаю я. — Я тоже новичок. Работал в разведке, когда был молодым, ушел тридцать лет назад. И с тех пор зарабатываю своей головой.

Он рисует стрелу.

— Так значит, это игра, — говорит.

Он считает, что *для меня* это игра? Или что шпионаж вообще игра? Бакатин качает головой, давая понять, что в любом случае это не имеет значения. Внезапно он начинает озадачивать меня вопросами, в которых звучит отчаяние человека, лишившегося своих убеждений. Куда идет мир? Куда идет Россия? Где золотая середина, гуманная золотая середина между крайностями — капитализмом и социализмом? Я социалист, говорит Бакатин. Вырос социалистом:

— Меня с детства приучили верить, что социализм — единственно верный путь для человечества. Да, все пошло не так. Власть попала не в те руки, партия сбилась с пути. Но я по-прежнему верю, что мы представляли собой некую нравственную силу и для мира это было благом. А теперь кто мы такие? И где нравственная сила?

■

Трудно, наверное, найти менее схожих людей: вдумчивый Бакатин, инженер из Новосибирска, крепкий партиец, и Евгений Примаков, выросший в Грузии, на четверть еврей (мать его была врачом, отца репрессировали), ученый, арабист, государственный деятель, академик и — раз уж он полвека прослужил системе, как известно, неласковой с теми, кто ей перечит, — специалист по выживанию.

В отличие от Бакатина Евгений Примаков был прекрасно подготовлен к тому, чтобы принять на себя руководство КГБ или другой влиятельной спецслужбой. В молодости Примаков, советский полевой агент под кодовым именем Максим, шпионил на Ближнем Востоке и в Соединенных Штатах, сначала в качестве корреспондента Гостелерадио, потом журналиста "Правды". Но даже работая в поле, он продолжал подниматься по служебной лестнице советской системы — и научной, и политической. Уже и советской системы не стало, а Примаков все шел наверх, поэтому никто не удивился, когда после пяти лет работы на посту директора Службы внешней разведки он был назначен министром иностранных дел — и в этом качестве однажды прибыл в Лондон обсудить с Малькольмом Рифкиндом, британским министром иностранных дел, вопросы, связанные с НАТО.

И вечером того самого дня нас с женой внезапно пригласили отужинать с Примаковым и его женой в русское посольство на Кенсингтон-Пэлес-Гарденз. Утром моему литературному агенту позвонил запыхавшийся сотрудник личной канцелярии Рифкинда: министру иностранных дел необходима моя книга с дарственной надписью, он хочет подарить ее своему русскому коллеге Евгению Примакову.

— Конкретная книга или любая? — интересуется мой агент.

"Команда Смайли". И как можно быстрее.

Я не храню свои книги дома пачками, но приличный экземпляр "Команды Смайли" в твердом переплете все же отыскал. Присылать курьера канцелярия Рифкинда не собиралась — видимо, чтобы не причинить ущерба национальной экономике, — поэтому мы вызвали его сами, упаковали книгу, адресовали посылку в Министерство иностранных дел и отправили.

Через пару часов из личной канцелярии снова позвонили. Книги до сих пор нет, бога ради, что случилось? Жена отчаянно названивает в курьерскую службу. Интересующая вас посылка доставлена в Министерство иностранных дел в такое-то время, расписка в получении имеется. Мы передаем эту информацию в личную канцелярию. Ах боже ты мой, видно, проклятые безопасники ее задержали, мы проверим. Наконец книга, которую, вероятно, долго трясли, обнюхивали и просвечивали рентгеном, была вырвана из когтей проклятых безопасников, и Рифкинд, наверное, добавил к моей дарственной надписи свою — пару строк для коллеги, как министр министру. В точности мы этого никогда не узнаем, потому что больше ни я, ни мой агент от Рифкинда или из его канцелярии вестей не получали.

■

Пора наряжаться и вызывать черный кэб. Моя жена потратилась на белые орхидеи в горшочке — для хозяйки, жены русского посла. Я собрал пакет книг и видеокассет — для Примакова.

Наш кэб останавливается у русского посольства. Свет нигде не горит. Я помешан на пунктуальности, поэтому приехали мы на четверть часа раньше назначенного. Но вечер такой мягкий, а красный автомобиль дипломатической полиции стоит у тротуара, совсем рядом.

Добрый вечер, офицеры.

И вам добрый вечер, сэр, мадам.

У нас небольшая проблема, офицеры. Мы ужинаем в русском посольстве, но пришли рановато, а это наши подарки хозяевам. Нельзя ли оставить их под вашим присмотром, пока мы прогуляемся по Кенсингтон-Пэлес-Гарденз?

Конечно, можно, сэр, только, боюсь, не в машине. Поставьте на тротуар вот здесь, а мы за ними приглядим.

Мы ставим пакеты на тротуар, гуляем, возвращаемся, забираем пакеты, которые пока что не взорвались. Поднимаемся по ступеням ко входу. Внезапно вспыхивает свет, открывается парадная дверь. Дюжие парни в костюмах подозрительно смотрят на наши пакеты. Один из них протягивает руку к орхидеям, другой шарит в моей сумке. Затем нам кивают в сторону роскошной гостиной. Она пуста. А я не могу отделаться от неуместных воспоминаний. Я уже приходил сюда — в ту пору, когда был молодым и честолюбивым британским разведчиком двадцати с чем-то лет, — посещал несколько раз вечера англо-советской дружбы, просто кошмарные, пока однажды чересчур дружелюбные вербовщики из КГБ не увели меня потихоньку наверх, где я в десятый уже раз посмотрел "Броненосец «Потемкин»" Эйзенштейна и подвергся очередному вежливому допросу насчет моей жизни, происхождения, подружек, политических предпочтений и устремлений — и все это в напрасной надежде, что мне, может быть, передадут советские разведданные, я обрету желанный статус двойного агента и буду у начальства на особом счету. Но ничего такого не случилось, и этому не стоит удивляться, учитывая, что советская разведка к тому времени уже глубоко внедрилась в наши спецслужбы. Или меня и вовсе чутье обмануло, чему я бы тоже не удивился.

В те дни в углу этого великолепного зала был маленький бар. Всем товарищам, достаточно крепким, чтобы пробиться через толпу, там наливали теплого белого вина. Бар по-прежнему на месте, и сегодня вечером за стойкой бабушка лет семидесяти.

— Вы хотеть выпить?

— Очень.

— Что вы хотеть выпить?

— Скотч, пожалуйста. Два.

— Виски?

— Да, виски.

— Вы сказали два. Для нее тоже?

— Да, пожалуйста. С содовой, без льда.

Но едва мы успеваем сделать по глотку, как двустворчатые двери распахиваются и входит Примаков в сопровождении своей жены и жены русского посла, затем сам посол и отряд загорелых могучих мужчин в легких костюмах. Остановившись перед нами, Примаков расплывается в комичной улыбке и с укором показывает пальцем на мой стакан.

— Что вы пьете?

— Скотч.

— Сейчас вы в России. Пейте водку.

Мы возвращаем недопитый скотч бабушке, присоединяемся к отряду и со скоростью легкой пехоты движемся в элегантную дореволюционную столовую. Длинный стол уставлен свечами. Я сажусь, как велено, напротив Примакова, мы в метре друг от друга. Моя жена сидит с этой же стороны стола через двух человек от меня и выглядит гораздо спокойнее, чем чувствую себя я. Широкоплечие официанты наливают водку в рюмки, до краев. Примаков, подозреваю, уже немного принял. Ему очень весело, глаза блестят. Жена Примакова сидит рядом с ним. Она красивая блондинка, по профессии врач, и от нее веет материнским теплом. По другую руку Примакова сидит переводчик, но Примаков предпочитает говорить по-английски сам, изъясняется решительно и за подсказкой обращается только иногда.

Мне уже объяснили, что могучие мужчины в легких костюмах — русские послы из стран Ближнего Востока, их вызвали в Лондон на конференцию. Кроме нас с женой, за столом одни русские.

— Вы будете называть меня Евгений, а я вас — Дэвид, — сообщает мне Примаков.

Приступаем к ужину. Когда Примаков говорит, остальные молчат. Он заговаривает внезапно, прежде долго думает, а с переводчиком консультируется, только когда не может подобрать слова. Как большинство русских интеллигентов, которых я встречал, он не тратит времени на светскую болтовню. Сегодня вечером он будет говорить по порядку о Саддаме Хусейне, президенте Джордже Буше-старшем, премьер-министре Маргарет Тэтчер и своих безуспешных попытках предотвратить войну в Персидском заливе. Примаков искусный собеседник, живой, эмоциональный и к тому же весьма обаятельный. Не так-то просто отвести от него взгляд. Время от времени он прерывает рассказ, широко мне улыбается, поднимает рюмку и предлагает тост. Я тоже поднимаю рюмку, широко улыбаюсь и что-нибудь отвечаю. Похоже, каждого гостя обслуживает персональный официант с персональной бутылкой водки. Меня уж точно. Один друг-англичанин перед первой поездкой в Россию наставлял меня: если уж ввязался в водочный марафон, пей только водку и ни за что на свете не прикасайся к крымскому зекту (шампанскому) — это смерти подобно. Никогда еще я не был так признателен ему за советы.

— Слышали про "Бурю в пустыне", Дэвид? — спрашивает Примаков.

Да, Евгений, слышал.

— Саддам, он быть другом мне. Понимаете, что я имею в виду, говоря "друг", Дэвид?

Да, Евгений, думаю, я понимаю, что вы имеете в виду, говоря "друг" в данном контексте.

— Саддам, он звонит мне... — дальше громко, с возмущением: — "Евгений. Спаси мое лицо. Выведи меня из *Кувейта*".

Примаков дает мне время осознать важность этой просьбы. И постепенно я осознаю. Примаков хочет сказать, что Саддам Хусейн просил его убедить Джорджа Буша-старшего, чтоб тот позволил Хусейну вывести свои силы из Кувейта, уйти достойно — спасти лицо, — и в этом случае воевать Соединенным Штатам и Ираку было бы незачем.

— Я еду к *Бушу*, — продолжает Примаков, со злостью делая ударение на имени. — Этот человек…

Напряженная дискуссия с переводчиком. Возможно, на языке Примакова уже вертелось крепкое словцо в адрес Джорджа Буша-старшего, но он сдержался.

— Этот Буш *не готов сотрудничать*, — наконец неохотно заявляет Примаков, и лицо его искажает гримаса гнева. — Поэтому я еду в *Англию*, — продолжает он. — В *Британию*. К вашей *Тэтчер*. Еду в… — Примаков вновь бурно совещается с переводчиком, и на этот мне удается расслышать слово "дача" — чуть ли не единственное, что я знаю по-русски.

— Чекерс, — подсказывает переводчик.

— Еду в Чекерс, — он вскидывает руку, повелевая всем молчать, но за столом и так мертвая тишина. — И *целый час* эта женщина *читает мне нотации*. Да они *хотят* войны!

■

Когда мы с женой спускаемся по ступеням русского посольства и снова попадаем в Англию, уже за полночь. Спросил меня Примаков хоть раз за весь вечер о личном, о политике? Говорили мы о литературе, о шпионах, о жизни? Если и говорили, я этого не помню. Помню только, что он, кажется, хотел, чтобы я понял его разочарование; чтобы я знал: он как миротворец и разумный человек сделал все возможное и невозможное, чтобы остановить войну, а усилия его пошли прахом из-за ослиного упрямства (так Примаков его расценивал) двух западных лидеров.

У этой истории есть ироничный эпилог, о котором я узнал совсем недавно. Проходит десять лет. У власти уже Буш-младший, вновь возникает угроза вторжения в Ирак, и Примаков летит в Багдад и призывает своего старого друга Саддама передать все оружие массового уничтожения, какое у него только может быть, на хранение ООН. На сей раз от Примакова отмахивается не Буш-младший, а Саддам — американцы, говорит он, не посмеют со мной так поступить: у нас слишком много общих секретов.

С того ужина я ни разу не видел Примакова и не разговаривал с ним. Мы не писали друг другу писем — ни обычных, ни электронных. Иногда он передавал мне приглашения через третьих лиц: скажите, мол, Дэвиду, если будет в Москве, то в любое время... и так далее. Но путинская Россия меня не привлекала, и Примакова я так и не навестил. А весной 2015-го получил известие, что он заболел и просит прислать ему еще моих книг. Каких именно книг, не уточнили, поэтому мы с женой собрали большую коробку книг в твердом переплете. Каждую я подписал, сделал дарственную надпись, и мы отправили коробку с курьером по указанному адресу, но русские таможенники вернули посылку обратно — оказывается, нельзя отправить столько книг сразу. Мы разбили книги на несколько партий, и после этого они, по-видимому, пересекли границу, хоть никакого ответа мы не получили.

И теперь уж не получим, потому что Евгений Примаков не смог их прочесть — он умер. Говорят, в своих мемуарах он благосклонно обо мне отзывается, и это очень приятно. Сейчас я пытаюсь их как-нибудь раздобыть. Но Россия есть Россия.

Как тот вечер видится мне теперь, издалека? Я уже давно заметил: когда случается порой сталкиваться лицом к лицу с людьми, облеченными властью, мое критическое мышление куда-то улетучивается, и мне хочется только сидеть, смотреть и слушать. Для Примакова я был диковинкой, а встреча со мной — короткой передышкой на один вечер, но еще (мне хочется в это верить) случаем побеседовать по душам с писателем, чьи произведения о чем-то ему напомнили.

Вадим Бакатин всего лишь согласился поговорить со мной по просьбе друга, но мне опять же хочется верить, что я дал ему возможность откровенно высказаться. Человек, находящийся в эпицентре событий (исходя из моего небогатого опыта общения с этой породой людей), плохо осознает происходящее вокруг него. Тот факт, что он сам является эпицентром, лишь усложняет дело. Мне пришлось попросить одного американца, собиравшегося в Москву, узнать у Примакова, какой персонаж моих произведений ему близок:

— Джордж Смайли, разумеется, что за вопрос!

■

Ольдржиха Черны, конечно, нельзя сравнить ни с Бакатиным, ни с Примаковым — признанными коммунистами своего времени. В 1993-м, через четыре года после падения Берлинской стены, Ольдржих Черны (а для друзей просто Ольда) возглавил чешскую службу внешней разведки — по просьбе своего старого друга и собрата-диссидента Вацлава Гавела он должен был сделать ее местом, пригодным для обитания шпионского сообщества западного типа. Разведкой Черны руководил пять лет и за это время установил тесные связи с МИ-6, в частности с Ричардом Диарлавом, который позже, при Тони Блэре, стал шефом британской разведки. Вскоре после того, как Черны оставил свой пост, я приехал к нему в Прагу, и мы провели вместе пару дней — сидели в маленькой квартирке Ольдржиха с ним и его давней подругой Еленой или шли в один из многочисленных погребков и пили скотч за выскобленным сосновым столом.

Черны, как и Вадим Бакатин, ровным счетом ничего не знал о работе разведки, пока ее не возглавил, поэтому-то Гавел, по его собственным словам, и выбрал Ольдржиха. А тот, приступив к своим обязанностям и увидев, куда попал, только диву давался:

— Эти ублюдки, похоже, не поняли, что холодная война на хрен кончилась! — воскликнул он хохоча.

Редкий иностранец умеет убедительно ругаться по-английски, но Черны был исключением. Ольдржих учился в Ньюкасле (получил стипендию во время Пражской весны) — там, наверное, и овладел этим искусством. Из Ньюкасла Черны вернулся в Чехию, снова оказавшуюся под пятой России, и днем переводил детские книжки, а по ночам писал анонимные диссидентские сочинения.

— Они за *немцами* шпионили! — он, кажется, до сих пор не мог в это поверить. — В тысяча девятьсот, суки, девяносто третьем! Они ходили по улицам с дубинками, высматривали священников и прочих антипартийных элементов, чтоб навалять им как следует! Я им говорил: "Слушайте, мы таким больше не занимаемся. У нас, мать вашу, *демократия*!"

Черны выражал свои эмоции бурно, как человек, наконец получивший свободу, и имел на то полное право. Он был антикоммунистом по натуре и по происхождению. В годы войны нацисты отправили отца Черны, бойца чешского Сопротивления, в Бухенвальд, а после коммунисты засадили его еще на двадцать лет за государственную измену. Черны рассказывал, что одно из первых его детских воспоминаний — как какие-то громилы привезли из тюрьмы гроб с телом отца и бросили на пороге их дома.

Неудивительно поэтому, что Черны, писатель, драматург и переводчик с ученой степенью по английской литературе, всю жизнь боролся против тирании государства и что его неоднократно возили на допросы в КГБ и чешскую разведку, которая, не сумев его завербовать, решила наказать.

Любопытная история: Черны, заявлявший, что просто не способен возглавить шпионов Чехии после ее отделения от Словакии, поскольку не имеет ни малейшей подготовки, тем не менее проработал начальником разведки пять лет и с почетом ушел в отставку, затем руководил правозащитной организацией, созданной его другом Гавелом, и наконец сам основал научно-исследовательский центр по проблемам безопасности, который существует уже пятнадцать лет и спустя три года после смерти Ольдржиха по-прежнему процветает.

■

Вскоре после смерти Черны я встретил в Лондоне, на частном обеде у чешского посла, Вацлава Гавела. Он выглядел усталым и очень больным, сидел в сторонке и почти ничего не говорил. Те, кто хорошо знал Гавела, понимали, что лучше его не трогать. Робея, я подошел к нему, заговорил о Черны. Сказал, что мы с ним когда-то хорошо провели время в Праге. Лицо Гавела вдруг просветлело.

— Повезло вам, — сказал он, а потом некоторое время молча улыбался.

ГЛАВА 21
Среди ингушей

Я слышал об Иссе Костоеве прежде, а те, кому меньше пятидесяти, может, и не слышали. Исса был офицером советской милиции, руководил отделом по особо важным преступлениям и в 1990-м искусно вытянул признание у серийного убийцы Андрея Чикатило, украинского инженера, на совести которого было 53 жертвы. Сейчас неутомимый и прямолинейный Костоев — член российского парламента и добивается большего уважения к народам Северного Кавказа и соблюдения их гражданских прав, особенно прав своих соотечественников-ингушей, ведь об их судьбе, считает Костоев, миру ничего не известно.

Исса едва родился, когда Сталин объявил всех чеченцев и ингушей преступниками, обвинив в пособничестве немецким захватчикам — разумеется, безосновательно. Целый ингушский народ, мать Иссы в том числе, депортировали в Казахстан, фактически в ссылку. Одно из самых ранних воспоминаний Иссы — как русские верховые конвоиры стегали его мать хлыстами за то, что она собирала зерна пшеницы. Ингуши, мрачно говорит Исса, ненавидят всех захватчиков одинаково. После смерти Сталина ингушам скрепя сердце позволили вернуться на родину, но оказалось, что их дома заняты — отданы осетинам, христианам-захватчикам из южных горных областей, бывшим приспешникам Сталина. Но больше всего Иссу возмущает расовая дискриминация — неприязненное отношение среднего русского человека к кавказцам.

— Я русский *ниггер*, — утверждает Костоев и со злостью дергает себя за восточный нос, потом за уши. — В Москве меня в любой момент могут арестовать только потому, что я *такой*!

Тут же, без всяких объяснений он использует другое сравнение — заявляет, что ингуши — российские палестинцы:

— Они выгнали нас из наших городов и деревень, а потом возненавидели за то, что мы выжили.

Костоев говорит: могу собрать ребят и отвезти вас в Ингушетию, почему бы и нет. Спонтанное приглашение, но, сразу ясно, от всего сердца. Вместе полюбуемся тамошними красотами, пообщаемся с ингушами, и вы сможете обо всем составить свое мнение. Голова у меня идет кругом, но я отвечаю, что почту за честь, что мне это доставит большое удовольствие, и мы уже жмем друг другу руки. На дворе 1993 год.

■

У каждого талантливого следователя свой подход, у каждого есть черта характера, которую он научился использовать как орудие убеждения. Одни убеждают мягко, они — само благоразумие, другие стараются запугать или вывести из равновесия, третьи — взять искренностью и обаянием. А большой, суровый и безутешный Исса Костоев с первой же минуты знакомства внушал желание чем-нибудь его порадовать. Казалось, что ни говори, что ни делай, невозможно развеять неизбывную грусть, сквозящую в доброй, постаревшей улыбке Костоева.

— А Чикатило? — спрашиваю я. — Как вы его раскрыли?

Тяжелые веки Костоева опускаются, он прикрывает глаза и еле слышно вздыхает.

— Мне помогло его зловонное дыхание, — говорит Костоев и после глубокой затяжки добавляет: — Чикатило съедал гениталии своих жертв. Со временем это сказалось на его пищеварении.

Трещит рация. Мы сидим, наклонившись друг к другу, в комнате на верхнем этаже обветшалого московского здания — здесь все время сумрак, потому что занавески задернуты. Стук в дверь, входят вооруженные мужчины, обмениваются с Костоевым парой слов, уходят. Милиция? Или ингушские патриоты? Где мы — в офисе или на конспиративной квартире? Исса прав: я и в самом деле среди изгнанников. Строгая девушка, которую мне представили коротко: "прокурор", похожа на женщин-бойцов из отрядов Салаха Тамари в Сайде или Бейруте. Скрипучий ксерокс, древняя пишущая машинка, недоеденные бутерброды, переполненные пепельницы и банки с теплой кока-колой — непременные атрибуты зыбкого быта палестинских повстанцев. Как и огромный пистолет, что Костоев носит сзади за ремнем, уперев дулом в крестец, а иногда, для удобства, впереди — дулом в пах.

Ингуши привлекли меня отчасти потому, что на Западе (прав был Костоев) о них, похоже, и впрямь никто не слышал, мой литературный агент в США даже спросил, не выдумал ли я этих ингушей. Но главным образом они привлекли меня по другой причине: путешествуя, я заинтересовался судьбами зависимых народов после окончания холодной войны. Этот самый интерес привел меня в Кению, потом в Конго, Гонконг, Панаму. В начале девяностых будущее мусульманских республик Северного Кавказа все еще было под вопросом. Холодная война закончилась, а сохраняются ли "сферы интересов"? Россия освободилась от оков большевизма, а ее южные колонии, возможно, теперь желают освободиться от России? И если так, возобновится ли извечная война между ними и русским медведем?

Краткий ответ на этот вопрос нам всем уже известен: да, еще как возобновится и повлечет за собой страшные потери. Однако в то время, когда состоялся наш с Костоевым разговор, восточные республики требовали независимости во весь голос, и никто, кажется, не мог предвидеть — а если кто и мог, то не придал этому значения, — что попытка их усмирить обойдется дорого: миллионы умеренных мусульман станут радикалами.

Я хотел написать роман о чеченцах, но после знакомства с Костоевым предпочел обратиться к истории их соседей-ингушей — народа, которому пришлось уйти из своей маленькой страны, и ее отдали другим. Возвратившись в Корнуолл, я стал готовиться к обещанной поездке. Подал документы на визу, с помощью Костоева получил ее. В предвкушении путешествия отправился в спортивный магазин в Пензансе, купил рюкзак и даже, как ни странно, сумочку на поясе. Я хотел подготовиться получше, чтобы не осрамиться в горах — они среди самых высоких в Европе. Связался с британскими учеными — специалистами по мусульманским общинам в России и обнаружил (так, кажется, всегда бывает, стоит копнуть поглубже), что существует целое международное сообщество исследователей, страстно увлеченных Северным Кавказом, которые только о нем и говорят и только им живут. На время я стал самым младшим членом этого сообщества. А еще свел знакомство с чеченскими и ингушскими эмигрантами в Европе и обо всем их расспросил.

Костоев, однако, предпочел связываться со мной через посредников некавказского происхождения — я не спрашивал почему, но в общем-то догадывался. Исса передал, чтобы я непременно запасся американскими сигаретами и кое-какими мелочами. Посоветовал купить дешевые наручные часы с золоченым корпусом, зажигалку "Зиппо" или две и шариковые ручки в металлическом корпусе. На случай, если наш поезд по пути на юг остановят бандиты. Это хорошие бандиты, уверял меня Костоев, они не хотят никого убивать. Просто считают, что имеют право требовать плату с каждого, кто проезжает по их территории.

Число наших телохранителей Костоев сократил до шести. Шестерых будет более чем достаточно. Я купил зажигалки и прочие мелочи, положил в рюкзак. Но за двое суток до планируемого отъезда в Москву, а оттуда в Назрань позвонил наш с Костоевым посредник и сказал, что поездка отменяется. "Уполномоченные должностные лица" не могут гарантировать мне безопасность в пути и просят меня отложить приезд, пока ситуация не нормализуется. Какие должностные лица, я так и не узнал, но, включив через пару дней вечерние новости, понял, что следует их поблагодарить. Российская армия начала массированную атаку на Чечню с земли и воздуха, и соседняя Ингушетия, судя по всему, тоже оказалась втянутой в войну.

■

Через пятнадцать лет я приступил к роману "Особо опасен" и сделал главного героя — ни в чем не повинного русского мусульманина, случайно оказавшегося в гуще так называемой борьбы с терроризмом, — чеченцем. Я назвал его Иссой — в честь Костоева.

ГЛАВА 22
Премия Иосифу Бродскому

Осень 1987-го, солнечный день. Мы с женой обедаем в китайском ресторане в Хэмпстеде. Наш единственный компаньон Иосиф Бродский — эмигрант из России, бывший советский политзаключенный, поэт и, по мнению многочисленных своих почитателей, воплощение русской души. Мы знакомы с Иосифом уже несколько лет и видимся время от времени, но, честно говоря, не вполне понимаем, почему сегодня нам поручили его развлекать.

— Делайте что хотите, но ни под каким видом не позволяйте ему пить и курить, — предупредила дама, у которой в Лондоне остановился Бродский, женщина с обширными культурными связями.

Несмотря на периодические проблемы с сердцем, Бродский увлекался и тем и другим. Я сказал, что, конечно, постараюсь, но, насколько знаю Иосифа, он никого не станет слушать.

С Иосифом не всегда легко общаться, но сегодня за обедом он необычайно мил, не в последнюю очередь благодаря нескольким большим порциям виски “Блэк лейбл”, выпитым несмотря на слабые протесты моей жены, и нескольким сигаретам, заеденным несколькими ложками куриной лапши — ел он, как птичка.

Литераторам (по крайней мере, так свидетельствует мой опыт) обычно почти нечего сказать друг другу — или им нечего сказать мне, — разве что побрюзжать насчет агентов, издателей и читателей, и теперь, по прошествии времени, трудно представить, о чем мы с Бродским беседовали, особенно учитывая, что нас разделяла глубочайшая пропасть. Я читал стихотворения Бродского, но понимал: без справочника мне тут не обойтись. Я восхищался его эссе (особенно одним, о Ленинграде, где Иосифа приговорили к ссылке), мне казалось трогательным его отношение к покойной уже Ахматовой, которую Бродский обожал. Но если бы меня спросили, читал ли он хоть слово из написанного мной, я бы сказал: не читал и не считал, что обязан.

Так или иначе мы весело проводили время, пока в дверях не появилась хозяйка Иосифа, высокая элегантная дама, — лицо ее казалось суровым. Сначала я подумал, что, окинув взглядом бутылки на нашем столе и висящие над ним облака сигаретного дыма, она собирается сделать нам выговор — зачем, мол, позволили Иосифу так разгуляться. Но почти сразу понял, что хозяйка пытается сдержать волнение.

— Иосиф, — сказала она, не дыша. — Тебе присудили *премию*.

Длинная пауза: Иосиф затягивается сигаретой и, нахмурив брови, всматривается в дым.

— Какую премию? — ворчит он.

— Иосиф, тебе присудили Нобелевскую премию по литературе.

Иосиф быстро закрывает рот рукой, будто чтобы удержать уже готовые сорваться с языка неприличные слова. Он обращает ко мне умоляющий взгляд, он прямо-таки просит о помощи — да без толку: ни я, ни моя жена ни малейшего представления не имели, что Бродский претендует на Нобелевскую премию, а уж тем более что сегодня объявляют лауреатов.

Я задаю хозяйке очевидный вопрос:

— Откуда вы знаете?

— Скандинавские журналисты *уже* у нас на пороге, Иосиф, они хотят тебя *поздравить* и *взять интервью*. Иосиф!

Страдальческий взгляд Иосифа по-прежнему взывает ко мне. Как будто говорит: сделай что-нибудь. Избавь меня от этого. Я вновь обращаюсь к хозяйке:

— Может, скандинавские журналисты хотят взять интервью у каждого номинанта из шорт-листа? Не только у победителя. У всех.

В коридоре есть телефон-автомат. Хозяйка знает, что американский издатель Иосифа Роджер Страус прилетел в Лондон, чтобы в такую минуту быть поблизости. Хозяйка — женщина решительная, она тут же идет к телефону, звонит в отель, где остановился Страус, и просит позвать его к телефону. Трубку вешает с улыбкой.

— Тебе нужно идти домой, Иосиф, прямо сейчас, — мягко говорит она и дотрагивается до его руки.

Иосиф делает последний глоток любимого виски, мучительно долго поднимается на ноги. Обнимается с хозяйкой, принимает ее поздравления. Мы с женой поздравляем его тоже. Затем стоим вчетвером на залитом солнцем тротуаре. Мы с Иосифом друг напротив друга. Такое вдруг возникает чувство, будто я прощаюсь с товарищем-заключенным, которого увозят в ленинградскую тюрьму. Со свойственной русским порывистостью Иосиф крепко обнимает меня, затем берет за плечи, отстраняется, и я вижу, как на его глазах выступают слезы.

— Теперь на год трепотни, — заявляет Бродский, а затем его уводят на допрос — Иосиф не сопротивляется.

ГЛАВА 23
Некомпетентное мнение

Намереваясь получить информацию из первых рук о гонках “Формулы-1”, вы, полагаю, не станете использовать в качестве источника этой информации младшего механика, который в заездах никогда не участвовал и к тому же наделен гиперактивным воображением. Однако такая аналогия очень хорошо объясняет, как я себя чувствую, когда меня внезапно и лишь на основании того, что написано в моих книгах, объявляют экспертом по всем вопросам, связанным с разведкой.

Когда мне стали навязывать такую роль, я сопротивлялся и имел для этого весьма существенные основания: признайся я, что хоть краем уха слышал, чем занимаются разведчики, нарушил бы закон о государственной тайне. Опасения насчет моей прежней Службы, которая позволила мне издать свои романы, но могла ведь пожалеть об этом и с досады наказать меня в назидание другим, у меня, конечно, имелись, хотя, видит бог, я и не знал почти никакой секретной информации, чтобы ее разглашать. Но полагаю, что прежде всего дело было в писательском самолюбии, пусть я и не хотел себе в этом признаваться. Мне хотелось, чтобы мои истории читали не как завуалированные откровения писателя-перебежчика, а как творения моей фантазии, которые хоть и порождены реальностью, но лишь намекают на нее.

Между тем уверения, что в секретные сферы я не был вхож, звучали день ото дня фальшивее, и не в последнюю очередь благодаря моим прежним коллегам, им ведь ничто не мешало раскрыть меня. Наконец от правды уже некуда было деваться, а на мои слабые оправдания — дескать, я скорее писатель, случайно ставший шпионом, а не шпион, превратившийся в писателя, — последовал однозначный ответ: нет уж, кто стал шпионом, тот навсегда им останется, и если ты не веришь своим книжкам, другие верят, так что смирись.

Хочешь не хочешь — пришлось смириться. И после этого долгое время, как сейчас кажется — можно сказать, это было мое золотое время, — читатели обоих полов писали мне почти каждую неделю и спрашивали, как стать шпионом, а я строго отвечал: обратитесь в военную полицию или министерство иностранных дел, а если еще учитесь в школе — к консультанту по трудоустройству.

На самом же деле в те времена *нельзя было* никуда обратиться, и никто от вас этого не ждал. Нельзя было найти МИ-5, МИ-6 или Центр правительственной связи (некогда сверхсекретную британскую службу дешифровки) в Гугл, это сейчас можно. В рекламных объявлениях на первой странице "Гардиан" не писали: если вы способны уговорить трех человек одновременно сделать то, что вам надо, вероятно, ваше место в разведке. В те времена тебя должны были *заметить*. А тот, кто просился на работу, мог оказаться врагом, хотя и тот, кого заметили, тоже. Насколько эффективно работала такая система, мы все знаем.

Чтобы тебя заметили, ты должен был родиться под счастливой звездой. Поступить в хорошую школу, желательно частную, потом в университет, желательно в Оксфорд или Кембридж. Идеальный вариант, если в твоем роду найдутся разведчики или хотя бы один-два военных. Если же нет, тогда в какой-то момент, сам того не зная, ты должен был привлечь внимание директора, куратора или декана, который затем вызывал тебя к себе в кабинет, посчитав подходящим кандидатом для вербовки, закрывал дверь и предлагал тебе стаканчик шерри и встречу с новыми интересными друзьями в Лондоне.

И если ты говорил, что заинтересован в интересных друзьях, тогда в один прекрасный день тебе могло прийти письмо в конверте, сразу бросавшемся в глаза — бледно-голубом, с двойной печатью и оттиском герба, а в письме — приглашение явиться по такому-то адресу на Уайтхолл, и после этого начиналась (или не начиналась) твоя шпионская жизнь. Меня в свое время пригласили еще и на обед в клуб на Пэлл-Мэлл — мы сидели за столом в просторном зале с каким-то грозным адмиралом, который, помнится, спросил, что я предпочитаю — кабинетную работу или разъезды. Над ответом думаю до сих пор.

■

Большую часть поклонников, писавших мне тогда письма, составляли начинающие шпионы, за ними с небольшим отрывом шли жертвы преследований со стороны различных секретных организаций. Их отчаянные просьбы о помощи звучали примерно одинаково. За авторами этих писем следили, их телефоны прослушивали, в их домах и автомобилях установили жучки, а соседей подкупили. Письма им доставляют на день позже, мужья, жены, любовники и любовницы на них доносят, и невозможно припарковать машину, чтоб не нарваться на штраф. Налоговики все время к ним цепляются, а рядом с домом какие-то люди, совсем не похожие на рабочих, уже целую неделю якобы чинят трубы, да никак не починят. Говорить моим адресатам, что все это, возможно, им только кажется, конечно, было бесполезно.

А в других случаях ложный образ супершпиона выходил мне боком, да еще как, — например в 1982-м, когда несколько молодых поляков-диссидентов, назвавшихся членами “Повстанческой Армии Крайовой”, захватили польское же посольство в Берне, где я когда-то учился, засели там и три дня держали оборону.

Телефон в моей лондонской квартире зазвонил в полночь. Со мной говорил один известный джентльмен, швейцарский чиновник — однажды мы случайно познакомились. Он сказал: мне срочно нужно с вами посоветоваться, но строго конфиденциально. Мне и моим коллегам. Голос его был необычайно звонок, или так мне показалось со сна. Он сказал: я не в восторге от коммунистов. По правде говоря, я их не выношу. Как, вероятно, и вы. Тем не менее власть в Польше, пусть даже коммунистическая, легитимна, а значит, польское посольство в Берне имеет право на всяческую защиту со стороны государства, в котором находится.

Я его слушаю? Да. Хорошо. Потому что группа молодых поляков, угрожая оружием, только что захватила польское посольство в Берне — слава богу, пока обошлось без стрельбы. Я по-прежнему слушаю? Да. Эти молодые поляки *анти*коммунисты, и в любых других обстоятельствах он бы их только поддержал. Но в данном случае о личных предпочтениях нужно забыть, верно, Дэвид?

Верно.

Словом, парней нужно разоружить, так ведь? А потом выдворить из посольства и из страны как можно быстрее и незаметнее. И поскольку он в таких делах специалист, может, я приеду и попробую их оттуда выманить?

Я, вероятно, говорил как человек на грани истерики: поклялся моему собеседнику, что в таких делах совершенно некомпетентен, ни слова не знаю по-польски, о польских движениях сопротивления тоже ничего не знаю и ни в малейшей степени не владею искусством переговоров с террористами, взявшими заложников, будь то поляки, коммунисты, некоммунисты или кто угодно. В общем, так или иначе я оправдал свою непригодность, а после, кажется, посоветовал швейцарскому чиновнику и его коллегам найти священника, говорящего по-польски. А если не получится, вытащить из постели главу британского посольства в Берне и попросить в официальном порядке содействия наших войск спецназначения.

Воспользовались ли он и его коллеги моим советом, я так никогда и не узнал. Мой знаменитый друг не рассказал мне, чем закончилась эта история, однако в прессе сообщили, что швейцарская полиция взяла здание посольства штурмом, схватила четверых повстанцев и освободила заложников. Спустя полгода мы столкнулись с ним на горнолыжной трассе, и я попенял ему насчет того случая, но швейцарец легкомысленно заявил, что просто, мол, пошутил, без обид — только я это понял по-своему: видимо, простому иностранцу не полагалось знать, с кем и о чем швейцарские власти тогда договорились.

■

А потом была история с президентом Италии.

Когда мне позвонил атташе по вопросам культуры из итальянского посольства в Лондоне и сообщил, что президент Коссига мой поклонник и хотел бы пригласить меня в Рим — отобедать в Квиринальском дворце, я прямо сиял от гордости, какую дано испытать лишь избранным писателям. Пошевелил ли я хоть пальцем, чтобы узнать о политической стратегии Коссиги, о его репутации в Италии на тот момент? Что-то не припомню. Я просто был на седьмом небе.

Возможно, какая-нибудь из моих книг нравится президенту особенно, спросил я, смущаясь, у атташе по вопросам культуры. Или он благоприятного мнения о моем творчестве в целом? Атташе обещал узнать. И исправно сообщил мне название книги: “Шпион, выйди вон!”.

Возможно, его превосходительство господин президент предпочтет издание на английском языке или все-таки, для простоты чтения, итальянский перевод? Ответ поразил меня в самое сердце: президент предпочитает читать мои книги на моем родном языке.

На следующий день я отнес экземпляр избранного сочинения в самую модную тогда в Лондоне переплетную мастерскую — к господам Сангорски и Сатклиффу, чтобы они, сколько бы это ни стоило, сделали обложку из лучшей телячьей кожи — цвета королевский синий, насколько помню, с золотым тиснением имени автора на видном месте. В то время британские книги изнутри частенько выглядели ветхими, даже будучи совсем новенькими, поэтому мой роман сделался похожим на ценную старинную рукопись в новом переплете.

На титульный лист я нанес дарственную надпись: Франческо Коссиге, президенту Республики Италия. А дальше мой литературный псевдоним — весьма отчетливо. И наверное, добавил свое почтение, или глубочайшее уважение, или вечную преданность. А прежде чем выразить то, что в конце концов выразил, я наверняка долго думал над подходящей формулировкой, делал черновые варианты и только потом начертал исторические слова.

И наконец, захватив свою книгу в переплете, я отправился в Рим.

Отель, который для меня выбрали, кажется, назывался "Гранд" — точно не помню, но прекрасно помню, что спал я плохо, к завтраку не притронулся, зато долго смотрелся в зеркало, недовольный своими волосами, топорщившимися в разные стороны — видимо, от волнения. А еще, спустившись в холл, я вроде бы купил шелковый галстук по астрономической цене в маленьком стеклянном бутике — у консьержа были от него ключи.

Задолго до назначенного времени я уже слонялся у входа в гостиницу, ожидая, что за мной пришлют автомобиль с шофером и каким-нибудь представителем пиар-отдела — на большее не рассчитывал. И уж совсем не был готов увидеть вытянувшийся вдоль крыльца сверкающий лимузин с занавешенными окнами в сопровождении отряда полицейских в белом с синими мигалками и воющими сиренами. И все это ради меня одного. Я сел в лимузин и вскоре — пожалуй, быстрее, чем мне хотелось бы — сошел на берег, сверкающий фотовспышками. А когда поднимался по грандиозной лестнице и проходил мимо важных мужчин в очках и средневековом одеянии, те вытягивались по стойке смирно.

Должен объяснить, что до сих пор не могу здесь установить связь с реальностью — в том смысле, в каком мы все ее понимаем. То место, те события по сей день представляются мне результатом некоего временнóго искажения. Вот я стою в зале невероятных размеров, совсем один, сжимаю рукой книгу в переплете от Сангорски. И думаю: кто соразмерен таким масштабам? Ответ приходит в образе мужчины в сером костюме, который не спеша спускается по великолепной каменной лестнице. Именно таким и должен быть итальянский президент. Он чрезвычайно элегантен, приветствует меня тепло и ласково на смешанном англо-итальянском, приближается и протягивает ко мне руки, излучая радость, уверенность, покой и силу.

— Мистер Ле Карре! Всю жизнь… Каждое ваше слово… Каждый слог помню, — он счастливо вздыхает. — Добро пожаловать, *добро пожаловать* в Квиринал!

Я бормочу слова благодарности. Позади нас собирается призрачная армия мужчин средних лет в серых костюмах, из уважения близко они не подходят.

— Быть может, прежде чем подняться наверх, вы позволить и я показать вам некоторые достопримечательности дворца? — спрашивает хозяин все тем же текучим голосом.

Я позволяю. Бок о бок мы движемся по величественному коридору с высокими окнами, обращенными к вечному городу. Серая армия бесшумно следует за нами на почтительном расстоянии. Хозяин ненадолго останавливается, чтобы немного меня развеселить:

— Справа от нас мы видим маленькую комнатку. Здесь мы держали Галилео, пока он не отказался от своих взглядов.

Я усмехаюсь. Он усмехается. Мы идем дальше и снова останавливаемся — на сей раз у огромного окна. Весь Рим у наших ног.

— А сейчас слева от нас Ватикан. Мы не всегда были согласны с Ватиканом.

И снова мы обмениваемся понимающими улыбками. Потом заходим за угол. И ненадолго остаемся одни. Я дважды быстро провожу рукой по телячьей коже от Сангорски — вытираю пот — и протягиваю книгу моему хозяину.

Это вам, говорю.

Он берет книгу, милостиво улыбается, любуется ею, открывает, читает дарственную надпись. И возвращает мне.

— Очень красиво, — говорит. — Почему бы вам не подарить ее президенту?

■

Об обеде я мало помню. То есть забыл, что мы ели и пили, но, без сомнения, нечто изысканное. Мы сидели за длинным столом — человек тридцать, в том числе призрачная серая армия, в средневековой мансарде божественной красоты. Президент Франческо Коссига, унылый человек в затемненных очках, сидел, ссутулившись, посередине. Несмотря на уверения итальянского атташе по вопросам культуры в Лондоне, Коссига, похоже, почти не владел английским. Поэтому свои навыки демонстрировала переводчица, тоже присутствовавшая за столом, но в конце концов мы с Коссигой нашли общий язык — французский — и надобность в ней отпала. Скоро я понял, что она переводила не только для нас двоих, но и для серой армии, расположившейся по обе стороны от нас.

Не помню, как дарил книгу в переплете из телячьей кожи во второй раз, хотя подарить, конечно, должен был. В памяти осталась лишь главная тема нашего разговора, который был не о литературе, искусстве, архитектуре или политике, а о шпионах, и вел его Коссига так: поднимал голову, требовательным тоном задавал внезапный и непредсказуемый вопрос и пристально, беспокойно и напряженно смотрел на меня сквозь затемненные очки.

Может ли общество вовсе обойтись без шпионов, желал он знать. Что *я* думаю? И каким образом демократическое государство — абстрактное демократическое государство — должно шпионов контролировать? Как *Италии* следует их контролировать? Будто бы Италия — особый случай, не демократическое государство, а просто *Италия* — курсивом. Какого я мнения — только, пожалуйста, без обиняков, своими словами — об итальянских спецслужбах *en général**? Не зря они едят свой хлеб? Деструктивная они сила или конструктивная, как по-моему?

Ни на один из этих вопросов у меня не было ответа, заслуживающего внимания, да и сейчас нет. Я ничего не знал о работе итальянских спецслужб. Однако излагал собравшимся свои мудрые мысли по этому поводу, какие только находились, и заметил, что стоит президенту запустить в меня очередным вопросом — и серая армия, словно по мановению дирижерской палочки, прекращает жевать, поднимает головы, а возвращается к еде, только когда мое глубокомыслие иссякнет.

Неожиданно президент нас покинул. Может, я ему надоел. А может, он пошел управлять страной. Вскочил, пожал мне руку, еще раз удостоив пронзительным взглядом, и предоставил меня и остальных гостей друг другу.

В сопровождении слуг мы прошли в соседнюю комнату, где нас уже ждали кофе и ликер. Все по-прежнему молчали. Расположившись в креслах вокруг низкого столика, мужчины в серых костюмах лишь время от времени перебрасывались парой слов — вполголоса, будто опасаясь, что их могут подслушать, мне же и слова никто не говорил. А затем они стали расходиться, один за другим, и каждый на прощание кивал и жал мне руку.

Только по возвращении в Лондон я узнал от сведущих людей, что обедал с собранием шефов многочисленных итальянских спецслужб. Коссига, очевидно, хотел, чтобы я как человек компетентный дал им парочку полезных советов. Обиженный, сконфуженный и одураченный, я навел справки о человеке, пригласившем меня в Рим, и узнал то, что следовало узнать прежде, чем отправляться к господам Сангорски и Сатклиффу.

* В целом *(фр.)*.

После избрания президент Коссига объявил себя отцом нации, а стал ее бичом. Он принялся столь рьяно крушить бывших коллег — правых и левых, что заслужил прозвище Кирка. Он любил повторять: Италия — страна ненормальных.

Католик радикально-консервативного толка Коссига, считавший, что коммунизм знаменует приход Антихриста, отмучился в 2010-м. Под старость, если верить некрологу в "Гардиан", он и вовсе помешался. Сведений о том, воспользовался ли Коссига моим советом, чего бы я ему там ни насоветовал, не имеется.

■

Однажды я и от миссис Тэтчер получил приглашение на обед. Ее канцелярия хотела представить меня к ордену, а я отказался. За Тэтчер я не голосовал, но с моим отказом это не было связано. Я считал и считаю до сих пор, что не вписываюсь в нашу систему наград, что она отражает многое из неодобряемого мной в нашей стране, что лучше нам существовать отдельно друг от друга и, наконец, если уж нужно чем-то завершить, что, поскольку я не считаюсь с мнением нашей литературной общественности, следовательно, не должен считаться и с ее выбором, даже если она выбирает меня. В ответном письме я постарался уверить канцелярию премьер-министра, что моя неблагодарность проистекает не из какой-либо неприязни личного или политического свойства, а также выразил признательность, засвидетельствовал свое почтение премьер-министру и полагал, что на этом все закончится.

Но ошибся. Второе письмо из канцелярии было задушевнее. Дабы я не сожалел о решении, принятом сгоряча, автор письма спешил уведомить, что дверь к награде для меня по-прежнему открыта. Я ответил, надеюсь, не менее любезно, что, как по мне, так она закрыта плотно и останется закрытой во всех подобных случаях. И снова моя признательность.

И снова мое почтение премьер-министру. И снова я полагал, что вопрос исчерпан, но пришло третье письмо — с приглашением на обед.

В тот день в обеденном зале на Даунинг-стрит, 10 стояло шесть столов, но я помню только наш: во главе — миссис Тэтчер, справа от нее — премьер-министр Нидерландов Рууд Любберс, а слева я в строгом сером костюме, только что купленном. Видимо, дело было в 1982 году. Я только что вернулся с Ближнего Востока, Любберса только что назначили. За нашим столом сидели еще трое, но их лица слились в моей памяти в одно розовое пятно. Я предположил — по какой причине, сейчас уже не помню, — что это промышленники с Севера. Не помню и чтобы мы шестеро обменивались какими-то приветственными фразами, но может, мы сделали это за коктейлем, прежде чем сесть за стол. Но помню, как миссис Тэтчер повернулась к голландскому премьер-министру и познакомила его с моей выдающейся персоной.

— *Итак*, мистер Любберс, — объявила она таким тоном, будто приготовила ему приятный сюрприз. — Это мистер Корнуэлл, но, скорее всего, вам он известен под другим именем — как писатель Джон Ле Карре.

Мистер Любберс подался вперед, чтоб рассмотреть меня поближе. Помню его живой и даже озорной взгляд. Он улыбнулся, я улыбнулся — мы обменялись самыми дружелюбными улыбками.

А затем Любберс сказал:

— Нет.

И, продолжая улыбаться, вновь откинулся на спинку стула.

Но миссис Тэтчер, как известно, с ответом "нет" сразу никогда не соглашалась.

— *Ну же*, мистер Любберс. Вы, конечно, слышали о *Джоне Ле Карре*. Он написал "Шпиона, пришедшего с холода" и… — короткая заминка, — другие замечательные книги.

Любберс, как и подобает настоящему политику, попробовал пересмотреть свою позицию. Он вновь подался вперед и на этот раз разглядывал меня дольше, так же добродушно, но более внимательно, уже глазами государственного деятеля.

А затем повторил:

— *Нет.*

И явно удовлетворенный тем, что пришел к верному выводу, вновь откинулся на спинку стула.

Теперь уже миссис Тэтчер в свою очередь внимательно на меня посмотрела, и я понял, как, вероятно, чувствовали себя члены ее кабинета министров, состоявшего из одних мужчин*, случись им вызвать неудовольствие премьера.

— *Что ж*, мистер Корнуэлл, — сказала он тоном учительницы, призывающей к ответу напроказившего школьника. — Раз уж вы *здесь*, — будто бы я напрашивался на этот обед, — то, наверное, желаете мне что-то сказать?

С запозданием я вспомнил, что и правда хочу ей кое-что сказать, пусть и не очень хорошее. Я недавно вернулся из Южного Ливана и чувствовал себя обязанным замолвить слово за палестинцев, лишенных государства. Любберс меня слушал. Джентльмены с промышленного Севера слушали. Но внимательнее всех слушала миссис Тэтчер и вовсе не проявляла нетерпеливости, в которой ее часто обвиняли. Даже когда я, запинаясь, допел свою арию, миссис Тэтчер продолжала слушать, а затем произнесла ответную речь.

— Хватит рассказывать мне *слезливые истории*, — потребовала она, вдруг разгорячившись и для выразительности сделав ударение на ключевых словах. — Каждый день кто-нибудь взывает к моим *чувствам*. Но так невозможно *управлять*. Это просто *нечестно*.

А затем, воззвав к моим чувствам, она напомнила, что именно палестинцы подготовили подрывников Ирландской республиканской армии, от рук которых погиб ее друг Эйри Нив, герой войны, британский политик и ближайший советник

* Я выяснил, что в кабинете министров Маргарет Тэтчер все-таки была одна женщина, баронесса Янг, но в так называемый внутренний кабинет она не входила *(Прим. автора)*.

миссис Тэтчер. После этого, думаю, мы с ней почти не разговаривали. Полагаю, миссис Тэтчер благоразумно предпочла обратить свое внимание на мистера Любберса и промышленников.

Иногда я задаюсь вопросом: может быть, все-таки миссис Тэтчер пригласила меня с какой-нибудь корыстной целью? Например, хотела посмотреть, подойду ли я для одной из ее кванго — этих непонятных мне квазиправительственных организаций, имеющих авторитет, но не власть, — или дело было совсем в другом?

Но мне трудно представить, для каких таких целей миссис Тэтчер могла бы меня использовать, если, конечно, ей не нужна была рекомендация — мое компетентное мнение — насчет того, что делать со склочными британскими разведчиками.

ГЛАВА 24
Сторож брату своему

Я сомневался, включать ли сюда рассказ Николаса Эллиота о взаимоотношениях с его другом, коллегой, британским шпионом и изменником Кимом Филби, но все-таки включил. По двум причинам: во-первых, как теперь оказалось, рассказ Эллиота — скорее выдумка, в которую он сам поверил, чем объективная истина; а во-вторых, что бы ни означало имя Филби для нашего поколения, для нынешнего это имя, вероятно, звучит не так громко. Но в конечном счете я просто не устоял перед желанием изложить этот рассказ, вырезав различные объяснения, как иллюстрацию нравов шпионской верхушки Великобритании в послевоенные годы, их классовых убеждений и образа мыслей.

Человеку, не имеющему отношения к разведке, масштабы предательства Филби постичь трудно. Только в Восточной Европе десятки, а может, и сотни британских агентов были заключены в тюрьму, подвергнуты пыткам и расстреляны. А кого не выдал Филби, тех выдал Джордж Блейк, еще один двойной агент МИ-6.

Насчет Филби у меня всегда был пунктик; я где-то уже рассказывал, что даже вступил в публичную дискуссию о Филби с еще одним его другом — Грэмом Грином, о чем теперь сожалею, и с таким светилом, как Хью Тревор-Ропер, о чем не сожалею ничуть. Они считали Филби лишь одним из выдающихся детей своего времени — тридцатых годов, десятилетия, которое принадлежало им, а не нам. Тогда приходилось делать выбор между капитализмом (для левых того времени синонимичным фашизму), с одной стороны, и зарей коммунизма — с другой, так вот Филби предпочел коммунизм, тогда как Грин — католицизм, а Тревор-Ропер ничего не предпочел. Согласны, решение Филби оказалось враждебным интересам Запада, так уж случилось, но он его принял и имел на это полное право. Вот и вся аргументация.

Я же считал, что мотивы, побудившие Филби предать свою страну, несколько иные, что здесь скорее попахивает пристрастием к обману. Может, начиналось все с преданности идее, а потом возникла психическая зависимость и наконец — непреодолимая тяга. Он не хотел выбирать одну сторону. Ему нужна была игра мирового масштаба. Поэтому я вовсе не удивился, прочитав в книге Бена Макинтайра, где прекрасно описаны дружеские отношения Филби — Эллиота*, что, когда Филби томился в Бейруте, переживая бесславный финал своей карьеры агента МИ-6 и КГБ и опасаясь, как бы советские начальники его не бросили, больше всего (если не считать крикетных матчей) он скучал по остроте двойной жизни, так долго его подпитывавшей.

Смягчилась ли с годами моя неприязнь к Филби? Вроде бы нет. Есть такой тип заносчивого англичанина, который, порицая грехи империализма, спешит примкнуть к другой великой империи, воображая, что сможет управлять ее судьбой. Полагаю, Филби относился к этому типу. В беседе со своим биографом Филом Найтли он как-то поинтересовался, почему я затаил на него злобу. Могу ответить только, что, подобно Филби, знаю не понаслышке о бурных конфликтах с экстравагантным родителем, но лучше уж наказывать за это общество каким-нибудь другим способом.

А теперь вернемся к Николасу Эллиоту, самому верному другу, наперснику и преданному соратнику Филби в мире и на войне, воспитаннику Итона, сыну его бывшего директора, искателю приключений, альпинисту, жертве обмана и, без со-

* *A Spy Among Friends* ("Шпион среди друзей"); книга вышла в издательстве "Блумсбери" в 2014 году *(Прим. автора)*.

мнения, самому занятному шпиону из знакомых мне. И сейчас, по прошествии времени, можно сказать: самому загадочному. В наши дни его портрет вызовет насмешку. Эллиот был блистательным бонвиваном старой школы. Носил темные костюмы-тройки безупречного покроя — ни разу не видел его в другой одежде. Худой, как палка, Эллиот, казалось, парил над полом под каким-то лихим углом, тихо улыбаясь и отставив в сторону локоть — той руки, в которой держал бокал мартини или сигарету. Края его жилета всегда загибались внутрь и никогда наружу. Он выглядел как вудхаусовский франт и изъяснялся так же, с той лишь разницей, что говорил с ошеломляющей прямотой, как человек, обо всем осведомленный, и открыто демонстрировал неуважение к начальству. Насколько помню, я никогда не ссорился с Эллиотом, а вот Тайни Роланд, один крепкий орешек из лондонского Сити, поссорился, и неспроста, назвав Эллиота "Гарри Лайм* с Чипсайда".

Эллиоту не раз приходилось оказываться в экстраординарных ситуациях, однако самой экстраординарной и, без сомнения, самой для него тяжелой стала встреча в Бейруте с глазу на глаз с близким другом, коллегой и наставником Кимом Филби, во время которой тот признался, что был советским шпионом, еще когда они с Эллиотом познакомились.

■

Когда я сам работал в МИ-6, мы с Эллиотом не общались, в лучшем случае здоровались. На моем первом собеседовании в Службе он сидел в отборочной комиссии. Я только приступил к своим обязанностям, а он уже был большим человеком с пятого этажа, чьи шпионские подвиги приводили в пример новобранцам: вот, мол, каких успехов может добиться сообра-

* Герой фильма "Третий человек" (1949) и одноименного романа Грэма Грина (1950), авантюрист, занимавшийся спекуляцией пенициллином в послевоенной Вене.

зительный оперативник. Легко перепорхнув с Ближнего Востока в нашу штаб-квартиру, Эллиот выступал с лекцией, присутствовал на оперативном совещании и исчезал снова.

Я вышел в отставку в 1964-м, в тридцать три года, и, прямо скажем, мало что сделал для Службы. Эллиот вышел в отставку в 1969-м, в пятьдесят три, и без него не обходилась ни одна крупная операция Службы с начала Второй мировой. Мы общались изредка. Эллиот был раздосадован, когда наша бывшая Служба не позволила ему раскрыть информацию, которую, по его мнению, давно уже не имело смысла хранить в тайне. Эллиот считал, он имеет право и даже обязан рассказать свою историю потомкам. Тогда, наверное, он и решил, что я могу ему пригодиться — стать своего рода посредником или связным, который поможет сделать его необычайные похождения достоянием гласности, как и надлежит.

Так и случилось, что однажды вечером, в мае 1986-го, у меня дома в Хэмпстеде через двадцать три года после того, как Эллиот услышал частичное признание Филби, он изливал мне душу, и это была лишь первая из подобных встреч. Он рассказывал, а я делал пометки в блокноте. Сейчас, спустя тридцать лет, пересматриваю эти записи (сделаны от руки, бумага выцвела, блокнотная скрепка заржавела) и радуюсь, что почти ничего не вычеркивал. Во время наших разговоров у меня возникла мысль написать пьесу с Кимом и Николасом в главных ролях, и я предложил Эллиоту стать соавтором, но настоящий Николас об этом и слышать не хотел.

“Прошу вас, давайте навсегда оставим мысль о *пьесе*”, — написал он мне в 1991-м. И сейчас — спасибо Бену Макинтайру — я необыкновенно рад, что мы так и сделали, ведь тогда Эллиот рассказал мне не историю своей жизни, а легенду. Даже сарказм и легкомыслие, присущие Эллиоту, не могли облегчить боли от осознания того, что человек, которому он доверял свои самые сокровенные тайны — личные и профессиональные, все без исключения, с самого первого дня их долгой дружбы предавал его и работал на советского врага.

■

Эллиот о Филби:

“Он обладал колоссальным обаянием, был склонен к эпатажу. Я знал его как облупленного и хорошо знал его семью. Я их очень любил. Никогда не видел, чтоб человек так надирался. Я его допрашивал, а он пил скотч без остановки, пришлось потом грузить его в такси — в прямом смысле, чтобы доставить домой. Дал водителю пятерку, чтоб дотащил его по лестнице до квартиры. Как-то взял его с собой на званый ужин. Он всех очаровал, а потом вдруг принялся рассказывать, какие сиськи у его любовницы. Мол, из всех сотрудниц нашей Службы у нее самая шикарная грудь. Ну кто в самом деле на званом ужине обсуждает сиськи любовниц? Но он был такой. Любил эпатаж. Я и его отца знал. Видел его в Бейруте за несколько часов до смерти — он у меня ужинал. Потрясающий мужик. Без конца рассказывал, как они дружили с Ибн Саудом*. Элеонора, третья жена Филби, его обожала. За ужином старик еще клинья подбивал к чьей-то жене, потом ушел. А через несколько часов умер. Последнее, что он сказал перед смертью: «Господи, как мне все надоело»”.

“Я долго раскалывал Филби. Провел несколько допросов, тогда, в Бейруте — последний. У нас было два источника. Один — перебежчик, неплохой парень. А второй — материнская фигура. Наш штатный психиатр мне о ней рассказал. Он лечил Айлин, вторую жену Филби. Однажды этот психиатр позвонил мне и говорит: «Она освободила меня от клятвы Гиппократа. И я должен с вами поговорить». Я встретился с ним, и психиатр сказал, что Филби — гомосексуал. И пусть он вечно волочится за женщинами, и пусть, если верить Айлин, которую я неплохо знал, любит заниматься сексом и хорош в постели. Он гомосексуал, комплекс симптомов налицо, а еще психиатр, хоть и не мог привести доказательств, уверял, что с Филби дело неладно. Может, он на русских работает. Или еще что. В общем, уточнить психиатр не мог,

* Основатель и первый король Саудовской Аравии *(Прим. автора)*.

но был уверен. Он посоветовал мне найти материнскую фигуру. Где-то, говорит, есть материнская фигура. Ею оказалась та женщина, Соломон*. Еврейка. Она работала в *Marks & Spencer*, занималась закупками, кажется. Они с Филби оба были коммунистами. Она злилась на Филби — из-за евреев. Филби работал с полковником Тигом, главой резидентуры в Иерусалиме, а Тиг был антисемитом, вот Соломон и злилась. Словом, она нам кое-что рассказала о Филби. О давних связях с коммунистами. Дело тогда вела «пятерка» [МИ-5], я им все это передал и посоветовал взять Соломон, материнскую фигуру. Но там меня, конечно, не послушали — они такие бюрократы…"

■

"Когда речь заходила о Филби, люди становились просто невыносимыми. Синклер и Мензис [бывшие шефы МИ-6] так просто ничего плохого не хотели о нем слышать".

■

"Ну вот, а потом пришла телеграмма насчет того, что у них есть доказательства, и я в ответ телеграфировал Уайту [сэр Дик Уайт, бывший генеральный директор МИ-5, а в то время шеф МИ-6], что должен пойти поговорить с Филби начистоту. Все это продолжалось слишком долго, и я обязан был добиться у Филби признания — ради его семьи. Понимаете? Я, в общем, парень не слишком чувствительный, но судьба его жен и детей меня волновала, и я всегда думал, что Филби сам рад был бы облегчить душу, а потом жить себе спокойно и смотреть свой любимый крикет. Рейтинги игроков он наизусть знал. Про крикет мог говорить до бесконечности. В общем, Дик Уайт сказал: лад-

* Флора Соломон, в 1939-м познакомившая Филби с Айлин *(Прим. автора)*.

но. Действуй. И я полетел в Бейрут, встретился с Филби и говорю: если ты так умен, как я думаю, ради своей семьи сознайся во всем, потому что игра окончена. Привлечь его к суду мы не могли, он бы все отрицал. Условия нашей с ним сделки были очень просты. Он должен сделать чистосердечное признание (я думал, он в любом случае захочет это сделать, и тут он меня одурачил), рассказать обо всем, и прежде всего обо всем причиненном ущербе. Вот что было для нас самым важным. Предотвратить ущерб. В конце концов КГБ ведь мог поинтересоваться у Филби, к кому еще можно обратиться помимо него, кто в Службе согласится на нас работать? И Филби мог кого-то порекомендовать. Нам обо всем этом нужно было узнать. А потом и об остальном, что он им передал. Таково было наше твердое условие".

Затем я перешел к записям в форме диалога:

"Я: А если он отказался бы сотрудничать, какие меры вы могли принять?

Эллиот: Вы о чем, старина?

— Меры, Ник. Чем вы могли ему пригрозить в худшем случае? Могли вы, например, насильно посадить его в самолет и отправить в Лондон?

— В Лондоне он никому был не нужен, старина.

— Хорошо, а как насчет крайних мер? Могли вы — уж прости — убить его, ликвидировать?

— Дорогой мой. Он же был наш.

— Так что вы *могли* сделать?

— Я сказал, что в противном случае мы *совсем* перекроем ему кислород. Во-первых, ни в одном посольстве, консульстве или дипмиссии на всем Ближнем Востоке его и на порог не пустят, черта с два! Бизнесмены тоже близко к нему не подойдут, и журналистская карьера накроется. Он станет парией. С ним будет покончено. Мне ведь и в голову не могло прийти, что он отправится в Москву. Он совершил ошибку, но хочет все исправить, так что ему остается только признаться. А потом мы обо всем забудем. Надо ведь и о семье подумать, об Элеоноре".

Я напомнил о судьбе одного британского предателя, который, в отличие от Филби, не был всеобщим любимцем и, хотя выдал гораздо меньше секретов, провел в тюрьме много лет.

— Ах, *Вассал**! Так он был мелкой сошкой, верно?

■

Эллиот продолжает:

“Это был первый заход. Мы договорились снова встретиться в четыре, и в четыре он явился с признанием на несколько страниц — восемь или девять страниц мелким шрифтом, про ущерб и про остальное — много всякого. А потом говорит: ты мог бы оказать мне услугу. Элеонора в курсе, что ты приехал. Насчет меня она ничего не знает. Но если не заглянешь к нам выпить стаканчик, почует неладное. Я говорю: хорошо, ради Элеоноры зайду с тобой выпить. Но сначала мне все это нужно зашифровать и отправить телеграммой Дику Уайту. Так я и сделал. А когда пришел к Филби, он уже был в отключке. Надрался. Лежал на полу. Нам с Элеонорой пришлось тащить его до постели. Она взяла его за плечи, я за ноги. Филби, когда так напивался, все время молчал. Ни словечка, помню, не проронит, при мне по крайней мере. Ну я и сказал ей. Ты ведь знаешь, говорю, что происходит? Она говорит: нет. А я: он ведь русский шпион, так его растак. Филби сказал, она его не ругала — так оно и было. В общем, я поехал домой, в Лондон, оставил Филби Питеру Ланну** — он его дальше допрашивал. Дик Уайт в общем-то все уладил, только американцам ничего не сказал. Так что мне пришлось мчаться в Вашингтон и с ними объясняться. Бедня-

* Джон Уильям Вассал, сын англиканского пастора, гомосексуал, сотрудник канцелярии военно-морского атташе в британском посольстве в Москве. Шпионил для КГБ и за это был приговорен к 18 годам тюремного заключения (*Прим. автора*).

** Питер Ланн, глава резидентуры МИ-6 в Бейруте и первый из двух начальников резидентуры в Бонне, которых я застал (*Прим. автора*).

га Джим Энглтон*. Когда Филби руководил подразделением Службы в Вашингтоне, Энглтон так с ним носился, но после того, как все узнал — вернее, после того как я ему рассказал, — запел совсем по-другому. Я на днях с ним обедал".

■

"Я, знаете, думаю, КГБ издаст однажды продолжение автобиографии Филби. С первой книгой в 1947 году дело не пошло. Но полагаю, у них и другая в запасе есть. Филби наверняка посоветовал им облагородить своих молодчиков. Чтоб одевались поприличней и пахли получше. Стали более утонченными. Сейчас эта компания выглядит совсем иначе. Чертовски элегантные ребята, холеные — высший класс! Работа Филби, как пить дать. Нет, убивать его мы вовсе не собирались. И все же он меня одурачил. Я думал, он хочет остаться дома".

■

"Знаете, вспоминаю теперь (согласитесь со мной?), что мы тогда вытворяли — ну просто животики надорвешь, еще как надорвешь! — и думаю: в некоторых вопросах мы были такими дилетантами! Эти кавказские линии, эти агенты, которые ездили туда-сюда, — такой *дилетантизм*. Филби, конечно, сдал Волкова, и его убили**. Так что, когда Филби написал мне и предложил встретить-

* Джеймс Хесус Энглтон, глава контрразведки ЦРУ, алкоголик, человек не вполне адекватный. Был убежден, что "красной сетью" КГБ опутан весь Запад. Когда Филби перевели в Вашингтон, за стаканчиком и партией в шахматы он обучал Эллиота искусству работы с двойными агентами *(Прим. автора)*.

** В 1945-м Константин Волков, кадровый офицер разведки, служивший в советском консульстве в Стамбуле, заявил, что имеет сведения о трех советских шпионах в Великобритании: двое сотрудничают в министерстве иностранных дел, один — в контрразведке. Филби взялся за это дело, и Волкова повязали, запихнули в советский самолет и отправили в Москву. Этот сюжет я использовал в романе "Шпион, выйди вон!" *(Прим. автора)*.

ся в Бейруте или Хельсинки, только ничего не говорить Элизабет, моей жене, и Дику Уайту, я ответил: купи от меня цветов и отнеси Волкову на могилу. Подумал, что это достойный ответ".

"Нет, за кого он меня принимал, черт возьми, если думал, что я им не скажу? Первой я бы сказал Элизабет, а потом *сразу же* Дику Уайту. Я в тот вечер ужинал с Геленом — вы знали Гелена*? — вернулся поздно и обнаружил на коврике у входа простой белый конверт с надписью "Нику". Кто-то бросил под дверь. «Если сможешь приехать в Хельсинки, отправь мне открытку с колонной Нельсона, если в Берлин — со зданием Конной гвардии» — какая-то чертовщина вроде этого. За кого он меня принимал? Албанская операция**? Ну да, скорей всего, и ее он провалил. Я что хочу сказать — и у нас в России когда-то были агенты, неплохие, черт возьми! Что с ними сталось, тоже не знаю. И после этого он хочет встретиться, одиноко ему, видите ли. Ясное дело, одиноко. Не надо было уезжать. Одурачил меня. Я написал о нем. Для «Шервуд-пресс». Все крупные издатели хотели, чтобы я написал о дознании, но я не стал. А только так, мемуары для друзей-альпинистов***. О Конторе нельзя писать. А дознание — искусство. Вы это понимаете. То дознание длилось долго. На чем я остановился?"

■

Иногда Эллиот отклонялся от темы, вспоминал другие дела, в которых участвовал. Самым выдающимся был случай с Олегом Пеньковским, полковником ГРУ, снабжавшим Запад крайне важной секретной информацией о советских вооружениях в преддверии Карибского ракетного кризиса. Эллиота возму-

* Рейнхард Гелен, в то время директор БНД, западногерманской разведслужбы. См. главу 8 *(Прим. автора)*.

** Обреченная на провал попытка МИ-6 и ЦРУ в 1949 году свергнуть албанское правительство, в результате которой погибло по меньшей мере 300 агентов, было арестовано и казнено множество местных жителей. Операцию разрабатывал в том числе Ким Филби *(Прим. автора)*.

*** Эллиот увлекался альпинизмом, как и его отец *(Прим. автора)*.

тила состряпанная ЦРУ книжка, вышедшая под названием “Бумаги Пеньковского”*, — очередное пропагандистское произведение времен холодной войны.

“Безобразная книжка. Сделали из этого парня какого-то святого или героя. А он был вовсе не такой, просто никак не мог продвинуться по службе, и ему все это надоело. Американцы ему отказали, но Шерги** понял, что парень в порядке. У Шерги был нюх. Мы с ним очень разные, но ладили прекрасно. *Les extrêmes se touchent****. Я руководил оперативным отделом, а Шерги был моей правой рукой. Прекрасный оперативник с отличным чутьем — он почти никогда не ошибался. И насчет Филби оказался прав с самого начала. Шерголд посмотрел на Пеньковского, решил, что он нам подходит, и мы его взяли. В нашем шпионском деле поверить в кого-нибудь — очень смелый шаг. Каждый дурак может прийти в свой отдел и сказать: «Нет, я этому малому совсем не доверяю. С одной стороны… с другой стороны…» Надо быть человеком решительным, чтобы пойти на риск и сказать: «Я ему верю». Шерги так и сделал, и мы с ним согласились. Женщины. В Париже Пеньковский спал с проститутками (мы их ему предоставляли) и пожаловался: не могу, мол, делать с ними все что хочу — раз за ночь, а больше не получается. Пришлось отправить в Париж доктора из Конторы, чтоб сделал Пеньковскому укол и у того встал. Я же говорю: животики надорвешь! Ради такого, пожалуй, стоит жить. Ну просто надорвешь животики. И как, скажите, можно считать этого Пеньковского героем? Но, заметьте, предатель должен быть смелым. И Филби тоже в этом не откажешь. Он был смелым. Однажды Шерги решил подать в отставку. Он был ужас до чего темпераментный. Я прихожу и вижу у себя на столе его заявление об уходе. «В связи с тем, что Дик Уайт, — он, конечно, добавил “начальник секретной службы”, — передал американцам информацию без моего согласия

* *The Penkovsky Papers*, Нью-Йорк, 1965.

** Гарольд Шерголд (Шерги), руководил операциями МИ-6 в странах соцлагеря *(Прим. автора)*.

*** Крайности сходятся *(фр.)*.

и таким образом подверг опасности мой весьма уязвимый источник, я намерен подать в отставку и подать пример другим работникам Службы», — что-то в этом роде. Уайт извинился, и Шерги забрал заявление. Но мне пришлось его уговаривать. И это было непросто, очень уж темпераментный парень. Но прекрасный оперативник. И этого Пеньковского сразу раскусил. Мастер".

■

Эллиот о сэре Клоде Дэнси, также известном как Полковник Зет, помощнике начальника МИ-6 в годы Второй мировой войны:

"Полное дерьмо. И дурак к тому же. При этом жестокий, грубый. Писал всем эти мерзкие записочки. Сеял вражду. Полное дерьмо, говорю же. Когда я возглавил резидентуру в Берне после войны, мне досталась его агентурная сеть. Ну да, у него были информаторы среди влиятельных бизнесменов. *Очень* хорошие. Он умел заставить этих бизнесменов на него работать. К этому у него были способности".

О сэре Джордже Янге, первом заместителе сэра Дика Уайта во времена холодной войны:

"Порочный. Умный, жесткий. Гулять любил один. После Службы пошел работать в «Хамброс» [банк]. Я спрашивал у них потом, как Джордж им показался. Прибыль он им принес или убыток? Они сказали, что, по их подсчетам, пятьдесят на пятьдесят. Он привлек в «Хамброс» деньги шаха, но так потом напортачил, что банк потерял примерно столько же, сколько Джордж для них заработал".

О профессоре Хью Треворе-Ропере, историке, сотруднике британской разведки в годы Второй мировой войны:

"Выдающийся ученый и все такое, но какой-то несуразный, никчемный. И испорченный. Я чуть не помер со смеху, когда он попался на эту удочку с дневниками Гитлера. Вся служба знала, что они фальшивые. Но Хью даже не сомневался. Ну как Гитлер *мог* их написать? С этим Ропером я бы в разведку не пошел. Когда я был начальником на Кипре, сказал однажды дежурному у входа: если появится капитан Тревор-Ропер, пусть свой штык себе в задницу засунет. Ропер появился, и дежурный передал ему мои слова. Хью был озадачен. Животики надорвешь. Вот что мне нравилось в нашей Службе. Иной раз ну просто животики надорвешь".

О том, как он снимал проститутку для одного потенциального агента британской разведки с Ближнего Востока:

"Отель «Сент-Эрмин». Она не пойдет. Слишком близко к Палате общин. «Мой муж — член парламента». И 4 июня ей нужен выходной, чтобы забрать сына — он у нее в Итоне*. «Так, может, мне лучше к кому-нибудь другому обратиться?» — говорю. Отвечает не раздумывая: «Да ладно, сколько дадите-то?»"

О Грэме Грине:

"Мы встретились в Сьерра-Леоне во время войны. Помню, Грин поджидал меня в порту. И как только я оказался в пределах слышимости, заорал мне: «Гондоны привез?» Была у него навязчивая идея насчет этих евнухов. Он изучал шифровальную книгу нашей резидентуры и обнаружил там, как это ни странно, коды для обозначения евнуха. Наверное, еще с тех дней, когда мы евнухов из гаремов в качестве агентов использовали. Грину до смерти хотелось послать сообщение с этим евнухом. Однажды он нашел способ. Высшее начальство потребовало, чтобы он присутствовал на каком-то совещании. В Кейптауне, кажется. Операция у него какая-то застопорилась или что-то там. Хотя вряд ли операция, по-моему, он никогда их не готовил. В общем, он послал ответное сообщение: «Я как евнух: хотел бы, но не могу»".

Вспоминает эпизод из жизни в Турции, где во время войны работал под дипломатическим прикрытием:

"Ужин у посла. Война в самом разгаре. Супруга посла вдруг вскрикивает: я, видите ли, отрезал носик. «Какой носик?» — «Уголок кусочка сыра». — «Слуга *подал* мне этот проклятый сыр», — говорю я ей. «А вы отрезали носик»,— говорит она. Где они, черт возьми, его достали? В самый-то разгар войны,

* 4 июня — большой ежегодный праздник в Итонском колледже.

будь она неладна. Чеддер. А подал мне этот сыр Цицерон* — тот парень, что продал абверу все наши секреты. Про высадку десанта в день «Д». И все остальное. А гансы ему не поверили. Обычное дело. Никто никому не доверял".

Я рассказываю Эллиоту, как в годы моей работы в МИ-5 вышел "Наш человек в Гаване" Грэма Грина, и юрисконсульт Службы хотел судить Грина по закону о государственной тайне за то, что тот описал, как глава резидентуры контактирует с главным агентом.

— Он и в самом деле едва за это не поплатился. И поделом было бы, черт возьми.

■

Но больше всего из рассказов Эллиота мне запомнился один диалог — Эллиот тогда только начинал прощупывать Филби и расспрашивал его об учебе в Кембридже:

"— Похоже, они считают, что ты, как бы это сказать, *запятнан*, — говорю я.

— Чем?

— Ну знаешь, ранние увлечения, членство…

— Где?

— В одном обществе, судя по всему, очень интересном. Какие в университетах и возникают обычно. Объединявшем всех левых. «Апостолы»**, кажется?"

* Цицерон — кличка немецкого тайного агента по имени Эльяс Базна, который работал камердинером Хью Нэтчбулл-Хьюджессена, британского посла в Анкаре. Теперь считают, что Базна, напротив, с самого начала был британским агентом и в его задачи входило дезинформировать немцев. Возможно, Эллиот делал то же самое со мной *(Прим. автора)*.

** Кембриджское общество "Апостолы", также известное под названием "Дискуссионное общество", — тайный дискуссионный клуб университетской элиты. Основан в 1820 году. Согласно заявлениям самих "апостолов", они практиковали "гомоэротизм" и "платоническую любовь". В тридцатых советские агенты вербовали в клубе молодых студентов, которые в перспективе могли послужить делу коммунизма. Но ни в одном списке членов клуба Ким Филби не значится *(Прим. автора)*.

■

В 1987-м, за два года до падения Берлинской стены, я ездил в Москву. На приеме, организованном Союзом писателей СССР, Генрих Боровик, журналист, связанный с КГБ, пригласил меня к себе в гости — на встречу со старым другом и поклонником моего творчества. Я поинтересовался, как его зовут, — оказалось, Ким Филби. Теперь уже из вполне надежного источника мне известно, что Филби, предчувствуя скорую смерть, надеялся уговорить меня стать соавтором второй книги его мемуаров — той самой, которую он должен был однажды, по убеждению Эллиота, достать из рукава. Но я отказался встречаться с Филби. Эллиот был мной доволен. По крайней мере, я так думаю. Хотя, возможно, втайне он все же надеялся, что я передам ему весточку от старого приятеля.

Рассказывая о последней встрече с Филби, о том, как якобы начал подозревать его за несколько лет до этого, Эллиот преподнес мне, скажем так, подчищенную версию событий. А правда, которую мы знаем благодаря Бену Макинтайру, такова: с тех пор как Филби попал под подозрение, Эллиот как мог пытался защитить ближайшего друга и коллегу. И только когда доказательства против Филби уже нельзя было опровергнуть, Эллиот постарался добиться от старого приятеля признания — да и то лишь частичного. Получил ли Эллиот приказ позволить Филби благополучно сбежать в Москву — этого мы, видимо, никогда не узнаем в точности. Так или иначе Эллиот меня одурачил, как дурачил и самого себя.

ГЛАВА 25
Quel Panama![*]

В 1885-м титанические усилия, предпринятые французами для строительства канала на уровне моря через Дарьенский перешеек[**], потерпели крах. Мелкие и крупные инвесторы всех мастей были разорены. И вся страна восклицала с горечью "*Quel Panama!*" Сомневаюсь, что это выражение сохранилось во французском языке, но оно прекрасно характеризует мои отношения с прекрасной страной Панамой, начавшиеся в 1947 году, когда мой отец Ронни отправил меня в Париж, чтоб получить 500 фунтов с некоего графа Марио да Бернаскины, панамского посла во Франции, который жил в красивом доме на одной из тех элегантных улочек, расходящихся от Елисейских Полей, где все время пахнет женскими духами.

Я надел серый школьный костюм, расчесал волосы на пробор и в назначенный вечерний час явился к дому посла. Мне было шестнадцать. Посол, уверял меня отец, отличный парень и давний долг чести уплатит с большим удовольствием. Очень хотелось ему верить. В тот день я уже ходил с подобным поручением в отель "Георг V", но успехом мой визит не увенчался. Консьержу отеля, некоему Анатолю, еще одному отличному парню, Ронни оставил на хранение клюшки для гольфа. Отец

* Какая Панама! *(фр.)*
** Другое название Панамского перешейка.

велел сунуть Анатолю десять фунтов — а это была приличная сумма в те дни и фактически все деньги, что Ронни дал мне на дорогу, — а Анатоль взамен передаст мне клюшки.

Но Анатоль, прикарманив десять фунтов и заботливо поинтересовавшись, здоров ли Ронни, сообщил мне, что и рад бы вернуть клюшки, но, к сожалению, никак не может: администрация отеля велела не отдавать их, пока Ронни не оплатит счет. И звонок в Лондон за счет вызываемого абонента проблемы не решил.

Господи боже мой, сын, а ты не мог позвать управляющего? Они что думают, твой папа хочет их надуть или как?

Конечно, нет, отец.

Двери элегантного особняка мне отворила женщина, самая соблазнительная на свете. Должно быть, я стоял ступенькой ниже, потому что помню, как она улыбалась, глядя на меня сверху, словно ангел-спаситель. Помню ее обнаженные плечи, темные волосы и воздушное многослойное платье из шифона, которое, однако, не скрывало ее фигуры. Для шестнадцатилетнего юноши соблазнительная женщина не имеет возраста. Я нынешний скажу, что она была в самом расцвете — лет тридцати с чем-нибудь.

— Вы *сын* Ронни? — недоверчиво спросила женщина.

Затем отступила, и я прошмыгнул мимо нее в дом. В холле она, положив руки мне на плечи, оглядела меня с ног до головы в свете люстры, внимательно и игриво, и, кажется, осталась довольна.

— Итак, вы хотите видеть *Марио*, — сказала женщина.

Если можно, ответил я.

Она не убрала рук с моих плеч и продолжала рассматривать меня глазами всех цветов радуги.

— Вы совсем еще *мальчик*, — заметила она, как бы делая себе пометку.

Граф ждал меня в гостиной, стоял спиной к камину, сложив руки за спиной, и походил на всех послов из всех фильмов того времени — дородный, в бархатном пиджаке, с безупречной прической — *рифленой*, как мы тогда говорили, копной седеющих волос, и руку мою он обхватил крепко — поздоровался по-мужски, хоть я и был совсем еще мальчик.

Графиня — ибо такую роль я ей отвел — не спрашивает, употребляю ли я алкоголь, а уж тем более — люблю ли дайкири. А если бы спросила, я ответил бы "да" на оба вопроса, то есть солгал бы. Она подает мне запотевший бокал с вишенкой на шпажке, мы все усаживаемся в кресла и некоторое время ведем светскую беседу, как принято у послов. *Нравится ли мне город? Много ли у меня друзей в Париже? Может быть, и девушка есть?* Посол шаловливо мне подмигивает. И я, конечно, что-то убедительно вру в ответ, умалчивая о клюшках для гольфа и консьержах, но в конце концов возникает пауза, и я понимаю: пора переходить к цели моего визита, но напрямую (это мне уже известно по опыту) о ней говорить не стоит, лучше пойти окольным путем.

— Отец упомянул, что вы с ним так и не завершили одно небольшое *дело*, сэр, — намекаю я послу и слышу свой голос будто издалека — дайкири подействовал.

Здесь следует объяснить суть этого небольшого дела, можно сказать, незамысловатого, в отличие от большинства сделок Ронни. Поскольку граф — дипломат и первый посол, сынок — я повторяю слова отца, с энтузиазмом излагавшего мне вкратце суть моей миссии, — он освобожден от досадных неудобств вроде налогов и ввозных таможенных пошлин. Граф может *ввозить*, что пожелает, и *вывозить*, что пожелает. Если кто-нибудь, скажем, послал графу, воспользовавшись его дипломатическими привилегиями, бочонок невыдержанного, немаркированного шотландского виски по паре пенсов за пинту, а граф согласно договоренности разлил его по бутылкам и отправил в Панаму или куда угодно, опять же воспользовавшись дипломатическими привилегиями, так это личное дело графа, и больше ничье.

Точно так же, если граф решил вывозить вышеупомянутый невыдержанный, немаркированный виски в бутылках определенной формы — похожих, допустим, на те, в которые разливают “Димпл Хейг” (популярная в то время марка), — то и на это он имеет полное право, равно как и выбрать любую этикетку для этих бутылок и сопроводить их содержимое любым описанием. Но меня пусть заботит только одно: граф должен расплатиться — наличными, сынок, без всяких фокусов. Когда же граф снабдит меня деньгами, я должен себя побаловать — заказать хорошее мясное ассорти на гриле за счет Ронни, сохранить чек и на следующее утро сесть на первый паром, а по прибытии в Лондон сразу прийти в его роскошный офис в Вест-Энде с оставшейся суммой.

— *Дело*, Дэвид? — повторил граф тоном моего школьного воспитателя. — Какое бы *это* могло быть дело?

— Вы задолжали ему пятьсот фунтов, сэр.

Я запомнил его растерянную и такую снисходительную улыбку. Запомнил роскошную обивку диванов, шелковые подушки, старые зеркала, отблеск золота и мою графиню, скрестившую длинные ноги под слоями шифона. Граф все разглядывал меня, растерянно и беспокойно. И то же самое делала моя графиня. А потом они стали поглядывать друг на друга, будто бы обмениваясь впечатлениями о том, что разглядели.

— Очень жаль, Дэвид. Узнав о твоем предстоящем визите, я уж понадеялся, что это ты, может быть, принесешь *мне* часть той немалой суммы денег, что я вложил в смелые предприятия твоего дорогого отца.

До сих пор не представляю, как я отреагировал на столь ошеломляющий ответ и достаточно ли он меня ошеломил. Помню, на короткое время я перестал осознавать, где нахожусь и который теперь час, — причиной, полагаю, был отчасти дайкири, отчасти — понимание, что сказать мне нечего, что я не имею права сидеть у них гостиной и лучше всего мне сейчас извиниться и уйти. А потом я вдруг не обнаружил в комнате ни графа, ни графини. Вскоре хозяин с хозяйкой вернулись. Граф улыбался мне сердечно и беззаботно. И графиня выглядела очень довольной.

— Дэвид, — сказал граф как ни в чем не бывало. — Может, нам пойти поужинать и поговорить о чем-нибудь более приятном?

У них был любимый русский ресторанчик — метрах в пятидесяти от дома. Помню крошечный зал, и никого в нем нет, кроме нас троих да мужчины в мешковатой белой рубахе, который щиплет струны балалайки. За ужином, пока граф говорил о чем-то более приятном, графиня скинула туфлю и гладила мою ногу пальчиком в нейлоне. А когда мы танцевали на крошечной эстраде, графиня, напевая "Очи черные", прижималась ко мне всем телом, покусывала мочку моего уха и одновременно кокетничала с балалаечником — граф снисходительно за всем этим наблюдал. Когда мы вернулись к столу, граф решил, что всем пора в постель. Графиня, крепко сжав мою руку, поддержала это предложение.

Забывчивость избавила меня от воспоминаний о том, как, под каким предлогом я ушел, но как-то я все-таки ушел. Как-то нашел себе скамеечку в парке и как-то умудрился остаться мальчиком, коим меня объявила графиня. Спустя не один десяток лет я оказался в Париже совсем один и попробовал отыскать ту улицу, тот дом, тот ресторан. Но даже если бы они еще существовали, все равно были бы уже не те.

■

Не стану кривить душой и утверждать, будто притягательность этой пары — графа и графини — и заставила меня полвека спустя приехать в Панаму и сделать ее местом действия двух романов и одного фильма; однако тот чувственный, несбывшийся вечер продолжал жить в моей памяти, пусть лишь как воспоминание о том, что едва-едва не случилось в юности, которая никогда не заканчивается. Почти сразу по прибытии в столицу Панамы я стал наводить справки. *Бернаскина*? Никто о таком не слышал. *Граф*? Из *Панамы*? Это казалось маловероятным. Может, мне приснилось? Нет, не приснилось.

Я отправился в Панаму за материалом для романа. У него, на удивление, даже название уже было — “Ночной администратор”. Я приехал в поисках жуликов, ребят с хорошо подвешенным языком и грязных делишек, которые украсили бы жизнь англичанина Ричарда Онслоу Ропера, торговца оружием, безнравственного типа. Там, где мой отец Ронни мелко плавал и часто тонул, Ропер стал крупной рыбой. Ронни пробовал продавать оружие в Индонезии и сел за это в тюрьму. Но Ропер был слишком велик, чтоб потерпеть неудачу, — до тех пор пока не встретился с судьбой в лице Джонатана Пайна, бывшего солдата войск спецназначения, ставшего ночным администратором.

Вместе с Пайном — моим тайным сообщником — я нашел укромное местечко для него и его возлюбленной в величественном Луксоре; исследовал первоклассные отели Каира и Цюриха, леса и золотые рудники на севере провинции Квебек; а оттуда отправился в Майами — спросить совета у сотрудников управления по борьбе с наркотиками США, и те уверили меня, что лучшего места, чтоб продавать оружие и покупать наркотики, чем зона свободной торговли в панамском Колоне у западного входа в канал, Роперу просто не найти. В Колоне, сказали они, Ропер вполне может рассчитывать на невнимание властей, необходимое для осуществления его плана.

Я спросил: а если Ропер захочет похвастать своим товаром, устроить демонстрацию, не привлекая, однако, ненужного внимания? И тут Панама подходит, сказали они. Нужно ехать в горы, вглубь страны. Там никто не будет задавать вопросов.

■

В промокшем насквозь панамском горном лесу неподалеку от границы с Коста-Рикой американский военный советник (в отставке, все время повторяет он) проводит мне экскурсию по очень неприятному месту — лагерю, где инструктора из ЦРУ когда-то тренировали спецназовцев из полудюжины государств Центральной Америки — в те дни Соединенные Штаты боролись со всеми, кто хоть немного был похож на коммунистов, и потому поддерживали наркодиктаторов этого региона. Тянешь за проволоку, и из кустов поднимаются, пошатываясь, изрешеченные пулями ярко намалеванные мишени: испанская дама — жительница колонии с обнаженной грудью, вооруженная “калашниковым”, окровавленный пират в треуголке с поднятой абордажной саблей, рыжеволосая девочка с раскрытым ртом — вероятно, она кричит: “Не стреляйте, я ведь еще маленькая!” На опушке леса — деревянные клетки для диких зверей: кугуаров, камышовых котов, оленей, змей, обезьян — все умерли от голода и сгнили в этих клетках. А в грязном вольере для птиц — останки попугаев, орлов, журавлей, коршунов и грифов.

Чтоб научить парней не щадить никого, объясняет мой проводник. Чтоб научить их не знать жалости.

■

И вот я снова в столице, и вежливый панамец по имени Луис провожает меня к Дворцу Цапель на встречу с правящим президентом Эндарой. По дороге до дворца он потчует меня свежими сплетнями.

По площадке перед дворцом вышагивают традиционно живущие здесь цапли, но это не потомки многих поколений цапель, как все считают. Это самозванки, говорит Луис с деланым возмущением, которых тайно пронесли во дворец под покровом ночи. Когда президент Джимми Картер приезжал с визитом к своему панамскому коллеге, люди из его службы безопасности обработали дворец дезинфицирующим средством. К ночи вся стая президентских цапель лежала во дворе мертвая. Вместо них за несколько минут до прибытия Картера доставили пассажирским самолетом других птиц неизвестного происхождения, пойманных в Колоне.

Эндара недавно овдовел и женился на своей любовнице всего через несколько месяцев после кончины супруги, тараторит Луис. Президенту пятьдесят четыре, а его новой супруге, студентке Панамского университета, двадцать два. Панамская пресса вовсю потешается над этим событием, Эндару окрестили *El Gordo Feliz* — Счастливый толстяк.

Мы пересекаем площадку перед дворцом, любуемся подложными цаплями, поднимаемся по величественной лестнице в испанском колониальном стиле. На ранних фотографиях Эндара выглядит как уличный дебошир, каким он и был когда-то, но Эндара, встречающий меня, так похож на моего графа, что если бы не фрак и красная лента поперек просторного белого жилета, я мог бы, размечтавшись, спросить у него насчет пятисот фунтов. У ног Эндары стоит на четвереньках молодая женщина в дизайнерских джинсах, обтягивающих ее красивый зад, — вместе с детьми президента она строит дворец из конструктора "Лего", и дело это, видно, нелегкое.

— Дорогая! — кричит ей Эндара по-английски, чтобы и я понял. — Смотри, кто пришел! Ты, конечно, слышала…

И так далее.

Не вставая с колен, первая леди быстро окидывает меня взглядом и возвращается к строительству.

— Но дорогая, ты, *конечно*, о нем слышала! — умоляет президент. — Ты читала его чудесные книги! Мы вместе читали!

Хоть и с запозданием, во мне просыпается бывший дипломат.

— Мадам президент. Вы вовсе не обязаны были обо мне слышать. Но вы, конечно, слышали об актере Шоне Коннери, который снимался в моем последнем фильме?

Длинная пауза.

— Вы *друг* мистера Коннери?

— Именно так, — отвечаю я, хотя Коннери едва знаю.

— От всей души приветствуем вас в Панаме, — говорит она.

■

В клубе “Юнион”, земной обители панамских богачей и знаменитостей, я вновь навожу справки о графе Марио да Бернаскина, панамском после во Франции, предполагаемом муже моей графини, поставщике немаркированного виски. Никто такого не помнит, а если кто помнит, то, видимо, предпочел бы забыть. И только мой неутомимый панамский друг Роберто после долгих расспросов наконец сообщает, что граф этот не просто существовал, но и сыграл некую незначительную роль в переменчивой жизни своей страны.

Свой титул граф “получил в Испании, но через Швейцарию” — понимай как хочешь. Бернаскина дружил с Арнульфо Ариасом, президентом Панамы. Когда Торрихос свалил Ариаса, граф бежал в зону Панамского канала, подконтрольную американцам, и назвался бывшим министром иностранных дел правительства Ариаса. Никаким министром он не был. Однако несколько лет жил припеваючи — до тех пор, пока однажды вечером тайная полиция Торрихоса не похитила Бернаскину прямо из Американского клуба, где тот вкушал ужин — хочется верить, обильный. Графа заключили в печально известную тюрьму Ла Модело, обвинили в заговоре против режима, государственной измене и подстрекательстве к бунту. А через три месяца по какой-то загадочной причине освободили. Немолодой уже Бернаскина заявлял с гордостью, что двадцать пять лет прослужил в панамском дипкорпусе, хотя на самом-то деле к внешнеполитическому ведомству Панамы никакого отношения не имел. А уж панамским послом во Франции тем более не был. О графине, если она являлась таковой, Роберто, к счастью, ничего не сказал — не разрушил моих мальчишеских фантазий.

А по поводу бочонка немаркированного виски и нерешенного вопроса о том, кто кому остался должен, если остался, пятьсот фунтов, только одно можно сказать с уверенностью: когда мошенник встречает мошенника, дело всегда кончается взаимными обвинениями.

■

Страна — тоже персонаж. В “Ночном администраторе” Панама была лишь статисткой, но потребовала отвести ей ведущую роль в новом романе, который я собрался написать, пусть и через пять лет. Герой моей будущей книги — порядком позабытый обитатель шпионского мира, а именно фальсификатор разведданных, или, на профессиональном жаргоне, сплетник. Грэм Грин воспел труд фальсификатора в “Нашем человеке в Гаване”, это верно. Но из-за фальсификаций бедняги Уормолда война не разразилась. А я хотел превратить фарс в трагедию. Соединенные Штаты уже научились весьма искусно вторгаться в Панаму и в то время еще оттуда не ушли. Так пусть вторгнутся опять, на сей раз воспользовавшись в качестве предлога разведданными, которые состряпает мой сплетник.

Но кто сыграет роль сплетника? Он должен быть обычным, средним человеком, добрым, наивным, симпатичным, он не вершит судьбы мира, но все же не лишен амбиций. Он должен быть предан тому, что ему дороже всего: жене, детям, своей профессии. А еще он должен быть фантазером. В разведке, как известно, к фантазерам питают слабость. Многие из знаменитых ее питомцев — Аллен Даллес, например, — были фантазерами в своем роде. Он должен работать в сфере услуг и таким образом общаться с большими людьми, лучшими людьми, влиятельными и доверчивыми людьми. Так, стало быть, он модный парикмахер, *Фигаро*? Торговец антиквариатом? Владелец галереи?

Или портной?

Только о двух или трех своих романах я могу точно сказать: “Вот с чего все началось”. “Шпион, пришедший с холода” начался в лондонском аэропорту, когда коренастый мужчина лет сорока плюхнулся на барный стул рядом со мной, порылся в кармане плаща и высыпал на стойку горсть мелочи — я насчитал с полдюжины валют. Здоровенными руками боксера он перебирал монеты, пока не набрал достаточную сумму в одной валюте.

— Большой виски, — заказал он. — И никакого, к черту, льда.

Больше он ничего не сказал, или это теперь мне так кажется, но я вроде бы уловил легкий ирландский акцент. Когда мужчине принесли стакан, он привычно, как закоренелый пьяница, присосался к нему и осушил двумя глотками. И поплелся прочь, ни на кого не глядя. Насколько я могу судить, он был коммивояжером, от которого отвернулась удача. Кем бы он ни был, а я сделал его шпионом, Алеком Лимасом, героем романа "Шпион, пришедший с холода".

■

А после я встретил Дага.

В Лондон приезжает мой друг из Америки и предлагает зайти к его портному Дагу Хейворду в ателье на Маунт-стрит в Вест-Энде. Дело происходит в середине девяностых. Мой друг из Голливуда. У Дага Хейворда многие актеры и кинозвезды одеваются, говорит он. Как-то непривычно видеть портного сидящим, но Даг, когда мы его находим, восседает в кресле с "ушами" и беседует по телефону. Позже Даг рассказал мне, что часто сидит, поскольку, во-первых, высокого роста, а возвышаться над клиентами не хочет.

Даг беседует с женщиной, по крайней мере я так полагаю, поскольку он все время говорит "дорогуша", "милочка" и поминает ее муженька. Его речь театральна и назидательна, следы кокни изглажены из нее, остались только интонации. В молодости Даг много работал над дикцией, чтобы с клиентами в ателье говорить на языке аристократов. Потом наступили шестидесятые, язык аристократов вышел из моды, а диалекты вернулись, и не в последнюю очередь благодаря актеру Майклу Кейну, клиенту Дага, кокни стал изюминкой десятилетия. Но Даг ведь не зря учил язык аристократов. Так что упорно говорил на нем, а аристократы выходили от него и где-то поблизости учились говорить на языке обычных людей.

— Послушай, милочка, — говорит Даг в трубку. — Мне очень жаль, что твой муженек с кем-то крутит, потому что я вас обоих люблю. Но посмотри на это так. Когда вы познакомились, у него была законная жена, а ты — на стороне. Потом от жены он избавился и женился на любовнице. — Даг делает паузу для пущего эффекта, поскольку видит, что теперь уже и мы слушаем. — То есть место вакантно, не правда ли, милочка?

— Ателье — это театр, — говорит нам Даг за обедом. — Они ведь не потому ко мне приходят, что им *нужен* костюм. Они приходят посплетничать. Приходят вспомнить молодость или лясы поточить. Знают они, что им нужно? Конечно, нет. Одеть Майкла Кейна может всякий, а ты поди одень Чарльза Лотона! Кто-то должен быть в *ответе* за костюм. Один малый на днях спросил меня, почему я не шью костюмы, как у Армани. Я ему говорю: "Послушай, Армани шьет костюмы от Армани лучше меня. Если тебе нужен Армани, иди на Бонд-стрит и купи — сэкономишь шестьсот фунтов".

Своего портного я назвал Пенделем, не Хейвордом, а книгу — "Портной из Панамы", подразумевая отсылку к "Портному из Глостера" Беатрис Поттер. И сделал его наполовину евреем, потому что, подобно первым американским кинематографистам, большинство наших портновских семейств в то время были иммигрантами из Центральной Европы, переселившимися в Ист-Энд. А Пендель — от немецкого слова, обозначающего "маятник", потому что мне нравилось представлять себе, что мой портной колеблется туда-сюда — от правды к вымыслу. Теперь мне нужен был только испорченный британец, негодяй из хорошей семьи, который завербовал бы моего Пенделя и наживался бы за его счет. Впрочем, у всякого, кто преподавал в Итоне, как я, претендентов на эту роль хватало.

ГЛАВА 26
Под прикрытием

Прошло всего несколько лет с тех пор, как мы с ним попрощались, но я не могу вам сказать, когда это было и где. Не могу сказать, сожгли мы его или закопали, в городе или за городом, звали его Томом, Диком или Гарри, по христианскому обычаю хоронили или по какому другому.

Назову его Гарри.

Жена Гарри была на похоронах, она стояла, выпрямив спину, — женщина, с которой он прожил пятьдесят лет. В нее плевали в очереди за рыбой, над ней насмехались соседи, полицейские вламывались к ней в дом — они ведь считали, что трясут местного коммуниста-смутьяна, а значит, выполняют свой долг — и все это она терпела ради Гарри. И ребенок Гарри, взрослый уже, пришел на похороны, и ему приходилось терпеть издевательства — в школе и потом. Но я не могу вам сказать, мальчик это был или девочка и нашел ли он или она безопасный уголок в мире, который Гарри защищал — по крайней мере, он так думал. Его жена, ныне вдова, держалась стойко, как и всегда в трудных ситуациях, а взрослый ребенок был сломлен горем, и мать, очевидно, презирала его за это. Жизнь, полная лишений, научила ее ставить выдержку превыше всего, и от своего отпрыска она ждала того же.

■

Я пришел на похороны, потому что когда-то был начальником Гарри — святая обязанность и в то же время деликатная, поскольку с ранней юности он был нацелен на выполнение одной задачи: расстроить планы предполагаемых врагов своей страны, став одним из них. Партийные догмы Гарри усваивал до тех пор, пока они не вошли в его плоть и кровь. Гарри так исказил свой разум, что уже и не помнил, наверное, его первоначального состояния. С нашей помощью он приучился мыслить и действовать не задумываясь, как истинный коммунист. При этом на еженедельный доклад к своему куратору всегда умудрялся явиться с улыбкой.

Я спрашивал: ну как, Гарри, все хорошо?

— Все путем, спасибо. А как поживаете вы и ваша хозяйка?

Гарри брался за всякую черную партийную работу — по вечерам и в выходные, — от которой его товарищи только рады были избавиться. Он продавал "Дейли уокер" на углу или не мог продать и тогда выбрасывал оставшиеся экземпляры, а стоимость их покрывал, вкладывая деньги, которые мы ему давали. Для приезжавших из Советского Союза атташе по культуре и третьих секретарей КГБ он и курьером был, и вербовщиком, и соглашался выполнять их скучные задания — например, узнать, что, по слухам, делают на производствах в районе, где он живет. А если никаких слухов до Гарри не доходило, мы и слухи ему обеспечивали, прежде убедившись в их безвредности.

Постепенно благодаря своему усердию и преданности делу Гарри вырос, сделался уважаемым товарищем, и ему стали давать полусекретные задания, однако, хотя он старался выжать из них все возможное, и мы тоже, раздобыть информацию, имевшую бы хоть мало-мальскую ценность на рынке разведданных, удавалось редко. Но неудачи, уверяли мы Гарри, не имеют никакого значения: он нужный человек на нужном месте, он перехватывает информацию — вот что важно. А если перехватывать нечего, Гарри, говорили мы ему, это тоже хорошо: значит, нынче ночью мы будем спать чуть спокойнее. И Гарри весело замечал: в конце концов, Джон (или как я там себя называл), кто-то должен и трубы чистить, так ведь? И мы говорили: кто-то должен, Гарри, — и благодарили его за то, что он чистит.

Время от времени — наверное, чтоб поддержать боевой дух Гарри, — мы вместе входили в виртуальный мир агента, оставшегося на территории противника: если красные когда-нибудь придут, Гарри, и ты вдруг окажешься большой партийной шишкой в своем округе, тогда-то ты и станешь каналом информации для борцов движения сопротивления, которым надо будет гнать потом этих сволочей до самого моря. И, дабы отнестись к подобной фантазии со всей серьезностью, мы доставали радиопередатчик Гарри из тайника на чердаке, сдували с него пыль и смотрели, как Гарри передает фиктивные сообщения в воображаемую подземную штаб-квартиру и в ответ получает фиктивные приказы — нужно же практиковаться, раз над Британией нависла угроза советской оккупации. Нам было чуточку неловко таким заниматься, и Гарри тоже, но это входило в наши обязанности, и мы продолжали их выполнять.

Впоследствии, уже оставив секретный мир, я размышлял, что двигало Гарри и его женой и другими Гарри и их женами. Если б Гарри пошел к психиатрам, те хорошенько повеселились бы, но и Гарри веселился бы не меньше. “А что вы мне предлагаете делать? — спросил бы он их. — Позволить компартии, мать ее, увести страну у меня из-под носа?”

Двойная жизнь не доставляла Гарри удовольствия. Но таково было неизбежное бремя, сопутствующее его профессии, и он его нес. Мы платили ему гроши, а если бы платили больше, он бы чувствовал себя неловко. И кроме того, не мог бы потратить этих денег с удовольствием. Так что мы платили ему мизерное жалованье и мизерную пенсию, называли это содержанием и добавляли к этому столько уважения и дружелюбия, сколько позволяли соображения безопасности. Со временем Гарри и его жена, которая тоже изображала хорошую жену товарища, украдкой сделались слегка религиозными. Священнослужитель той церкви, к которой они примкнули, по-видимому, никогда не спрашивал, зачем два заядлых коммуниста ходят к нему на молитву.

Когда похороны закончились и друзья, родственники и товарищи по партии разошлись, приятный мужчина в плаще и черном галстуке подошел к моей машине и пожал мне руку.

— Я из Конторы, — пробормотал он смущенно. — Гарри у меня уже третий за месяц. Как будто одновременно умирать надумали.

Гарри был одним из тех, кого называют пушечным мясом, из благородных мужчин и женщин, которые любили свою страну и, полагая, что коммунисты намерены ее уничтожить, предпочитали не сидеть сложа руки. Он считал красных в общем хорошими ребятами — по-своему, идеалистами, но с несколько искаженными взглядами. Он жил в соответствии со своими убеждениями и умер безвестным солдатом холодной войны. Практика внедрения шпионов в организации, предположительно ведущие подрывную деятельность, стара как мир. Говорят, Джон Эдгар Гувер с несвойственным ему остроумием так отреагировал на известие, что Ким Филби советский двойной агент:

— Скажите там, что у Иисуса Христа было всего двенадцать и один из них оказался двойным.

Сегодня мы читаем о тайных полицейских агентах, что проникают в миротворческие организации и организации по защите животных под чужими именами, заводят любовников и усыновляют детей, и испытываем отвращение, поскольку сразу понимаем: в данном случае цели вовсе не оправдывают обмана или ущерба, причиняемого людям. Гарри, слава богу, действовал не так и верил, что его работа, безусловно, морально оправданна. Он считал мировой коммунизм силой, враждебной его стране, а британских коммунистов — врагами в его же собственном стане. Ни один британский коммунист из знакомых мне никогда не согласился бы с такой точкой зрения. А вот британская элита, безусловно, соглашалась, и этого Гарри было достаточно.

ГЛАВА 27
Охота на военачальников

У романа было все, даже заглавие — "Песня для зебры". Место действия — Лондон и Восточное Конго, главный герой — сын ирландского миссионера-грешника и дочери конголезского вождя по имени Сальвадор, или, сокращенно, Сальво. С раннего детства ревностные христианские проповедники промывали ему мозги; расплачиваясь за предполагаемые грехи своего отца, Сальво сделался изгоем, поэтому я, поплакав над собственной судьбой, тут же себя с ним отождествил.

У меня было три конголезских военачальника, каждый из них — предводитель клана или социальной группы, в которой родился. Помимо них я вскормил и вспоил небольшой отряд британских и южноафриканских наемников и придумал сюжет, достаточно гибкий, чтоб отвечать надобностям и прихотям, которые будут возникать у моих героев по мере развития событий на страницах книги.

У меня была красивая молодая конголезка-медсестра, уроженка Киву, работавшая в больнице на востоке Лондона и желавшая только одного — вернуться на родину. Я ходил по коридорам ее больницы, сидел в приемных покоях, наблюдал, как доктора и медсестры снуют туда-сюда. Я вычислил, когда заканчиваются смены, и на почтительном расстоянии ходил за усталыми медсестрами, которые, разбившись на группы, возвращались в комнаты отдыха или в общежития. В Лондоне и Остенде я посещал сборища конголезских эмигрантов и, сидя с ними плечом к плечу, слушал истории о массовых изнасилованиях и преследованиях.

Но была одна маленькая загвоздка. О стране, которую описывал, я знал только с чужих слов, о ее коренных жителях не знал практически ничего. Три конголезских военачальника, которых Макси, главарь наемников, втянул в боевую операцию по захвату власти в Киву, вовсе не были персонажами в полном смысле этого слова, а так, фотороботами, составленными на основании слухов и моих ни на чем не основанных фантазий. И саму великую провинцию Киву, и ее столицу Букаву я нафантазировал, выдумал, начитавшись старых путеводителей и статей в интернете. Словом, вся конструкция романа оказывалась чистой воды вымыслом, родившимся в моей голове в тот период жизни, когда в силу семейных обстоятельств я не мог путешествовать. И вот наконец я волен был сделать то, что в более благоприятной ситуации сделал бы еще год назад, — отправиться в Конго.

Меня тянуло туда непреодолимо. Я читал о Букаву, основанном в начале двадцатого века бельгийскими колонизаторами у южной оконечности озера Киву, самого высокогорного и прохладного из Великих Африканских озер, и воображал потерянный рай. Мне мерещилась туманная Шангри-Ла, широкие улицы под бременем цветущих бугенвиллей и виллы с пышными садами, спускающимися к берегу озера. Вулканическая почва на склонах окружающих холмов столь плодородна, писали в тех же путеводителях, а климат столь мягок, что вряд ли найдется фрукт, овощ или цветок, который не мог бы благополучно здесь произрастать.

А еще Восточное Конго — гиблое место. Об этом я тоже прочел. Его богатства веками привлекали самых разных хищников рода человеческого — от бродячих руандийских повстанцев до авантюристов-дельцов, приезжавших сюда из глянцевых офисов в Лондоне, Хьюстоне, Петербурге или Пекине. Когда в Руанде начался геноцид, Букаву оказался на пути беженцев первым. Повстанцы хуту, которые бежали из Руанды, с тем чтобы потом отомстить руандийскому правительству, выгнавшему их из страны, сделали Букаву своей базой. Во время войны, позже названной Первой конголезской, город был разорен.

Так что я увижу там теперь? И что почувствую? Мой герой Сальво родился в Букаву. Неподалеку, в каких-нибудь зарослях, спряталась и римско-католическая семинария, где жил отец Сальво, священник-ирландец, добряк и грешник, не устоявший перед чарами туземной женщины. Вот бы эту семинарию найти.

■

Я прочел “По следам мистера Куртца” Микелы Ронг и был в полном восторге. Ронг жила в столице Конго Киншасе и в общей сложности провела в Африке двенадцать лет. После геноцида она работала в Руанде корреспондентом “Рейтер” и Би-би-си. Я пригласил Микелу на обед. Может ли она мне помочь? Может. А может и вовсе в Букаву со мной отправиться? Может, но с условием. С нами поедет Джейсон Стернз.

В свои двадцать девять Джейсон Стернз, африканист, полиглот, был старшим аналитиком Международной кризисной группы. А еще — я даже не мог в это поверить — три года проработал в Букаву советником ООН по политическим вопросам. Стернз в совершенстве знал французский, суахили и неизвестно сколько других африканских языков. И считался на Западе одним из ведущих специалистов по Конго.

Что еще удивительно, оказалось, и Джейсону, и Микеле тоже нужно в Восточное Конго по работе. И они согласились поехать вместе со мной. Микела и Джейсон прошлись по первым неловким наброскам моего романа, указали на многочисленные его огрехи. Зато им стало понятно, с какими именно людьми мне интересно познакомиться и где именно нужно побывать. Первыми в моем списке шли три военачальника, за ними — католические проповедники, а также семинарии и школы, где прошло детство Сальво.

На этот раз рекомендация министерства иностранных дел была однозначной: в Восточное Конго не ездить. Но Джейсон прозондировал обстановку и сообщил: в Букаву вполне спокойно, принимая во внимание, что Демократическая Республика Конго готовится к многопартийным выборам, чего уже 41 год не было, поэтому определенное волнение ощущается. Обоим моим спутникам такая пора подходила как нельзя лучше, да и мне и моим героям тоже, ведь действие романа разворачивалось накануне именно таких выборов. Шел 2006 год, то есть со времен геноцида в Руанде минуло двенадцать лет.

Теперь, по прошествии времени, мне немного совестно, что тогда я уговорил Микелу и Джейсона взять меня с собой. Если бы случилось непредвиденное (а в Киву это практически неизбежно), я, убеленный сединами и не слишком проворный старик семидесяти с лишним лет, стал бы им обузой.

■

Задолго до того, как наш джип, выехав из столицы Руанды Кигали, добрался до границы Конго, мой вымышленный мир уступил место реальному. Отель “Миль Колин” в Кигали, он же отель “Руанда” из известного кинофильма, выглядел удручающе обычным. Я не нашел в нем памятного снимка актера Дона Чидла или его альтер эго Пола Русесабаджины — управляющего отелем, который существовал в действительности и в 1994-м сделал “Миль Колин” тайным убежищем для тутси, бежавших в ужасе от людей с винтовками и панга*.

Но для людей, теперь находившихся у власти, эта история уже не имела значения. Тому, кто, попав в Руанду, внимательно смотрел по сторонам, десяти минут хватало, чтобы понять: пра-

* Тип мачете, распространенный в Африке.

вительство, возглавляемое тутси, закручивает гайки как следует. Из окон автомобиля, петлявшего по холмам в направлении Букаву, мы увидели мельком руандийское правосудие в действии. На аккуратно раскроенных лугах, какие и в швейцарской долине были бы к месту, сидели на корточках кружком, как школьники в летнем лагере, крестьяне. В центре такого кружка, на месте учителя, стоял человек в розовой тюремной робе и либо жестикулировал, либо молчал, повесив голову. Подозреваемых *génocidaires**, ожидающих суда, оказалось слишком много, и чтобы, так сказать, разгрести завалы, Кигали восстановил систему традиционных сельских судов. В роли обвинителя или защитника мог выступить любой. Но судей назначало новое правительство.

Где-то за час до конголезской границы мы свернули с дороги и взобрались на холм, чтобы увидеть жертв тех самых *génocidaires*. Из окон бывшей средней школы открывался вид на заботливо ухоженные долины внизу. Заведующий, который чудом выжил, водил нас из одного класса в другой. Мертвецы — сотни людей, целые семьи, которых обманом заставили собраться здесь, якобы чтобы защитить, а потом всех перебили, — были разложены по четверо и по шестеро на деревянных поддонах и покрыты каким-то застывшим составом, похожим на разведенную в воде муку. А женщина в маске покрывала их новым слоем. Сколько еще она их будет раскрашивать? Сколько еще они пролежат? Среди мертвых было много детей. В деревнях резню устроили сами же крестьяне, и технология у них была вполне понятная: для начала перерезать сухожилия, а потом можно не торопиться. Кисти, предплечья, ступни хранились отдельно, в корзинах. Разорванную, коричневую от крови одежду, в основном детскую, развесили под потолком в просторном актовом зале.

— Когда вы их похороните?

— Когда они сделают свое дело.

Их дело — служить доказательством того, что все это действительно было.

* Лица, ответственные за геноцид *(фр.)*.

Некому назвать убитых по именам, некому скорбеть о них и некому хоронить, объясняет наш гид. Скорбящие тоже мертвы. Мы оставили тела на виду, чтобы заставить сомневающихся и отрицающих замолчать.

■

На обочинах появились руандийские солдаты в зеленой форме, похожей на американскую. Ветхий сарай за стальным мостом, перекинутым через русло реки Рузизи, — это конголезская погранзастава. Женщины-инспекторы хмурят брови, разглядывая наши паспорта и справки о прививках, качают головами, совещаются. Чем меньше в стране порядка, тем несговорчивей чиновники.

Но с нами Джейсон.

Дверь в соседнюю комнату распахивается с треском, Джейсон обменивается с кем-то радостными возгласами. И исчезает. Звучит раскатистый смех, нас поздравляют, возвращают документы. Мы прощаемся с Руандой и прекрасным асфальтированным шоссе, и минут пять, пока едем до отеля, наш джип мотает по большущим колдобинам в красной кивуанской грязи. Джейсон — знаток африканских диалектов, как и мой Сальво. Когда страсти разгораются, поднимается буча, Джейсон сначала подключается, а затем потихоньку, уговорами, успокаивает противников. Это не тактический прием, Джейсон действует по наитию. И я представляю, как мой Сальво — дитя конфликта, миротворец по природе своей — делает то же самое.

■

Во всех горячих точках, куда я осторожно наведывался, обязательно был кабачок, где, словно исполняя некий тайный ритуал, собирались репортеры, шпионы, приезжие дельцы-авантюристы и работники гуманитарных организаций. В Сайгоне — “Континенталь”, в Пномпене — “Пном”, во Вьентьяне — “Констилейшн”, в Бейруте — “Коммодор”. А здесь, в Букаву, такое заведение расположено в приземистом колониальном особняке на берегу озера, обнесенном забором и окруженном неприметными домиками, и называется “Оркид”. Владеет им умудренный жизнью бельгийский *колонист*, которому непременно выпустили бы кровь во время одной из кивуанских войн, если бы брат бельгийца, ныне покойный, не укрыл его в безопасном месте. В углу обеденного зала сидит пожилая немка и с тоской рассказывает посетителям о тех днях, когда Букаву был белым городом и она на своей “альфа-ромео” могла ездить по бульвару со скоростью сто километров в час. На следующее утро мы едем тем же маршрутом, но не так быстро.

Бульвар прямой, широкий, но, как и все улицы в Букаву, размыт потоками красной дождевой воды, льющейся с окрестных гор. Дома здесь обветшали, а когда-то были жемчужинами стиля ар-нуво — скругленные углы, высокие окна, подъезды, как старые театральные органы. Город выстроен на пяти полуостровах, “словно на зеленой ладони, опущенной в воды озера” — писали в наиболее поэтичных путеводителях. Самый большой и некогда самый фешенебельный полуостров называется Ла-Бот — здесь находилась одна из многочисленных резиденций Мобуту, полоумного короля и императора Заира. Солдаты, не позволившие нам войти, объяснили, что в настоящее время виллу ремонтируют и принадлежит она теперь новому президенту Конго Жозефу Кабила — уроженцу Киву, сыну революционера, марксиста-маоиста. В 1997-м отец Кабила сверг Мобуту, правда, через четыре года и сам погиб от руки собственного телохранителя.

Над водой курится пар. Граница с Руандой делит озеро вдоль напополам. Палец Ла-Бот указывает на восток. Рыба здесь очень мелкая. А еще в озере обитает чудовище мамба-муту — полуженщина-полукрокодил. Ее любимое лакомство — человеческие мозги. Я слушаю гида и все записываю в блокнот, хоть и знаю, что записями этими никогда не воспользуюсь. Фотоаппараты не для меня. Когда я записываю, мысль сохраняется в памяти. А когда снимаю, фотоаппарат, скажем так, отнимает мой хлеб.

Входим в католическую семинарию. Отец Сальво был из здешней братии. Глухие кирпичные стены семинарии на этой улице кажутся чем-то инородным. А за ними раскинулось царство садов, спутниковых антенн, гостевых комнат, залов собраний, компьютеров, библиотек и молчаливых служителей. В столовой к кофемашине подходит, еле волоча ноги, старый седой священник в джинсах, удостаивает нас долгим, потусторонним взглядом и идет своей дорогой. Так, пожалуй, выглядел бы сейчас отец Сальво, будь он все еще жив, думаю я.

Конголезский священник в коричневой рясе сокрушается: мол, его африканские братья в опасности, и исходит она от кающихся грешников, слишком уж красноречиво рассказывающих на исповеди о межнациональной вражде, которую они питают. Но вместо того, чтоб остудить грешников, продолжает он, святые отцы сами распаляются от их пламенных речей и порой становятся экстремистами почище прочих. Так было в Руанде: известно, что иные благонадежные, в общем, священники созывали своих прихожан-тутси в храм, а потом с благословения этих самых священников храм поджигали или равняли с землей.

Святой отец говорит, я пишу в блокноте, но не его золотые слова фиксирую, как он, наверное, думает, а манеру их произнесения: отмечаю его интеллигентный африканский французский, изящество его неторопливой, гортанной речи, печаль, звучащую в его словах, когда он рассказывает о грехах своих братьев.

■

Реальный Томас очень далек от моих представлений о нем, и снова мне приходится отказываться от своих предрассудков. Он высокого роста, учтив, одет в синий костюм хорошего покроя. С нами, своими гостями, Томас искусно непринужден, как хороший дипломат. Его дом, который охраняют люди с полуавтоматическими винтовками, просторен и выглядит солидно. Пока мы беседуем, на громадном телеэкране идет беззвучный футбольный матч. Ни один военачальник из моих ни на чем не основанных фантазий ни капли на него не похож.

Томас — баньямуленге. Его народ беспрестанно воюет в Конго последние двадцать лет. Баньямуленге — выходцы из Руанды, занимаются овцеводством и вот уже лет двести как поселились в Южном Киву, на высокогорном плато в горах Муленге. Баньямуленге знамениты своим военным искусством и склонностью к уединенной жизни, нелюбимы за то, что якобы симпатизируют Руанде, и в тревожные времена к ним первым цепляются.

Я спрашиваю Томаса, улучшат ли положение баньямуленге предстоящие многопартийные выборы. Нет, выборы его не обнадеживают. Проигравшие скажут, что результаты голосования подтасованы, и будут правы. Победителю достанется все, а обвинят и в том и в другом, как обычно, баньямуленге. Не зря же их называют африканскими иудеями: если что-нибудь неладно, в этом непременно виноваты баньямуленге. От попыток Киншасы сформировать из конголезских ополченцев единую национальную армию Томас тоже многого не ждет:

— Много наших ребят вступили в армию, а потом дезертировали — бежали в горы. В армии нас убивают да еще и оскорбляют, а ведь мы столько за них воевали, столько боев выиграли.

Но проблеск надежды все-таки появился, признает Томас. Маи-маи, которые считают своим долгом очистить Конго от всех “чужеземцев”, и прежде всего баньямуленге, уже начинают понимать, что быть солдатами Киншасы совсем невыгодно. В подробности Томас не вдается.

— Может, маи-маи перестанут верить Киншасе и тогда сблизятся с нами.

Что ж, мы скоро узнаем. Джейсон устроил нам встречу с полковником маи-маи (из множества ополчений, действующих в Конго, это самое многочисленное и самое грозное) — вторым моим военачальником.

■

Полковник, как и Томас, одет безупречно, но не в синий костюм хорошего покроя, а в парадный мундир той самой, раскритикованной национальной армии Конго. Форма, выданная полковнику в Киншасе, отутюжена, знаки отличия сияют на полуденном солнце. Пальцы правой руки полковника унизаны золотыми кольцами. На столе перед ним два мобильных телефона. Мы сидим в кафе под открытым небом. На противоположной стороне дороги бруствер из мешков с песком, оттуда на нас смотрят миротворцы ООН, пакистанские солдаты в голубых касках и стволы их автоматов. Я всю жизнь воевал, говорит полковник. В свое время командовал бойцами, которым по восемь было. Теперь они уже взрослые.

— В моей стране есть народности, недостойные жить здесь. Мы воюем с ними, поскольку боимся, что однажды они заявят свои права на священную землю Конго. На столичное правительство в таком деле надежды мало, поэтому мы воюем сами. Когда Мобуту свергли, мы взяли наши панга, луки и стрелы и приняли удар на себя. Маи-маи обладают силой, созданной их предками. Мы под защитой *дава*.

Дава — так полковник называет магическую силу народа маи-маи, а именно способность отвести от себя летящую пулю или превратить ее в воду: *маи*.

— Когда по тебе стреляют в упор из АК-47 и ничего не происходит, ты понимаешь, что *дава* действительно существует.

А как же тогда, интересуюсь я со всей возможной деликатностью, объяснить, что и среди маи-маи есть убитые и раненые?

— Если кто-то из наших воинов повержен, значит, он был вором, или насильником, или не соблюдал наших обрядов, или таил дурные мысли о своем товарище, когда шел в бой. Убитые маи-маи — это грешники. Их нашим колдунам позволено хоронить без ритуала.

А баньямуленге? Как на них смотрит полковник в нынешней политической ситуации?

— Если они развяжут новую войну, мы будем их убивать.

Однако, выражая ненависть к столичному правительству, полковник даже не догадывается, что практически повторяет слова своего кровного врага Томаса, прозвучавшие прошлым вечером:

— Эти *salauds** из Киншасы ни во что не ставят маи-маи. Забыли, как мы сражались за них, спасали их жирные задницы. Они нам не платят, они нас не слушают. И пока мы солдаты, нам запрещено голосовать. Уж лучше мы вернемся обратно в буш. Кстати, сколько стоит компьютер?

■

Нам пора ехать в аэропорт Букаву, ведь именно там разворачивается действие в финале моего романа. За последнюю неделю мы пару раз наблюдали в городе массовые беспорядки и изредка слышали стрельбу. Комендантский час пока не отменили. Дорога до аэродрома принадлежала маи-маи, но Джейсон сказал, она безопасна — видно, договорился с полковником, чтоб нас не трогали. Уже перед самым отъездом мы узнали, что демонстранты — и комендантский час им нипочем — перекрыли центр города баррикадами из горящих покрышек. Оказалось, какой-то мужчина, чтоб оплатить операцию для жены, заложил свой дом за четыреста долларов, а солдаты армии Киншасы, которым не выплачивают денег, прослышали об этом, ворвались в дом, мужчину убили, четыреста долларов украли. Разъяренные соседи схвати-

* Подонки *(фр.)*.

ли солдат и где-то заперли, но их товарищи выслали на выручку подкрепление. Застрелили пятнадцатилетнюю девочку, и тогда начались беспорядки.

После головокружительной гонки по кривым закоулкам мы выбрались на дорогу до Гомы и поехали на север вдоль западного берега озера Киву. Недавно на аэродроме был нешуточный бой. Его захватили руандийские ополченцы и удерживали несколько месяцев, пока их не выбили. Сейчас аэропорт охраняли совместно индийские и уругвайские миротворческие отряды ООН. Уругвайцы угощали нас роскошным обедом и уговаривали поскорее приехать снова, чтобы вместе закатить настоящую вечеринку.

— А если руандийцы вернутся, — спросил я нашего хозяина-уругвайца, — что будете делать?

— *Vamos*, — ответил он по-испански недолго думая: выгоним вон.

По правде говоря, я хотел выяснить, что будет делать он и его товарищи, если в аэропорту ни с того ни с сего приземлится самолет с шайкой вооруженных до зубов белых наемников на борту, как случилось в моем романе. Излагать свои гипотезы в открытую мне неловко, но я уверен: если бы даже мой собеседник знал, что меня интересует в действительности, он ответил бы то же самое.

Осмотрев летное поле, мы отправились обратно в город. Красную глину на дороге размыло бурным тропическим ливнем. Мы спустились с холма и увидели стремительно наполняющееся водой озеро, на месте которого всего несколько часов назад была автостоянка. Мужчина в черном костюме стоял на крыше тонущего автомобиля, махал рукой, призывая на помощь, и похоже, очень забавлял толпу зевак, потому что она быстро разрасталась. Появление нашего джипа с двумя белыми мужчинами и одной белой женщиной развеселило всех еще больше. Мигом подскочили мальчишки и принялись раскачивать нас из стороны в сторону. Они делали это с таким энтузиазмом, что, наверное, опрокинули бы машину в озеро, но тут

Джейсон выскочил, заговорил с ними на их языке, рассмешил и таким образом утихомирил.

Микеле это происшествие показалось столь заурядным, что она его даже не запомнила. Зато я запомнил.

■

Последнее и самое яркое воспоминание о Букаву — дискотека. В моем романе владеет ею наследник богача-коммерсанта из Восточного Конго, получивший образование во Франции и в конце концов спасший моего Сальво. Он тоже в известном смысле военачальник, а сила, которая за ним стоит, — это молодые интеллектуалы и бизнесмены Букаву, и вот они, тут как тут.

Комендантский час, и город будто вымер. Идет дождь. Не помню, чтобы над входом мигали вывески, чтобы нас досматривали мускулистые охранники, помню только несколько крохотных кинозалов "Эссольдо", исчезающих во тьме, и слабо освещенную каменную лестницу с веревочными перилами, уходящую вниз. Спускаемся на ощупь. Окунаемся в волны музыки и вспышки света. "Джейсон!" — кричат вокруг, и Джейсон тонет в море приветствующих его черных рук.

Я слышал, что конголезцы умеют веселиться как никто другой, и наконец увидел, как они веселятся. В стороне от танцпола играют на бильярде, я присоединяюсь к зрителям. Каждый удар сопровождается напряженным молчанием собравшихся вокруг стола. Наконец забит последний шар. С радостными возгласами победителя хватают на руки и проносят по залу, как триумфатора. У бара болтают и смеются красивые девушки. Слушаю, как за нашим столом кто-то рассуждает о Вольтере, а может, о Прусте, не помню. Микела вежливо отшивает какого-то пьяного. А Джейсон уже на танцполе, с другими мужчинами. На прощание я скажу ему:

— Живется в Конго несладко, но унылых прохожих на улицах Букаву меньше, чем в Нью-Йорке.

■

Надеюсь, я вставил эту фразу в роман — давно уже его не перечитывал. После Восточного Конго на “полях смерти” я больше не бывал. Передает ли роман мои впечатления сполна? Конечно, нет. Но урок, преподанный мне Конго, был захватывающим.

ГЛАВА 28
Я нужен Ричарду Бёртону

Вспоминая нашу первую встречу с Мартином Риттом — заслуженным американским кинорежиссером, который снял "Шпиона, пришедшего с холода", я краснею: уж больно дурацкий был на мне тогда костюм.

Дело происходило в 1963-м. Мой роман еще не вышел. А Ритт уже выкупил права на его экранизацию, изучив пиратский экземпляр рукописи, подсунутый ему моим литературным агентом, или издателем, или каким-нибудь умником из копировального отдела, у которого был приятель на киностудии под названием "Парамаунт". Потом Ритт станет хвастать, что украл эти права. И я потом с ним соглашусь. А в то время я посчитал его человеком безграничного великодушия — он ведь не поленился приехать аж из самого Лос-Анджелеса в компании своих не менее великодушных друзей, чтоб угостить меня обедом в отеле "Коннот" — этом храме эдвардианской роскоши — и сказать несколько лестных слов о моей книге.

А я прилетел аж из самого Бонна, столицы Западной Германии, за счет Ее Величества Королевы. С кинематографистами мне, дипломату тридцати двух лет, встречаться еще не доводилось. В детстве, как и все мальчишки того времени, я был влюблен в Дину Дурбин* и покатывался со смеху над

* Канадская певица и актриса, звезда Голливуда 1940-х годов.

"Тремя балбесами"*. А когда смотрел фильмы про войну, сбивал немецкие самолеты, которыми управлял Эрик Портман**, и праздновал победу над фашистами вместе с Лесли Говардом***. (Мой отец был твердо убежден, что Портман — нацист, и говорил, его нужно интернировать.) Потом я рано женился, родились дети, денег не хватало, и мне уже было не до кино. Мой литературный агент, очаровательный человек, больше всего на свете мечтавший стать барабанщиком в джаз-банде, но не позволявший себе за этой мечтой следовать, жил в Лондоне. О мире кино он, видимо, знал больше моего, но, подозреваю, ненамного. Однако договорился с киностудией именно он, и именно я после нашего с ним совместного праздничного обеда подписал бумаги.

Я уже говорил, что в мои обязанности второго секретаря британского посольства в Бонне входило сопровождать высокопоставленных немецких гостей, желавших ознакомиться с работой британского правительства и его парламентской оппозиции, поэтому-то я и приехал в Лондон. И вот почему, улизнув со службы, я явился в "Коннот", на обед с Мартином Риттом, в узком черном пиджаке, черном жилете, светло-сером галстуке и брюках в серо-черную полоску — такой костюм немцы называют *штреземан* — в честь прусского государственного деятеля, который имел несчастье (недолго, правда) руководить Веймарской республикой. И вот почему Ритт, пожимая мне руку, спросил грубовато, но сердечно, какого черта на меня нашло, зачем я вырядился как метрдотель?

А во что же был одет сам Ритт, если не постеснялся задать мне столь дерзкий вопрос? В обеденном зале "Коннота" действовал строгий дресс-код. Однако для посетителей гриль-зала в 1963-м уже делали послабление, пусть и неохотно. На-

* "Три балбеса" (*Three Stooges*) — американский водевиль и комедийное трио конца 1920-х — 1960-х годов.

** Эрик Портман (1901-1969) — британский актер, несколько раз игравший в кино роли фашистов.

*** Лесли Говард (1893-1943) — британский актер.

ряд у Мартина Ритта, который был старше меня на семнадцать лет и несколько столетий и сидел теперь, сгорбившись, в углу гриль-зала в окружении четверых своих седовласых соратников по киноиндустрии, оказался самый революционный: черная рубашка, застегнутая под горло, и мешковатые брюки на резинке, присборенные у щиколоток. А самой экстраординарной деталью его туалета мне показалась пролетарская кепка с козырьком, загнутым не книзу, как положено, а кверху. К тому же Ритт, понимаете ли, не снял кепку *в помещении*, что в моей дипломатичной Англии того времени считалось не более приличным, чем есть горох с ножа. И все это надел на себя здоровяк (Ритт когда-то играл в футбол, а потом растолстел) с широким, загорелым среднеевропейским лицом, которое избороздили годы и страдания, густыми седеющими волосами, зачесанными назад, и грустными внимательными глазами, глядевшими сквозь очки в черной оправе.

— Разве я вам не говорил, что он еще молод? — гордо спросил Ритт своих соратников, пока я кое-как пытался объяснить, какого черта вырядился в костюм метрдотеля.

Говорил, Марти, говорил, соглашаются они, потому что кинорежиссеры — это я теперь знаю — всегда правы.

■

А Марти Ритт оказывался прав чаще всех прочих. Этот превосходный режиссер был человеком с широкой душой и пугающей биографией. Во время Второй мировой Ритт служил в вооруженных силах США. В коммунистической партии он, может, и не состоял, но был одним из самых преданных ее попутчиков. За нескрываемую любовь к Карлу Марксу телевизионщики внесли Ритта, известного тогда уже актера и режиссера, в черный список. Он ставил спектакли для самых разных театров, в основном левого толка, в том числе готовил представление в "Мэдисон-сквер-гарден" для Общества помощи России в войне*. Снял один за другим десять полнометражных фильмов, прежде всего "Хада" с Полом Ньюманом — за год до нашей встречи. Ритт признался сразу, как только мы сели за стол, что в моем романе увидел, можно сказать, точку соприкосновения своих прежних взглядов и нынешних чувств, а именно бессильного отвращения, которое внушает ему маккартизм, трусость слишком многих его коллег и товарищей на свидетельской трибуне, несостоятельность коммунистов и тошнотворная бесплодность холодной войны.

А еще Ритт был евреем до мозга костей и сразу же всем об этом сообщал. Если даже конкретно его семья не пострадала от холокоста — хотя я так не думаю, — он лично пострадал и продолжал страдать за весь свой народ. И на тему своей национальной принадлежности высказывался все время — пылко и недвусмысленно. Когда мы приступили к обсуждению фильма, который Ритт намеревался снять по моей книге, оказалось, что все эти обстоятельства имеют к делу прямое отношение. В романе "Шпион, пришедший с холода" двух идейных коммунистов — ни в чем не повинную девушку-библиотекаря из Лондона и сотрудника западногерманской разведки — безжалостно приносят в жертву во имя западной (капиталистической) идеи. Оба они евреи.

Таким образом, будущий фильм становился для Марти Ритта делом личным.

А я? Что такого я вынес из жизненных университетов, чтоб предъявить в ответ? Свой штреземан? Образование в британской частной школе, пусть и неоконченное? Роман, основанный даже не на моих впечатлениях, а на обрывках чужих? Или тот неутешительный факт (но о нем мне, слава богу, нельзя было поведать Марти), что я добрую половину жизни трудился на тайной ниве британской разведки и боролся против тех самых идей, которые Марти разделял и открыто в этом признавался?

* Американская благотворительная организация, которая в годы Второй мировой войны оказывала помощь России.

И еще одно мне предстояло узнать. (Не говоря уже о том, что я засомневался, не предпочел ли в молодости верность существующим порядкам, поскольку так было проще.) В кино вынуждены порой объединяться самые непримиримые антагонисты. Это утверждение лучше всего иллюстрирует история с Ричардом Бёртоном, сыгравшим роль Алека Лимаса — главную роль.

■

Не помню, в какой момент я узнал, что роль досталась Бёртону. Тогда, за обедом в гриль-зале "Коннота", Марти Ритт спросил меня, кто, на мой взгляд, должен сыграть Лимаса, и я сказал: пожалуй, Тревор Ховард или Питер Финч, но только если Финч согласится играть по-английски, а не по-австралийски, — поскольку был твердо убежден, что это самая что ни на есть британская история про самых что ни на есть скрытных британцев. Ритт — а он умел слушать — ответил: понимаю вас, и оба актера мне нравятся, но, боюсь, для фильма с таким бюджетом нужна звезда покрупнее. Через несколько недель, когда я снова прилетел в Лондон, на этот раз за счет "Парамаунт", чтобы осмотреть съемочные площадки, Ритт сказал мне, что предложил роль Берту Ланкастеру.

Предложил ему сыграть *англичанина*, Марти?

Канадца. Берт великий актер. Берт сыграет канадца, Дэвид.

Я даже не нашелся, что ответить. Ланкастер, безусловно, великий актер, только вот мой Лимас невеликий канадец. И тут воцарилось Долгое Необъяснимое Молчание.

Так было со всеми фильмами, которые снимали — или не снимали — по моим книгам: Первая Вспышка, а потом Долгое Необъяснимое Молчание. Оно могло длиться и несколько месяцев, и несколько лет, и всегда. Дело зашло в тупик или все-таки движется, а мне никто ничего не говорит? Вдали от любопытного простого люда обсуждаются баснословные суммы, заказываются, пишутся и отвергаются сценарии, агенты соперничают и лгут. В запертых комнатах безусые мальчишки в галстуках норовят затмить друг друга, блистая перлами юной творческой мысли. Но за стенами городка Голливуд достоверной информации не раздобудешь по понятной причине, которая сформулирована в бессмертных словах Уильяма Голдмана: никто ничего не знает.

Ричард Бёртон *откуда-то взялся* — вот все, что я могу сказать теперь. О его появлении возвестил не оркестр из тысячи скрипок, но голос, проникнутый благоговением: “Дэвид, у меня новости. Лимаса будет играть Ричард Бёртон, контракт уже подписан”. Звонил не Марти Ритт, а мой американский издатель Джек Гейган, охваченный прямо-таки религиозным экстазом. “Но это еще не все, Дэвид. Скоро ты с ним познакомишься!” В суровом деле книготорговли Гейган был, можно сказать, ветераном. Начинал он в издательстве “Даблдей” коммивояжером — по старинке торговал вразнос, а дослужился до начальника отдела продаж. И ближе к пенсии сам приобрел небольшое издательство — “Кауард Маккан”. Невероятный успех моего романа, а теперь еще и Ричард Бёртон сделали его мечты реальностью.

Видимо, дело было в конце 1964-го, потому что я уже оставил государственную службу, успел пожить в Греции, потом в Вене и стать полноценным писателем. Я планировал впервые отправиться в Соединенные Штаты, а Бёртон в это время как раз играл на Бродвее Гамлета, а Гилгуд читал роль Призрака и выступал сорежиссером спектакля. Постановку назвали генеральной репетицией — предполагалось, что затем ее будут демонстрировать на экранах кинотеатров. Мы с Гейганом посмотрим представление, а потом пойдем к Бёртону в гримерку, и Гейган нас познакомит. Мой издатель так волновался, словно мы собирались на аудиенцию к папе римскому.

Бёртон играл грандиозно. И мы заняли лучшие места. И когда пришли в гримерку, Бёртон был очень мил, сказал, что моя книга — лучшая со времен он уж даже не помнит чего. А я сказал, что в роли Гамлета он лучше Оливье, и даже лучше

Гилгуда, продолжил я беспечно, хоть Гилгуд, может, находился в этой самой гримерке, — лучше всех, кого я могу припомнить. Но пока мы расточали друг другу похвалы, я думал про себя: как, скажите на милость, уместить этот красивый, раскатистый баритон валлийца и могучий талант трижды альфа-самца в моем персонаже — немолодом и никому не нужном британском шпионе, который не отличается ни харизматичностью, ни классическим произношением, ни внешностью греческого бога, пусть и с изрытым оспой лицом?

И хотя тогда я об этом не знал, тот же вопрос, по всей видимости, не давал покоя Ритту, ведь первое из многочисленных сражений в войне, завязавшейся между ними после, разразилось как раз из-за того, что голос Бёртона нужно было запереть в гортани, а Бёртон сопротивлялся.

■

Теперь перенесемся в 1965 год, когда я случайно узнал (киноагента у меня тогда еще не было, а значит, был какой-то шпион), что в последнем сценарии по моему роману Алек Лимас, на роль которого определили Бёртона, вместо того чтобы, избив бакалейщика, сесть в тюрьму, отбывает наказание в психиатрической клинике и бежит оттуда через окно палаты первого этажа. Мой Лимас к психиатрической клинике и близко бы не подошел, даже ради спасения собственной жизни, так что он, спрашивается, там делал? С точки зрения Голливуда психиатрия сексуальнее тюрьмы — таков, по-видимому, ответ на этот вопрос.

Спустя несколько недель через все заслоны ко мне просочилась другая новость: автор сценария, попавший когда-то вместе с Риттом в черный список, заболел, и его обязанности взял на себя Пол Ден. Я вздохнул с облегчением, хоть и пожалел первого сценариста. Ден свой брат, британец. Ден сам сочинил сценарий к фильму "Приказы убивать", который мне очень понравился. К тому же он был из наших. Во время войны в лагере союзников тренировал тайных агентов-убийц, участвовал в секретных операциях на территории Франции и Норвегии.

Мы с Деном встретились в Лондоне. Мириться с психиатрическими клиниками и мучиться угрызениями совести из-за побитых бакалейщиков Ден не собирался. Он только рад был вернуть Лимаса в тюрьму и продержать там сколько потребуется. И именно сценарий Дена через пару месяцев мне доставили на дом, а вместе с ним — любезную записку от Ритта с просьбой этот сценарий прокомментировать.

К тому времени я уже переехал в Вену и жил в лучших традициях писателей, застигнутых внезапным успехом, то есть пытался справиться с тремя вещами: новым романом, который мне не нравился, кучей денег, которые мне никогда и не снились, и неразберихой в семейной жизни, которую я сам же и устроил. Я прочел сценарий, остался доволен, написал Ритту, что доволен, и вернулся к роману и к неразберихе. Как-то вечером, несколько дней спустя, в моем доме раздался телефонный звонок. Звонил Ритт — из "Ардмор студиос" в Ирландии, где должны были начаться съемки. И говорил дрожащим, сдавленным голосом, словно взял заложников и это его последнее предупреждение.

Дэвид, ты нужен Ричарду. Так нужен, что Ричард отказывается произносить свои реплики прежде, чем ты их перепишешь.

А что не так с его репликами, Марти? Мне казалось, они в порядке.

Дело не в этом, Дэвид. Ты нужен Ричарду, и он будет тормозить съемочный процесс, пока тебя не заполучит. Мы оплатим тебе перелет первым классом, предоставим номер люкс. Что еще попросишь?

Я бы мог попросить — раз Бёртон и вправду тормозит съемочный процесс из-за меня — достать мне луну с неба, и они бы достали. Но я, насколько помню, никогда ничего не просил. С тех пор прошло полвека, и документы "Парамаунт", может, поведают иное, хотя сомневаюсь. Наверное, мне так хотелось, чтоб по моей книге сняли фильм, что больше я ничего и не желал или не смел желать. Наверное, я хотел сбежать из Вены, от беспорядка, который сам же и устроил.

И наверное, я был еще совсем неопытен и не понимал, что такой случай выпадает раз в жизни и всякий киноагент родную мать бы продал, чтоб им воспользоваться: фильму дали добро, целое подразделение "Парамаунт пикчерз" задействовано, одних только осветителей человек шестьдесят слоняется по съемочной площадке и не знает, чем еще заняться, кроме как есть бесплатные гамбургеры, а популярнейший киноактер современности отказывается играть, пока к нему не доставят, пусть хоть с парашютом сбросят, самое презренное во всем кинозверинце существо — *автора первоисточника, скажите на милость!* — чтоб тот подержал его за руку.

Точно могу сказать только одно: я положил трубку и на следующее утро вылетел в Дублин, потому что Нужен Был Ричарду.

■

Так все-таки Ричарду?

Или я больше нужен был Марти?

По идее, я прибыл в Дублин переписать реплики Бёртона, то есть переработать эпизоды так, чтоб он мог играть их, как ему хочется. Но чего хотелось Бёртону, того не всегда хотелось Ритту, и в результате я на короткое время сделался между ними посредником. Помню, как сначала мы садились с Риттом и переделывали эпизод, потом садились с Бёртоном и снова переделывали, а потом я бежал обратно к Ритту. Но не помню, чтобы хоть раз мы садились все вместе, втроем. И все это длилось лишь несколько дней, а потом Ритт заявил, что новой редакцией сценария удовлетворен, и Бёртон перестал спорить: по крайней мере со мной. Но когда я собрался лететь обратно в Вену и сказал об этом Ритту, тот начал меня упрекать, а он это умел как никто.

За Ричардом нужно присматривать, Дэвид. Ричард слишком много пьет. Ричарду нужен друг.

Ричарду нужен *друг*? А разве он не женился недавно на Элизабет Тейлор? Разве *она* ему не друг? Разве она не здесь, не рядом с ним, и съемки не прерываются всякий раз, когда она приезжает на площадку на белом "роллс-ройсе" в компании *других* друзей, а среди них и Юл Бриннер, и Франко Дзеффирелли, и агенты с юристами, что навещают Бёртона, и семейство Бёртона с прислугой (человек семнадцать, говорят), занявшее целый этаж самого шикарного дублинского отеля, в том числе, как я понял, множество детей от разных браков, гувернеры упомянутых детей, парикмахеры, секретари и, если верить словам одного нахала из съемочной группы, даже парень, который стрижет когти попугаям? И при всем при этом Ричарду нужен *я*?

Конечно, нужен. Он ведь сейчас Алек Лимас.

И раз он Алек Лимас, значит, он неприкаян и одинок, и постепенно опускается, и на службе у него дела не идут, и поговорить ему не с кем, кроме случайных незнакомцев вроде меня. Тогда я едва ли это понимал, но для меня это было своего рода посвящение: актер добывает элементы нового образа в темных уголках своего бытия, и я принимаю в этом участие. И если ты Алек Лимас, который постепенно опускается, прежде всего тебе нужно раздобыть одиночество. Короче говоря, приближенные короля Бёртона, пока он не Бёртон, а Лимас — его злейшие враги. Лимас бродит один, значит, и Бёртон должен делать так же. Лимас носит в кармане плаща початую бутылку "Джонни Уокера", значит, и Бёртон должен носить. И отхлебывать из нее большими глотками, если одиночество становится невыносимым, пусть даже, как выяснилось вскоре, Бёртон и не склонен уходить в запой, в отличие от Лимаса.

Влияло ли все это на семейную жизнь Бёртона, понятия не имею, однажды только за стаканчиком скотча он пожаловался невзначай, как мужчина мужчине, что впал в немилость, что Элизабет не особо довольна. Только я не очень-то верил его признаниям. Бёртону, подобно многим актерам, непременно нужно было завести себе приятеля на пять минут, и неважно, кем тот окажется, — я понял это, наблюдая, как он, явно раздражая нашего режиссера, отрабатывает свое обаяние на всех подряд — от главного осветителя до девушки, подающей чай.

С другой-то стороны, у Тейлор, может, и имелись причины для недовольства. Бёртон уговаривал Ритта дать ей главную женскую роль, но Ритт на эту роль взял Клэр Блум, с которой, если верить сплетням, у Бёртона когда-то была интрижка. И хотя, выйдя из кадра, Блум сразу же решительно запиралась в своем фургончике, вряд ли отвергнутой Элизабет доставляло удовольствие наблюдать, как эти двое любезничают на съемочной площадке.

■

А теперь представьте себе: дублинская площадь освещена прожекторами, и Берлинская стена — жуткая, прямо как настоящая, из шлакоблоков, с колючей проволокой — рассекает ее надвое. Пабы закрываются, и весь Дублин явился на наше представление, да и как не явиться? В кои-то веки нет дождя, и колонна дублинских пожарных машин наготове. Освальд Моррис, наш главный оператор, любит, чтоб на ночных улицах у него было сыро. У стены суетятся техники и художники-декораторы, делают последние приготовления. В одном месте металлические скобы, торчащие из стены, образуют едва заметную лестницу. Освальд Моррис и Ритт тщательно ее исследуют.

С минуты на минуту появится Лимас, взберется по этим ступеням, отодвинет колючую проволоку, натянутую поверх стены, в ужасе посмотрит вниз, на лежащее с другой стороны мертвое тело несчастной женщины, по его вине сделавшейся предательницей. В романе женщину зовут Лиз, но для фильма по понятным причинам ее переименовали в Нэн.

С минуты на минуту помощник режиссера или какое-нибудь другое ответственное лицо спустится по ступеням за окном мрачного полуподвального помещения, где мы с Бёртоном сидим вдвоем вот уже пару часов. Отсюда и появится потом Алек Лимас в поношенном плаще, займет позицию у стены и по команде Ритта начнет судьбоносное восхождение.

Вот только он не начнет. Полбутылки "Джонни Уокера" уже нет и в помине. И хотя я ухитрился выпить львиную долю, Лимас, может, еще и был бы в состоянии куда-нибудь взобраться, а Бёртон — определенно нет.

Тем временем толпа радостно приветствует подъехавший белый "роллс-ройс" с шофером-французом за рулем, крики, доносящиеся снаружи, хоть и с запозданием, но выводят Бёртона из оцепенения, и он орет во всю глотку: "О господи, Элизабет! *Вот придурок*!" Несется вверх по лестнице и выбегает на площадь. И во всю мощь своего баритона, который Ритту так хочется заглушить, гневно орет на шофера — на ломаном французском, хотя шофер хорошо знает английский: зачем он, мол, привез Элизабет сюда, прямо в руки дублинской толпы, хотя ничего в этом страшного нет, если подумать, учитывая, что вся дублинская полиция здесь — явилась наблюдать за весельем.

Но противостоять Бёртону, охваченному драматическим гневом, невозможно. Шофер резко дает задний ход (недовольная Элизабет сердито глядит из-за опущенного стекла) и мчит "роллс-ройс" обратно на базу, а Марти Ритт стоит у стены в своей пролетарской кепке, и кажется, что он самый одинокий и самый злой человек на всем белом свете.

■

Я размышлял тогда, а бывало, и после, наблюдая, как другие актеры и режиссеры работают вместе над другими фильмами, в чем заключалась причина вражды между Бёртоном и Риттом, день ото дня все более открытой, и пришел к выводу, что она была предопределена. Да, Ритт отверг Тейлор и взял Блум на роль Нэн, и Бёртон досадовал на него. Но я думаю, причина их вражды крылась в давнем прошлом, когда Ритт еще был радикалом из черного списка, обиженным, разгневанным. Гражданская сознательность Ритта — не просто поза, он впитал ее с молоком матери.

В одном из немногих за время нашего короткого загула содержательных разговоров Бёртон сказал не без гордости, что презирает в себе шоумена и хотел бы “быть как Пол Скофилд”, то есть отказаться от большого экрана, а значит, от больших денег и пафосных ролей, и браться только за роли, которые действительно стоит играть. И здесь Ритт горячо бы его поддержал.

Но одно это еще не извиняло Бёртона. Пуританин Ритт, идейный левый активист и человек семейный, априори осуждал все то, что, как ему казалось, свойственно Бёртону. Почитайте высказывания Ритта, и среди них найдете одно, которым все объясняется: “Я не слишком почитаю талант. Талант — вещь генетическая. Важно, как человек им распорядится”. Плохо ставить доход выше искусства, секс выше семьи, хвастать своим богатством или своей женщиной, пить не просыхая и не стесняться этого, шествовать по земле словно бог, в то время как народ взывает к справедливости. Но растрачивать попусту свой талант — грех перед богами и людьми. И насколько талант велик (а у Бёртона было множество выдающихся талантов), настолько и грех велик — так считал Ритт.

В 1952-м, когда Ритта внесли в черный список, Бёртон, двадцатишестилетнее молодое дарование из Уэльса с хорошо подвешенным языком, начинал карьеру в Голливуде. Кое-кто из актеров, снимавшихся в “Шпионе, пришедшем с холода”, тоже был раньше в черном списке — Клэр Блум и Сэм Уонамейкер, например, — и это не просто совпадение. Стоило упомянуть какое-нибудь имя из тех времен, и Ритт тут же спрашивал: “Что *он* делал, когда был нам нужен?” Ритт имел в виду: он или она заступились за нас, или предали, или трусливо отмалчивались? Не удивлюсь, если, общаясь с Бёртоном, Ритт подсознательно (или сознательно) задавал себе тот же, вечный вопрос, и он-то и омрачал их отношения.

■

А теперь мы в продуваемом всеми ветрами пляжном домике в Схевенингене, на голландском берегу. Последний день съемок "Шпиона, пришедшего с холода". Сцена разворачивается в тесном помещении. Согласившись переправиться в Восточную Германию и выдать врагам своей страны ценные секретные сведения, Лимас фактически устраивает собственную гибель. Я маячу за спинами Освальда Морриса и Мартина Ритта, стараюсь не путаться под ногами. Напряжение между Бёртоном и Риттом осязаемо. Указания Ритта лаконичны, односложны. Бёртон на них почти не реагирует. Если действие происходит в замкнутом пространстве, как сейчас, актеры произносят реплики тихо и небрежно, и человеку непосвященному кажется, что они не играют, а репетируют. Поэтому я удивляюсь, когда Марти говорит "закончили" и действие завершается.

Вот только оно не завершается. Водворяется тишина: все, кроме меня, будто бы знают, что сейчас произойдет, и ждут. И тогда Ритт — ведь он и сам как-никак большой, признанный актер и умеет выбрать момент — произносит короткую речь, которую, полагаю, приберег для этой минуты:

— *Ричард, я в последний раз как следует потрахался со старой шлюхой, и даже это делал перед зеркалом.*

Прав он был? Справедлив?

Не прав, отнюдь, и совсем не справедлив. Ричард Бёртон, образованный, серьезный артист, разносторонне одаренный самоучка, обладал склонностями и пороками, всем нам так или иначе свойственными. И если Бёртон сделался заложником собственных слабостей, он мог исправиться, потому что, родившись в Уэльсе, был чуточку пуританином, а значит, в чем-то походил на Ритта. Ричард, дерзкий, озорной, великодушный, все же манипулировал людьми, это несомненно. И для больших знаменитостей вполне естественно. Мне не довелось пообщаться с ним в спокойной обстановке, а хотелось бы. Из Бёртона вышел великолепный Алек Лимас, и в иные годы эта роль могла бы принести ему "Оскара", который от Бёртона все время ускользал. Но черно-белый фильм вышел мрачным. А в 1965-м этого не любили.

Если бы кто-то из двоих — режиссер или актер — был второстепенным, фильм, наверное, тоже был бы второстепенным. Тогда мне скорее хотелось встать на сторону толстячка Ритта, непоколебимого и ожесточенного, нежели яркого и непредсказуемого Бёртона. Бремя под названием "фильм" режиссер несет один, а значит, он должен выносить и эксцентричное поведение своей звезды. Порой у меня складывалось ощущение, что Бёртон изо всех сил старается Ритта принизить, но, в конце-то концов, они, по-моему, друг другу ни в чем не уступали. А последнее слово, конечно, осталось за Риттом. И усмирить праведный гнев этого блестящего кинорежиссера, одержимого своей работой, никому было не под силу.

ГЛАВА 29
Алек Гиннесс

Алек Гиннесс умер от свойственной ему скрытности. Он писал мне за неделю до смерти и выражал беспокойство по поводу болезни своей жены Мерулы. А о собственной болезни, как обычно, едва ли упомянул.

Говорить Алеку, что он велик, само собой, ни в коем случае не следовало. Только сердитый, колючий взгляд получал в ответ тот, кому хватало ума это сделать. Но в 1994-м, к восьмидесятилетию Гиннесса, в ходе тайной операции, предпринятой издателем Кристофером Синклером-Стивенсоном, была выпущена книга в красивом переплете под названием "Алек", которую юбиляру и преподнесли на день рождения. В нее вошли воспоминания, стихи и просто слова любви и благодарности, в основном от старых друзей Алека. Я не присутствовал на дне рождения и за вручением этого подарка не наблюдал, но уверен, что, принимая его, Алек сердился, как ему и надлежало. И все-таки он, наверное, был доволен, чуть-чуть, хотя бы потому, что дружбу чтил так же глубоко, как презирал похвалу, а здесь все его друзья собрались под одной обложкой.

В жизни Алека я появился достаточно поздно — по сравнению с большинством авторов подарочного сборника, но лет пять мы с ним время от времени тесно сотрудничали и охотно общались впоследствии. Я всегда гордился знакомством с ним, но по-настоящему был горд, когда Алек решил сделать текст, написанный мною к его восьмидесятилетию, предисловием к своим последним мемуарам.

Алек решительно заявлял, что не хочет ни прощальных церемоний, ни посмертных собраний друзей, ни прочувствованных излияний. Но у меня есть оправдание: я знаю, что этим маленьким портретом Алек, человек чрезвычайно закрытый, остался доволен и рад был показать его людям.

■

Ниже вы прочтете выдержки из моего предисловия к автобиографии Алека с некоторыми дополнениями.

Он не слишком удобный собеседник. А почему он должен быть удобным? Глазами этого восьмидесятилетнего человека смотрит ребенок, так и не нашедший пока тихой гавани простых ответов. Лишения и унижения детской поры остаются для него злободневными вот уже три четверти века. Он будто бы и сейчас должен умилостивить окружающий его мир взрослых, выдавить из него любовь, выпросить его улыбку, уклониться от безобразных его проявлений или справиться с ними.

Но лести этого мира он не выносит, а похвале его не доверяет. Он осторожен как ребенок, который учится существовать. Приобрести его доверие непросто, здесь он крайне осторожен. А вот утратить можно в любую минуту. Если вы безнадежно в него влюблены, лучше всего об этом молчать.

Внешнее для него крайне важно. Как человек, знающий слишком хорошо, что такое хаос, он ценит хорошие манеры и надлежащий порядок. Он расположен к красоте и принимает ее с благодарностью, однако любит клоунов, обезьянок и чудаковатых прохожих — смотрит на них во все глаза, будто чувствует с ними родство.

День и ночь он изучает и складывает в свою копилку привычки взрослого врага, преобразует свое лицо, голос и тело в бесчисленные наши разновидности и одновременно исследует возможности собственной натуры — таким я вам больше нравлюсь? или таким? или таким? — до бесконечности. Все необходимое ему для нового образа он беззастенчиво крадет у окружающих.

Наблюдать, как он надевает чью-то личину, все равно что наблюдать за диверсантом, отправляющимся с заданием во вражеский тыл. Подходящая у *него* маскировка? (У *него*, который скрывается за ним самим в новом обличье.) Подходящие ли очки? — Нет, примерим-ка лучше эти. Туфли не слишком хорошие, не слишком новые, не выдадут они его? А походка, такое вот движение коленом, и взгляд, и поза — это все не чересчур, как по-вашему? Ну хорошо, внешне он похож на аборигена, а речь? В совершенстве ли он овладел местным языком?

И когда представление окончено или окончена съемка и он снова становится Алеком — подвижное лицо лоснится от грима, в пухлых пальцах подрагивает сигарка, — невольно думаешь, что мир, в который он вернулся, пережив столько приключений где-то там, кажется унылым.

Он, может, и одиночка, но в команде работать любит — он ведь бывший морской офицер. Он с радостью подчинится хорошему руководителю, будет соблюдать его распоряжения и по достоинству ценить своих товарищей. Он играет вместе с ними и реплики их знает не хуже своих. Он сосредоточен на самом себе, однако превыше всего ценит коллективную иллюзию, которая иначе зовется Шоу: этот прекрасный иной мир, где жизнь имеет смысл, организацию и развязку и события развиваются согласно писаным правилам.

Работая с ним над сценарием, приобретаешь, как говорят американцы, *поучительный опыт*. Один эпизод приходится переделывать по десять раз, прежде чем он покажется ему убедительным. С другим он почему-то соглашается без всяких споров. И только потом, увидев, как он решил его сыграть, понимаешь почему.

Он приучил себя к строгой дисциплине и того же ждет от других. Однажды я видел, как один актер, с тех пор сделавшийся трезвенником, явился пьяным на съемку — не в последнюю очередь потому, что перспектива играть в паре с Гиннессом приводила его в ужас. Проступок в глазах Алека неслыханный: с таким же успехом бедняга мог заснуть на посту. Но уже через десять минут Алек перестал злиться, напротив, сделался прямо-таки отчаянно добрым. Следующий съемочный день прошел как в сказке.

Если пригласите Алека на ужин, он появится у вас на пороге, причесанный и начищенный до блеска, пока часы еще отбивают назначенный час, даже если на улице такая метель, что весь Лондон встал намертво. Если же вы идете к нему в гости — а это случается гораздо чаще, он ведь маниакально гостеприимен, — тогда получите почтовую карточку, надписанную аккуратным, красивым почерком (строки изящно склоняются к юго-востоку), с подтверждением договоренности, достигнутой по телефону накануне.

И вы хорошо сделаете, если за любезную пунктуальность воздадите Алеку тем же. Такие жесты для него очень важны. Они обязательная часть жизненного сценария, они отделяют эту жизнь от той, унизительной и беспорядочной, какой он жил в своей несчастной юности.

Но упаси меня бог изображать Алека человеком суровым.

Когда слышишь наконец бурлящий смех Алека, чувствуешь его дружеское тепло, оно тем чудеснее, если до этого погода была переменчивой. Вот он просиял внезапно от удовольствия, вот рассказал анекдот (удивительно, но он всегда это делает к месту), вот вдруг блестяще спародировал чей-то голос или повадку, вот расплылся в озорной дельфиньей улыбке, которая тут же упорхнула, — все это сейчас так отчетливо мне вспоминается. Понаблюдайте за ним в компании коллег-актеров и увидите, что, невзирая на их возраст и происхождение, Алек садится рядом с ними словно в любимое кресло у очага. Новое никогда его не шокирует. Он любит открывать молодые таланты и всегда протягивает им руку помощи на пути, протоптанном им самим.

А еще он читает.

Иные актеры, когда им предлагают роль, сначала считают реплики, чтобы понять, насколько роль важная. Алека с ними и сравнить нельзя. Он, как ни один режиссер, продюсер или сценарист из известных мне, знает толк в композиции и диалоге и безошибочно чует *нечто особенное* — макгаффин, каплю волшебства, которая выделяет художественное произведение из общей серой массы.

На творческом пути Алека блестящих и неожиданных ролей не счесть. Он выбирает их так же вдохновенно и талантливо, как после исполняет. А еще я слышал — может быть, и это Алек тщательно скрывает? — что, выбирая роль, он внимательно прислушивается к мнению своей жены Мерулы. Меня бы это ничуть не удивило. Мерула женщина мудрая, дальновидная, скромная и тонкая актриса.

Так что же объединяет нас — тех, кому повезло познакомиться с Алеком и пройти с ним милю-другую его долгого жизненного пути? Наверное, все мы так и не можем понять, как же с ним обращаться. Хочется показать, как ты его любишь, но хочется и предоставить свободу, в которой он, очевидно, нуждается. Его талант, можно сказать, обнажен, поэтому немедленно возникает естественное желание защитить его от ударов повседневности. Но потом оказывается, что Алек прекрасно справляется и сам, спасибо большое.

Посему мы стали такими же, как и остальная часть его обширной аудитории — и хотели бы что-то дать ему, но бессильны, не можем выразить свою благодарность и примирились с ролью тех, кто способен лишь наслаждаться его гением, существование которого он категорически отказывается признавать.

■

Летний день 1979 года, обеденный час, верхний этаж здания Би-би-си. Актеры, съемочная группа, продюсеры и режиссер фильма "Шпион, выйди вон!", а также автор романа в лучших своих костюмах потягивают теплое белое вино (по бокалу на каждого), прежде чем проследовать в банкетный зал, где их ожидает праздничное угощение — холодная курица.

Однако возникла небольшая задержка. Уже и гонг прозвучал, и боссы Би-би-си показались. Писатель, продюсер и режиссер давно на месте в полном составе. И боссы в кои-то веки пунктуальны. Актеры тоже прибыли рано, а Алек, как всегда, еще раньше. Но где же, ах где же Бернард Хептон, наш ведущий актер второго плана, наш Тоби Эстерхейзи?

Вино в бокалах нагревается, и взгляды всех присутствующих все чаще устремляются к двустворчатой двери. Бернард заболел? Забыл? Захандрил? Поговаривают, на съемочной площадке у Алека с Бернардом были трения.

И вот дверь распахивается. Усердно демонстрируя беспечность, появляется Бернард — не в унылом сером или темно-синем, как все остальные, а в кричащем костюме-тройке в зеленую клетку, который оттеняют рыжие лакированные туфли.

Улыбаясь, Хептон проходит в комнату, и тут Бернарда ласково приветствует звенящий голос Джорджа Смайли:

— О, Бернард! Да ты как лягушка.

ГЛАВА 30
Пропавшие шедевры

Однажды, полагаю, всем станет ясно, что лучшие фильмы по моим произведениям — это те, которые так и не сняли.

В 1965-м, когда “Шпион, пришедший с холода” появился на экранах, мой британский издатель уговорил меня поехать на Франкфуртскую книжную ярмарку — а я ужасно этого боялся, — чтобы сделать рекламу роману, от которого я многого не ждал, и вообще умилостивить и заинтересовать прессу. Устав от звука собственного голоса и от того, что иностранные журналисты передают меня из рук в руки, как мешок, набитый товаром, я удалялся в свой номер во “Франкфуртер Хоф” — похандрить.

И именно этим занимался как-то после обеда, когда зазвонил гостиничный телефон и хрипловатый женский голос сообщил по-английски с немецким акцентом, что меня желает видеть Фриц Ланг — он внизу, в холле, — не могу ли я спуститься?

Никакого впечатления это приглашение на меня не произвело. Лангов в Германии пруд пруди, и Фрицев тоже. Не тот ли это репортер — собиратель литературных сплетен, мерзкий тип, от которого я еле отделался сегодня? Вероятно, он решил заманить меня с помощью этой женщины. Я спросил, какого рода деятельностью занимается мистер Ланг.

— Фриц Ланг — кинорежиссер, — с упреком поправила она меня. — У него есть к вам предложение.

Сообщение, что в холле ожидает Гёте, наверное, произвело бы на меня такой же эффект. Когда я изучал немецкий в Берне в конце пятидесятых, мы, студенты, ночи напролет обсуждали гениального Фрица Ланга, великого кинорежиссера времен Веймарской республики.

О его жизни мы тоже кое-что знали: еврей, рожденный в Австрии и воспитанный в католической вере, австрийский солдат, трижды раненный в Первую мировую, который впоследствии стал актером и почти сразу же сценаристом, а потом и кинорежиссером экспрессионистского направления и снимал для *UFA* — легендарной берлинской кинокомпании — в ее золотую эпоху, двадцатые годы. Студентами мы всерьез обсуждали "Метрополис" — классику экспрессионизма, смотрели от начала до конца пятичасовых "Нибелунгов" и четырехчасового "Доктора Мабузе, игрока". Потому, наверное, что мне импонируют герои-бандиты, особенно я любил "М", где Петер Лорре играет детоубийцу, за которым охотится преступное сообщество.

Но *после* 1933-го? Ланг? Тридцать лет спустя? Я читал, что он снимал и потом, в Голливуде, но ни одного фильма не видел. Для меня Ланг был веймарцем, и все тут. По правде говоря, я и не знал, что он до сих пор жив. И все еще думал, не розыгрыш ли этот телефонный звонок.

— Так вы говорите, *Доктор Мабузе* ожидает в холле? — спрашиваю я манящий женский голос, надеясь, что слова мои звучат высокомерно и насмешливо.

— Мистер Фриц Ланг, кинорежиссер, и он в самом деле желает с вами говорить, — не сдается женщина.

Если это и правда Ланг, у него на глазу будет повязка, думаю я, надевая чистую рубашку и подбирая галстук.

■

У него была повязка на глазу. А еще очки, которые меня озадачили: зачем две линзы, если глаз один? Ланг оказался мужчиной крупным, устрашающего вида, с мускулистым, рельефным лицом. Выдвинутая вперед бойцовская челюсть, не очень-то добрая улыбка. Поля серой шляпы с высокой тульей прикрывают здоровый глаз от верхнего света. Ланг сидит в кресле, прямой как палка, и похож на старого пирата. Голова чуть запрокинута, словно он прислушивается к чему-то и это что-то ему не очень нравится. Могучими руками сжимает ручку трости, заклиненной между коленями. Это был тот самый человек, который, по легенде, во время съемок "М" спустил Петера Лорре с лестницы в припадке творческого исступления.

Женщина с хрипловатым голосом, говорившая со мной по телефону, сидела рядом, а кто она — любовница Ланга, новая молодая жена или коммерческий директор, я так и не узнал. Она была скорее моей ровесницей и, по-видимому, не сомневалась, что мы с Лангом поладим. Она заказала английский чай, спросила, нравится ли мне книжная ярмарка. Очень нравится, солгал я. Ланг продолжал мрачновато улыбаться в пространство. Когда мы прекратили болтать о пустяках, Ланг дал нам немного помолчать, а затем:

— Хочу снять фильм по вашей книжице "Убийство по-джентльменски", — объявил он торжественно на американском английском с немецким акцентом, положил тяжелую руку мне на предплечье да там и оставил. — Вы приехать в Калифорнию. Вместе пишем сценарий, снимаем кино. Хотите?

"Книжица" — и этим все сказано, подумал я, приходя в чувство. "Убийство по-джентльменски" я написал всего за несколько недель, когда переехал в Бонн и приступил к работе в британском посольстве. Это история о том, как наставник из частной школы, уже готовящийся выйти на пенсию, убивает собственного ученика, чтобы скрыть прошлое преступление. Призванный на помощь Джордж Смайли разоблачает преступника. Теперь уже мне казалось, что эта книга, несмотря на все ее недостатки, действительно могла заинтересовать режиссера, снявшего "М". Единственная загвоздка — Джордж Смайли. По условиям сделки, которые мне не следовало принимать, он связан контрактом с одной крупной киностудией. Но Ланга это не испугало.

— Послушайте, я *знаю* этих людей. Они мои *друзья*. Снимем фильм на их деньги, почему нет? И киностудии выгодно. Приобрели вашего персонажа, так пусть снимают про него кино. Делают хороший бизнес. Калифорнию любите?

Очень люблю.

— Едете в Калифорнию. Работаем вместе, пишем сценарий, снимаем кино. Черно-белое, как ваш "Шпион с холода". Не против черно-белого?

Нисколько.

— Киноагент у вас есть?

Я называю имя своего агента.

— Я, считай, ему сделал карьеру. Говорю с вашим агентом, заключаем сделку, после Рождества едете в Калифорнию, садимся, пишем сценарий. После Рождества нормально? — он по-прежнему глядел прямо перед собой и улыбался, вцепившись в мое предплечье.

После Рождества меня вполне устраивает.

К этому моменту я уже заметил: когда свободной рукой Ланг тянется за чашкой, сидящая рядом женщина слегка ему помогает — направляет его руку. Вот Ланг делает глоток чаю. С помощью своей спутницы ставит чашку на столик. Кладет руку обратно, на крючковатую рукоять трости. Снова тянется за чашкой, и снова женщина направляет его руку.

С тех пор известий от Фрица Ланга я не получал. И не получишь, сказал мой киноагент. Он не упомянул, что Ланг начал слепнуть, и все же вынес ему смертный приговор, окончательный и бесповоротный, сказав: Фриц Ланг больше не котируется.

■

В 1968-м мой роман “В одном немецком городке” вдохновил Сидни Поллака, правда, ненадолго. Наше сотрудничество, осложнившееся тем, что Сидни обнаружил в горах Швейцарии горнолыжные спуски, надежд не оправдало, кинокомпания, первоначально выкупившая права, прогорела, и права эти затерялись где-то в юридических дебрях. Понимай я хоть немного в кинематографическом бизнесе, я бы не допустил, чтобы прекрасные, но кратковременные порывы творческого энтузиазма Сидни вновь меня увлекли.

Но когда двадцать лет спустя Сидни позвонил мне посреди ночи и заорал своим певучим голосом в трубку, что фильм по новому моему роману “Ночной администратор” станет одной из самых впечатляющих его работ, я, естественно, все бросил и вылетел в Нью-Йорк первым же самолетом, на который смог попасть. На этот раз мы с Сидни договорились вести себя как взрослые, умные люди. Не будет ни деревень в Швейцарских Альпах, ни снежных склонов, ни Мартина Эппа, ни северной стены Эйгера. На этот раз сам Роберт Таун — крупнейшая в те годы звезда во вселенной сценаристов (и, безусловно, самая дорогостоящая) — напишет для нас сценарий. “Парамаунт” согласилась выкупить права.

На конспиративной квартире в Санта-Монике, где нас уж точно никто не мог побеспокоить, Сидни, я и Боб Таун по очереди ходили из угла в угол, красуясь друг перед другом, пока внезапно не прогремел мощный взрыв, положивший конец нашим размышлениям. Таун решил, что это террористы атакуют, и бросился на пол. Сидни, бесстрашный деловой человек, стал звонить на горячую линию управления полиции Лос-Анджелеса, открытую, я так думаю, только для известных кинорежиссеров. А я с присущим мне хладнокровием, кажется, просто стоял на месте и хлопал глазами.

В полицейском управлении Поллака успокоили: просто небольшие подземные толчки, Сидни, бояться ровным счетом нечего, слушай-ка, а что за кино вы с ребятами там выдумываете? После этого мы еще покрасовались друг перед другом, но без прежнего блеска, и рано разошлись. Договорились, что Таун сделает первый подход. Потом они с Сидни будут работать над тем, что получилось. А я буду в резерве.

— Захотите обсудить новые идеи, Боб, — звоните мне в любое время, — великодушно разрешил я и дал Бобу свой номер в Корнуолле.

■

Больше мы с Тауном никогда не разговаривали. Когда мой самолет поднялся над лос-анджелесским аэропортом, по громкой связи предупредили: началось полномасштабное землетрясение. Сидни сказал, приедет ко мне в Корнуолл, как только Таун свой первый подход сделает. У меня тогда был коттедж для гостей — рядом с моим домом, на той же улочке. Мы подготовили его к приезду Сидни. Он сказал, что закончил съемки триллера по роману Джона Гришэма с Томом Крузом в главной роли и сейчас занимается монтажом. А наш проект — следующий на очереди. Боб работает не покладая рук, правда-правда. Дэвид, он просто без ума от твоей книги. Задача сложная, а он это любит. Словом, Таун завелся, и теперь его не остановить. Правда, сначала ему нужно завершить еще пару сценариев. Еще какое-то время ко мне по капле просачивались новости, но все реже и реже. Никак не выходит у Тауна последняя сцена, боже ты мой, Корнуэлл, ну почему у тебя такие сложные книжки?

И наконец (в это время в Корнуолле опять же глухая ночь) раздается звонок, которого я упорно ждал: встретимся в пятницу в Венеции. Фильм с Крузом, похоже, бьет все рекорды, добавляет Сидни. Предпремьерные показы прошли на ура. Киностудия на седьмом небе. Я говорю: отлично, потрясающе, а как поживает Боб? В пятницу поговорим. Мой человек снимет тебе люкс. Я бросаю все, лечу в Венецию. Сидни любит поесть, но ест торопливо, особенно когда чем-то смущен. На вопрос о Бобе Сидни отвечает туманно — ничего, мол, продвигается, — будто сообщая о здоровье далекого друга. Застрял немного с одной сценой в середине. Но скоро он к ней вернется. В середине, Сидни? Я думал, у него проблемы с финальной сценой. Ну они же связаны, говорит Сидни. Все это время к нему без конца подбегают запыхавшиеся люди и сообщают новости: рецензии отличные, Сидни, гляди — пять звезд и полный вперед! — черт подери, мы войдем в историю индустрии развлечений! У Сидни возникла идея. Почему бы мне не полететь с ним завтра в Довиль? Там тоже его кино показывают. В самолете и поговорим. Никто нам не помешает.

Следующим утром на "лирджете" Сидни вылетаем в Довиль. На борту четверо: Сидни и его второй пилот в радионаушниках сидят за штурвалами, а мы с запасным пилотом — сзади. Друг Сидни Джон Каллей, впоследствии возглавивший "Сони Пикчерз", и Стэнли Кубрик, тоже предпочитающий безопасные полеты, предупреждали меня в один голос: не вздумай лететь с Сидни. Подумай, Дэвид, каков страховой риск, когда за штурвалом реактивного самолета пижон, у которого налетано ноль километров. Не соглашайся. Не успели мы вылететь, как уже приземлились в Довиле, и здесь Сидни вновь окружает толпа: директора киностудий, агенты актеров, рекламщики. Он скрывается в одном лимузине, меня загоняют в другой. В гранд-отеле для меня вновь приготовлен громадный люкс, а в нем цветы, шампанское от администрации и записка: приветствуем мсье Дэвида Карра. Я прошу консьержа найти расписание паромов. Затем не с первой попытки, но прорываюсь в номер Сидни. Говорю ему: все это очень здорово, но ты сейчас слишком занят, и тебе, кажется, пока не до нашего фильма. Давай я потихоньку уеду домой, а поговорим мы потом, когда Боб отдаст нам сценарий.

Сидни теперь сама забота, он хочет знать, как я намерен добираться из Довиля до Англии. На долбаном *пароме*, Корнуэлл? Ты что, спятил? Бога ради, лети ты на долбаном "лире"!

Спасибо, Сидни, мне и на пароме хорошо, честное слово. Они часто ходят. И вообще я люблю корабли. Однако лечу на долбаном "лире". На сей раз нас трое: два пилота Сидни впереди, я в одиночестве — сзади. Аэропорт в Ньюки (очень большой, но там еще и база королевских ВВС) нас не принимает. Делать нечего, садимся в Эксетере. И вот вдруг я стою совсем один посреди взлетно-посадочной полосы аэропорта в Эксетере с чемоданом в руке, а "лир" уже на полпути в Довиль. Осматриваюсь — где-то ведь должна быть будка паспортного контроля или таможенного, — но ничего такого не вижу. Только одинокий рабочий в оранжевом светоотражающем жилете с киркомотыгой что-то там делает на краю полосы. Прошу прощения, я только что прилетел на частном самолете, не подскажете ли, где таможня и паспортный контроль? Рабочий, опершись на мотыгу, спрашивает — требовательно и не слишком-то вежливо: откуда прилетели? Из Франции? Это ж Общий рынок, чтоб его! Он качает головой — какой, мол, я бестолковый — и возвращается к работе. Через хлипкий заборчик перелезаю на парковку — жена приехала за мной на машине и ждет меня там.

Через год разведка донесла, что Таун появился на Эдинбургском кинофестивале и с глубокомысленным видом рассказывал о неразрешимых проблемах, с которыми столкнулся, работая над экранизацией моего романа, и только тогда я понял: все кончено. Господи, Корнуэлл, да просто последняя сцена оказалась Бобу не по зубам.

■

Когда мне позвонил Фрэнсис Форд Коппола и пригласил приехать к нему на винодельню в долину Напа, чтоб вместе поработать над экранизацией моего романа "Наша игра", я не усомнился, что уж на этот раз все будет всерьез. И полетел в Сан-Франциско. Коппола прислал за мной машину. Как я и предполагал, Коппола оказался партнером, о котором можно только мечтать — проворным, проницательным, изобретательным, отзывчивым. Если будем так работать, черновик сделаем за пять дней, уверял он меня. Так и вышло. Мы с Копполой составили блистательный дуэт. Мне выделили маленький домик на территории поместья, я вставал с рассветом, блистательно писал до полудня. Затем — элегический семейный обед за большим столом, приготовленный Копполой. Прогулка по берегу озера и, может быть, даже купание, а остаток дня наш блистательный дуэт вновь проводил за работой.

Через пять дней дело сделано. Харрисон будет просто в восторге, говорит Коппола. Он имеет в виду Харрисона Форда. Фамилии в Голливуде только для посторонних. Был один острый момент, когда Коппола отдал наш сценарий своему штатному редактору и тот вернул его — изрисованный волнистыми линиями и исписанный карандашными пометками на полях типа: "ЧУШЬ! ЭТО НАДО НЕ СКАЗАТЬ, А ПОКАЗАТЬ!", но Коппола над этими беззлобными комментариями только посмеялся. Мол, всегда он так, этот редактор. Не зря они его чистильщиком называют. В понедельник сценарий отправится к Харрисону. А я теперь мог возвращаться в Англию и ждать развития событий.

Я вернулся в Англию и жду. Проходит неделя, другая… Звоню Копполе, дозваниваюсь только до его помощника. Фрэнсис сейчас очень занят, Дэвид, могу я хоть чем-нибудь помочь? Нет, Дэвид, Харрисон пока не ответил. И до сего дня не ответил — во всяком случае, я ничего об этом не знаю. В умении хранить молчание Голливуду равных нет.

■

О том, что Стэнли Кубрик, оказывается, хочет экранизировать моего "Идеального шпиона", я впервые услышал, когда Кубрик позвонил мне и поинтересовался, почему я отверг его предложение о выкупе прав на экранизацию. *Я отверг Стэнли*

Кубрика? Я поражен, шокирован. Бога ради, мы же знакомы! Не слишком близко, но все-таки. Почему он мне-то не позвонил, не сообщил о своем интересе? И что удумал мой агент, если (это уж и вовсе неслыханно!) не сказал мне о предложении Кубрика, и в результате мы отдали права на книгу Би-би-си? Стэнли, говорю, я сейчас же все выясню и сразу тебе перезвоню. Не помнишь случайно, *когда* ты предлагал выкупить права? Да как только книгу прочел, Дэвид, — стал бы я время терять?

Агент озадачен не меньше моего. Кроме заявки Би-би-си поступило всего одно предложение об экранизации "Идеального шпиона" — но такое несерьезное, что он решил не беспокоить меня по этому поводу. Некий доктор Фельдман — так, кажется, его звали — из Женевы хотел приобрести опцион на экранизацию моего романа и использовать его как учебное пособие для сценарных курсов. Какой-то у них там конкурс. Студент, представивший лучший сценарий, будет иметь удовольствие увидеть свою работу (не всю, конечно, эпизод на пару минут) воплощенной на большом экране. Гонорар, который доктор Фельдман с коллегами намеревались выплатить нам за двухлетние опционные права на "Идеального шпиона", составлял пять тысяч долларов.

Я уже хотел позвонить Кубрику и заверить, что никакого предложения от него не получал, но почему-то удержался и вместо этого позвонил одному большому человеку из киностудии, с которой Кубрик иногда работал, — моему другу Джону Каллею. Каллей только весело фыркнул. Узнаю нашего Стэнли, он это был, как пить дать. Все боится назваться своим именем — продавец, мол, сразу взвинтит цену.

Я звоню Кубрику и говорю невозмутимо: если б знал, что доктор Фельдман действует от твоего имени, дважды подумал бы, прежде чем отдать Би-би-си опцион на экранизацию. Нимало не смущаясь, Кубрик отвечает: с удовольствием поставлю сериал для Би-би-си. Я звоню Джонатану Пауэллу, продюсеру Би-би-си. Пауэлл руководил съемками телефильмов по моим романам "Шпион, выйди вон!" и "Команда Смайли". А теперь мучительно собирал в одно целое "Идеального шпиона". Как насчет того, чтоб снимал Стэнли Кубрик, спрашиваю я Пауэлла.

Молчание: Пауэллу, который не склонен к бурному проявлению эмоций, потребовалось время, чтобы взять себя в руки.

— И увеличить бюджет на несколько миллионов фунтов, это ты хочешь сказать? — спрашивает он затем. — А сериал выпустить на пару лет позже? Благодарю, уж лучше мы оставим все как есть.

■

Почти сразу же от Кубрика поступило другое предложение — написать для него сценарий шпионского фильма: действие происходит во Франции в годы Второй мировой войны, сюжет — соперничество между МИ-6 и УСО. Я сказал "подумаю", подумал, понял, что идея эта мне не нравится, и отказался. Ладно, тогда как насчет того, чтоб адаптировать эротическую новеллу Артура Шницлера*, австрийского писателя? Кубрик сказал, права у него уже есть, я не стал спрашивать, не приобрел ли их доктор Фельдман из Женевы для учебных целей. Сказал только, что произведения Шницлера знаю и адаптировать одно из них мне было бы интересно. Я едва успел трубку положить, как к моему дому подъехал красный "мерседес" и из него выскочил водитель Кубрика — итальянец, которого снабдили ротаторной копией английского перевода "Новеллы о снах", совершенно излишней, а также целой охапкой литературоведческих работ и отправили ко мне.

Через пару дней тот же "мерседес" доставил меня в огромный загородный дом Кубрика неподалеку от Сент-Олбанс. Я приезжал туда пару раз, но совсем не ожидал увидеть в прихожей две громадные железные клетки — в одной сидели кош-

* Позже Кубрик снял по ней фильм "С широко закрытыми глазами" с Томом Крузом и Николь Кидман *(Прим. автора)*.

ки, в другой собаки. Из одной клетки в другую можно было попасть по переходам, тоже зарешеченным, с откидными дверцами. Если у какой-нибудь кошки или собаки возникнет желание пообщаться с представителями другого вида, сидящими напротив, — пожалуйста. Кто-то общается, кто-то предпочитает этого не делать, сказал Кубрик. Нужно время. У кошек и собак долгая история взаимоотношений, и им нужно с ней разобраться.

Преследуемые собаками, но не кошками, мы идем гулять по поместью Кубрика, и я — по его просьбе — принимаюсь разглагольствовать о том, как нам адаптировать новеллу Шницлера для большого экрана. В этом произведении, рассуждаю я, чувственность обострена запретами и классовым снобизмом. Вена двадцатых годов, с одной стороны, средоточие сексуальной распущенности, и в то же время — средоточие социальной и религиозной нетерпимости, застарелого антисемитизма и предрассудков. Всякий, кто вращается в венском обществе — например наш герой, сексуально одержимый молодой врач, — и пренебрегает принятыми в нем нормами поведения, действует на свой страх и риск. Не только своим общественным положением, но и жизнью этот герой рискует, пустившись в эротическое приключение, которое началось с того, что он не смог заняться любовью со своей прекрасной молодой женой, и завершилось неудачной попыткой принять участие в оргии в доме австрийского аристократа.

И вот, говорю я Кубрику, входя во вкус, а мы тем временем продолжаем обходить его владения, и свора собак следует за нами по пятам, каким-то образом нам в нашем фильме нужно воссоздать эту гнетущую атмосферу и противопоставить ей героя, пытающегося, так сказать, обрести сексуальное самосознание.

— И как мы это сделаем? — спрашивает Кубрик, когда я уже начинаю думать, что собаки целиком завладели его вниманием.

Я поразмыслил об этом, Стэнли, и считаю, лучше всего нам подыскать средневековый город, обнесенный крепостной стеной, или провинциальный город, где пространство визуально ограничено.

Никакой реакции.

Авиньон, скажем, или Уэлс в Сомерсете. Высокие крепостные стены с бойницами, узкие улицы, темные подъезды…

Никакой реакции.

Религиозный город, Стэнли, может, католический, как Вена у Шницлера, почему бы и нет? С епископским дворцом, монастырем и духовной семинарией. Красивые, величавые молодые люди в церковном облачении, встречаясь с молодыми монахинями, украдкой на них посматривают. Раздается колокольный звон. И мы буквально ощущаем запах ладана, Стэнли.

Слушает он меня? Очарован или умирает со скуки?

А знатные дамы этого города, Стэнли, с виду благочестивые до чертиков и такие искусные притворщицы, что на званом обеде в епископском дворце смотришь на даму справа и гадаешь: совокуплялся ты с ней во время вчерашней ночной оргии или она в это время была дома и читала молитву вместе с детьми.

Завершив сольное выступление, я немало собой доволен, и некоторое время мы идем в молчании. Даже притихшие собаки, кажется, насладились моим красноречием. Наконец Стэнли говорит:

— Думаю, снимать будем в Нью-Йорке.

И все мы направляемся к дому.

ГЛАВА 31
Галстук Бернара Пиво

Интервью редко бывают приятными. Всегда они заставляют нервничать, чаще всего утомляют, а иногда оборачиваются сущим кошмаром, особенно если интервьюер — твой соотечественник, матерый журналюга, который ведет себя вызывающе, к беседе не подготовился, книги не читал, полагает, что сделал тебе одолжение, приехав в такую даль, и хочет выпить; или честолюбивый писатель, который считает тебя вторым сортом, однако хочет, чтоб ты прочел его неоконченную рукопись; или феминистка, которая уверена, что таким, как ты — благонадежным белым ублюдкам мужского пола из среднего класса, — добиться успеха ничего не стоит, и ты уже начинаешь думать: а может, она права?

Иностранные журналисты, если говорить прямо, — полная противоположность: сдержанны и скрупулезны, книгу твою изучили вдоль и поперек, а список твоих произведений знают лучше тебя самого — за исключением отдельных чудаков, вроде того молодого француза из *L'Evénement du jeudi*, который, после того как я отказался давать ему интервью, не успокоился и стал открыто следить за моим домом в Корнуолле: обходил его пешком, облетал в самолетике на малой высоте, вел наблюдение с берега — из рыбацкой лодки, а потом написал статью о своих похождениях, где вполне отдал должное собственной изобретательности.

А еще был один фотограф — тоже молодой и тоже француз, но из какого-то другого журнала, настоявший, чтобы я изучил образцы его работ, прежде чем он сделает мой портрет. Перелистывая страницы засаленного фотоальбома карманного формата, он показывал мне фотографии знаменитостей — Сола Беллоу, Маргарет Этвуд и Филипа Рота — и после того, как я послушно выразил восхищение каждой из них (по своему обыкновению, чрезмерное), продемонстрировал следующую, которая изображала убегающую кошку с поднятым хвостом — вид сзади.

— Вам нравится кошачья задница? — спрашивает он и внимательно следит за моей реакцией.

— Славный снимок. Хорошее освещение. Здорово, — отвечаю я, призывая на помощь все свое хладнокровие.

Он щурит глаза и расплывается в коварнейшей улыбке, такой неуместной на его молодом лице.

— Кошачья задница — это *проверка*, — объясняет он с гордостью. — Если испытуемый шокирован, значит, он не тонкий человек.

— А я? — спрашиваю.

Для портрета ему нужна была дверь. Входная. Цвет и другие характеристики не имеют значения, главное — нужна дверь, утопленная в дверном проеме и затененная. Следует добавить, что фотограф этот был очень маленького роста, прямо-таки эльф, я даже хотел предложить ему помощь — взять у него больщущий кофр.

— Не хочу позировать для шпионских фотографий, — заявил я с несвойственной мне твердостью.

Не стоит беспокоиться, сказал он. Шпионы тут ни при чем, дверь нужна для *глубины*. Через некоторое время мы нашли дверь, удовлетворявшую его строгим требованиям. Встав перед ней, я, как было велено, смотрел прямо в объектив. Никогда еще такого не видел — с выпуклой линзой, сантиметров двадцать пять в диаметре. Фотограф опустился на одно колено, приникнув глазом к окуляру, и тут за спиной у него остановились два здоровенных араба и из-за этой самой спины обратились ко мне.

— Простите, пожалуйста, — сказал один. — Подскажите, пожалуйста, дорогу к станции метро "Хэмпстед".

Я уже собрался направить его вверх по Фласк-уок, но тут мой разгневанный фотограф, которому не дали сосредоточиться, обернулся и, по-прежнему стоя на одном колене, пронзительно заорал: "Убирайтесь!" И арабы, как ни странно, убрались.

■

Если не считать упомянутых инцидентов, мои французские интервьюеры, повторю, все эти годы проявляли чуткость — и британским коллегам не мешало бы у них поучиться: вот почему и как случилось, что в 1987 году на острове Капри я буквально вверил свою жизнь Бернару Пиво, блистательной звезде французских культурных телепрограмм, создателю, автору и ведущему еженедельного литературного ток-шоу "Апострофы", которое *la France entière** вот уже тринадцать лет смотрела как зачарованная каждый пятничный вечер в прайм-тайм.

Я приехал на Капри, чтобы получить приз. И Пиво тоже. Меня награждали за литературные достижения, его — за журналистские. Теперь представьте дивный осенний вечер на Капри. Две сотни гостей собрались на ужин под звездным небом, и все они прекрасны. Еда — амброзия, вино — нектар. За столом для почетных гостей — лауреатов — мы с Пиво обмениваемся веселыми репликами. Пиво слегка за пятьдесят, он мужчина в расцвете сил, живой, энергичный, неиспорченный. Заметив, что только он один в галстуке, Пиво, посмеиваясь над собой, сворачивает его и запихивает в карман. Галстук — важная деталь.

Весь вечер Пиво журит меня за то, что отказываюсь принимать участие в его программе. Я изображаю смущение, говорю: "у меня сейчас, должно быть, период несговорчивости" (так и есть) — словом, умудряюсь уйти от окончательного ответа.

* Вся Франция *(фр.)*.

Назавтра в полдень мы должны явиться на официальную церемонию награждения в здание муниципалитета острова Капри. Как бывший дипломат предусмотрительно надеваю костюм и галстук. Пиво приходит в повседневной одежде и видит, что, тогда как вчера галстук был не нужен, а он его надел, сегодня, когда он его не надел, все, напротив, в галстуках. Принимая награду, Пиво произносит речь, сетует, что не обучен хорошим манерам, и указывает на меня, который все делает правильно, вот только не хочет выступить в его литературной телепередаче.

Восхищенный тем, как умело Пиво использует обаяние в личных целях и как точно он все рассчитал, я вскакиваю с места, срываю свой галстук, отдаю ему и перед целой толпой свидетелей (они в полном восторге) заявляю — пусть лишь ради драматического эффекта: теперь этот галстук твой, и впредь, если только ты покажешь его мне, я покажусь в твоей передаче. На следующее утро лечу обратно в Лондон и по пути размышляю, имеют ли обещания, данные на Капри, юридическую силу. Уже через несколько дней выясняется, что имеют.

Итак, я обязался дать семидесятипятиминутное интервью в прямом эфире Бернару Пиво и трем другим виднейшим французским журналистам — на французском языке. Предварительного обсуждения не будет, вопросы заранее мне тоже не пришлют. Но будь готов — сказал мой французский издатель — к широкой дискуссии, которая затронет всевозможные темы, включая политику, культуру, литературу, секс и все остальное, что придет в горячую голову Бернара Пиво.

А на французском я едва ли говорил с тех пор, как учил его тридцать лет назад, да и то по школьной программе.

■

Отделение “Альянс Франсез” расположено в симпатичном угловом здании на углу Дорсет-сквер. Я сделал глубокий вдох и вошел. В приемной сидела молодая женщина с короткой стрижкой и большими карими глазами.

— Привет! — сказал я. — Скажите, можете ли вы мне помочь подтянуть французский?

Женщина посмотрела на меня с суровым недоумением.

— *Quoi?** — спросила она. С этого мы и начали.

Перво-наперво, вспомнив все, что знал по-французски, я поговорил с Ритой, потом поговорил с Роланом и, наконец, с Жаклин — кажется, в таком порядке. Услышав об "Апострофах", они сразу взялись за дело. Рита и Жаклин будут заниматься со мной по очереди. Обучать методом погружения. Мы с Ритой — или все-таки с Жаклин? — сконцентрируемся на разговорном языке, она поможет мне сформулировать ответы на предполагаемые вопросы. А Жаклин с Роланом спланируют нашу военную кампанию. Руководствуясь принципом "познай своего врага", они изучат характер Пиво, определят методы его работы, темы, которые он предпочитает обсуждать, и будут тщательно следить за новостным потоком. Поскольку продюсеры "Апострофов" делают ставку на злободневность.

Чтобы все это осуществить, Ролан сначала сделал подборку старых выпусков программы. Увидев, как бойко и остроумно участники ведут диалог, я пришел в ужас. И ничего не сказав моим учителям, тайком поинтересовался, могу ли я все-таки потребовать переводчика. Пиво ответил моментально: он помнит, как мы общались на Капри, и уверен, что переводчик нам не понадобится. Кроме Пиво допрашивать меня должны были Эдвард Бер, журналист-полиглот, Филипп Лабро, известный писатель, журналист и кинорежиссер, и Катрин Давид, авторитетный литературный обозреватель.

Моя нелюбовь ко всякого рода интервью вовсе не притворство, пусть даже порой я поддаюсь соблазну или уступаю настойчивым просьбам моих издателей. Игры знаменитостей не имеют ничего общего с литературным творчеством и ведут-

* Что? *(фр.)*.

ся совсем на другом поле. Я всегда это понимал. Спектакль, да. Практика самопрезентации, безусловно. И с точки зрения издателей, прекрасная возможность рекламировать себя сколько угодно. Вот только таким образом можно не только легко разрекламировать свой талант, но и легко его загубить. Я знаю по крайней мере одного писателя, который целый год вел рекламную кампанию своей книги, весь мир объездил, а затем понял, что творческие силы у него надолго иссякли, и я боюсь, он может оказаться прав.

Что до меня, то с того момента, как начал писать, я предпочитал молчать о двух вещах (как говорится, в моей комнате появился слон, даже два): во-первых, скандальная биография моего отца — сведения о ней можно было найти, если бы кто-то потрудился установить связь между мной и им; а во-вторых, мои связи с разведкой, говорить о которых запрещал закон, да мне и самому не хотелось. Словом, подозрение, что скрывает интервьюируемый не меньше, чем рассказывает, укоренилось во мне задолго до того, как я стал писателем.

■

Но все это лирика, а я поднимаюсь на подиум в переполненной парижской студии и переступаю грань безмятежной ирреальности, оставляя позади страх сцены. Пиво достает мой галстук и смачно рассказывает, как этот галстук к нему попал. Публике очень нравится. Мы говорим о Берлинской стене и холодной войне. Пока идет отрывок из “Шпиона, пришедшего с холода”, можно отдышаться. А также во время длинных выступлений трех моих следователей — они не вопросы задают, а можно сказать, задачи ставят. Мы говорим о Киме Филби, Олеге Пеньковском, перестройке, гласности. Затрагивали мы с моей командой советников из “Альянс Франсез” эти темы во время инструктажа? Очевидно, да — очень похоже, что я повторяю по памяти. Мы восхищаемся Джозефом Конрадом, Моэмом, Грином и Бальзаком. Рассуждаем о Маргарет Тэтчер. Это Жаклин объясняла мне насчет цикличности риторического высказывания: сформулировать тезис, замкнуть его на самом себе и дополнить собственным выводом. Жаклин ли, Рита или Ролан, я торжественно объявляю благодарность всем троим, и публика вновь выражает бурный восторг.

Наблюдая представление Пиво в реальном времени, перед живой аудиторией, которая целиком во власти его чар, нетрудно понять, как он достиг того, к чему ни одна другая телеперсона на свете не может даже приблизиться. Дело не только в его харизме. Не только в энергетике, обаянии, ловкости и эрудиции. У Пиво есть иное достоинство — его обнаружить гораздо труднее, и за это любой кинопродюсер, любой директор по кастингу в любой стране мира дорого даст — природная щедрость души, а попросту говоря, *сердечность*. В стране, где насмешку превратили в искусство, Пиво сразу дает понять собеседнику, как только он или она садится напротив, что все будет в порядке. И зрители тоже это чувствуют. Они для Пиво семья. Ни один интервьюер, ни один журналист из тех немногих, кого я запомнил, не оставил в моей душе такого глубокого следа.

Передача подошла к концу. Я могу покинуть студию. А Пиво остается на сцене и зачитывает расписание богослужений на следующую неделю. Мой издатель Робер Лафон быстро выводит меня на улицу, а улица пуста. Ни машин, ни прохожих, ни полицейских. Дивным летним вечером весь Париж погрузился в сон.

— Куда все подевались? — спрашиваю я Робера.

— Известное дело — еще смотрят Пиво, — отвечает довольный издатель.

Зачем я рассказываю эту историю? Может, самому себе хочу напомнить о том памятном для меня вечере — и не потому памятном, что вокруг него такую шумиху подняли. Из всех интервью, которые я дал, из многих, о которых пожалел, одно это никогда не захочу взять обратно.

ГЛАВА 32
Обед с узниками

Тогда в Париже, летним днем в самом начале нового тысячелетия, за столом нас сидело шестеро. Обед организовал французский издатель, а собрались мы, чтобы отметить успех моего друга Франсуа Бизо — недавно он выпустил автобиографическую книгу*, и книга эта получила приз.

Бизо, специалист по буддизму, прекрасно владеющий кхмерским, — единственный на Западе человек, который побывал в плену у красных кхмеров генерала Пол Пота и выжил. Красные кхмеры схватили Бизо в октябре 1971-го (он тогда работал в Бюро консервации памятников Ангкора), держали в нечеловеческих условиях, и три месяца его допрашивал с пристрастием печально известный "брат Дуть" — добивался признания, что Бизо шпион ЦРУ.

Однако между дознавателем и узником загадочным образом возникла симпатия — возникла отчасти потому, что Бизо очень хорошо знал древнюю буддийскую культуру, да и личное его обаяние, думаю, сыграло роль. В результате Дуть, проявив, безусловно, неслыханную смелость, подал верховному командованию красных кхмеров рапорт, в котором снял с Бизо обвинение в шпионаже. И после этого — тоже неслыханная вещь —

* На английском языке вышла под названием *The Gate* в издательстве *Harvill Press (Прим. автора)*.

Бизо освободили, а Дуть продолжил руководить одним из крупнейших концлагерей Пол Пота. В моем романе "Секретный пилигрим" рассказана история "Хансена из джунглей" — в ней я попытался (боюсь, безуспешно) хотя бы в некотором приближении описать, что пережил Бизо.

За столом мы собрались через целых тридцать лет после тех страшных дней в жизни Бизо, однако судьба брата Дутя все еще не была решена, поскольку суд над ним никак не мог состояться — мешала общая политическая пассивность и разного рода интриги. А между тем Бизо, как оказалось, решил поддержать Дутя. Свою позицию он аргументировал весьма эмоционально — сказал, что у многих членов нынешнего кхмерского правительства, обвинителей Дутя, руки тоже по локоть в крови, а все грехи хотят повесить на него одного.

Посему Бизо развернул одиночную кампанию — не для того, чтобы защитить Дутя, но чтобы доказать, что Дуть виновен не больше и не меньше тех, кто считает себя вправе его судить.

Итак, Бизо излагал свои доводы, а мы все внимательно слушали, за исключением одного гостя, который, как ни странно, оставался безучастным. Он сидел прямо напротив меня, маленький, напряженный человек с широким лбом, темными глазами и настороженным взглядом, все время обращавшимся ко мне. Это был писатель Жан-Поль Кауфман (нас познакомили перед обедом), его последнюю книгу "Темная комната в Лонгвуде" я прочел с большим удовольствием. Лонгвудом называется дом на острове Святой Елены, где Наполеон провел последние годы своей унизительной ссылки. Кауфман отправился в долгое морское путешествие на Святую Елену и с поразительным сочувствием описал, как страдал в одиночестве, в замкнутом пространстве и постепенно деградировал самый известный, любимый и осуждаемый в мире узник.

О предстоящем знакомстве с автором книги меня не предупредили, однако я, кажется, сумел выразить ему свое искреннее удовольствие. Так почему он не спускает с меня неодобрительного взгляда? Я что-то не так сказал? Или ему известно обо мне нечто дурное, чего никогда нельзя исключать? Или мы уже встречались раньше, а я начисто его позабыл, ведь такая вероятность уже и в те годы только возрастала?

Я, наверное, спросил его об этом, или язык тела все сказал за меня. Во всяком случае мы внезапно поменялись ролями — настал мой черед смотреть на него во все глаза.

■

В мае 1985-го Жан-Поля Кауфмана, французского журналиста, в Бейруте взяли в заложники боевики "Хезболлы" и тайно удерживали в плену три года. Когда похитителям нужно было перевезти пленника из одного укромного места в другое, ему затыкали кляпом рот, затем связывали по рукам и ногам, закатывали в восточное покрывало, и Жан-Поль едва не умирал от удушья. А смотрел он на меня так потому, что в одном из убежищ, где его держали, наткнулся на мою книжку, потрепанную, в мягкой обложке, проглотил ее, а потом еще раз и еще и наверняка обнаружил в ней глубины, которых там никогда и не было. Обо всем этом Жан-Поль рассказывал будничным тоном, мне знакомым — так говорили и другие жертвы издевательств, потому что неизбывные воспоминания о пережитом стали для них частью повседневной жизненной рутины.

Я потерял дар речи и ничего не мог ему ответить. И что, в самом деле, тут скажешь? "Спасибо, что прочли мою книгу?" "Простите, если она оказалась мелковата?"

Я оробел перед ним и, наверное, попытался передать это на словах, а после того, как мы расстались, наверное, перечитал "Темную комнату в Лонгвуде" и провел параллели, которые мог бы провести и в первый раз, понять, что это один терзаемый призраками прошлого узник пишет о другом — пожалуй, величайшем узнике в истории.

Тот обед происходил в начале нынешнего столетия, но воспоминания о нем свежи, хоть я с тех пор не встречался с Кауфманом и не переписывался. Работая над этой книгой, я нашел его в интернете, выяснил, что он жив, поспрашивал кое-кого и раздобыл его электронный адрес — правда, меня предупредили: Кауфман может и не ответить.

А еще я узнал (признаюсь, не без удивления), что книгой, которая каким-то чудом попалась ему тогда, в плену, и не дала впасть в отчаяние, сойти с ума, была "Война и мир" Льва Толстого — ее он тоже проглатывал, как, очевидно, и мой роман, и, без сомнения, находил в ней гораздо больше духовной и интеллектуальной пищи, чем могло дать любое из моих произведений. Так что, удачных находки было две? Или с кем-то из нас память шутила шутки?

Я написал Кауфману осторожное письмо, и через несколько недель получил от него великодушный ответ, вот какой:

> В плену я страшно тосковал по книгам. Иногда надзиратели их приносили. Описать не могу, какое это было счастье — появление книги. Я не просто читал ее раз, два, сорок раз, но перечитывал с конца или с середины. Надеялся, что эта игра, может быть, увлечет меня хотя бы на пару месяцев. В те три мучительных года мне довелось пережить и минуты величайшей радости. Одну из таких минут мне подарил "Шпион, пришедший с холода". Я воспринял его как знак судьбы. Надзиратели приносили нам всякое старье: и дешевые романчики попадались, и второй том "Войны и мира" Толстого, и какие-то непонятные научные труды. Но на этот раз я держал в руках книгу писателя, которым восхищался… Я тогда уже прочел все ваши романы, и "Шпиона" тоже, однако в тех новых обстоятельствах книга показалась мне другой. И даже, кажется, ничего общего не имела с той, что я помнил. Все изменилось. Каждая строчка была исполнена смысла. В тогдашнем моем положении чтение стало делом серьезным и даже опасным, ведь всякая мелочь начинала казаться мне частью игры под названием "пан или пропал", которая и составляет суть жизни заложника. Открывается дверь камеры, воз-

вещая о прибытии какого-нибудь командира “Хезболлы” — оно несет свободу или смерть. Каждый знак, каждый намек становился предзнаменованием, символом, иносказанием. В “Шпионе” такого много.

Атмосферу скрытности и манипулирования (у шиитов это называется “такия”*), царящую в вашей книге, я глубоко прочувствовал. Профессионализмом сотрудников КГБ и ЦРУ наши похитители, конечно, не отличались, но тщеславных дураков и жестоких циников среди них тоже хватало, а утолить жажду власти им помогала религия и доверчивость молодых боевиков.

Подобно вашим персонажам, мои тюремщики были специалистами в области паранойи: тут тебе и патологическая недоверчивость, и маниакальные вспышки ярости, и ложные суждения, и бредовые идеи, и постоянная агрессия, и невротическая склонность ко лжи. Мы жили в точно таком суровом и нелепом мире, как и Алек Лимас, в мире, где человек всего лишь пешка. Как часто я чувствовал себя забытым, покинутым. А главное, выдохшимся. Еще этот двуличный мир заставил меня размышлять о своей профессии, о журналистах. В конце концов, мы ведь тоже двойные агенты. Или тройные. Мы проявляем сочувствие к другим, чтобы войти в доверие и что-то выяснить, а потом предаем.

Ваш взгляд на человечество пессимистичен. Мы жалкие создания и поодиночке почти ничего не стоим. К счастью, не все так думают (взять, к примеру, Лиз).

Эта книга убедила меня, что надеяться надо. Самое главное в ней — голос, ощущение присутствия. Вашего. Торжество писателя, который описывает жестокий и бесцветный мир и, изображая его таким серым и безнадежным, находит в этом удовольствие. Это присутствие ощущаешь почти физически. Кто-то говорит с тобой, ты уже не один. Я оставался в тюрьме, но больше не чувствовал себя покинутым. В мою каме-

* В исламской традиции — благоразумное сокрытие своей веры и убеждений.

ру пришел человек, пришли его слова, его мировоззрение. Кто-то делится со мной своей энергией. Значит, я могу все это пережить…*

■

И вот пожалуйста, вот вам память человеческая — и моя, и Кауфмана. Я мог бы поклясться, что тогда за обедом Кауфман говорил о “Команде Смайли”, а не о “Шпионе, пришедшем с холода”, и моя жена тоже вроде бы это помнит.

* Жан-Поль Кауфман, 2015 год (*Прим. автора*).

ГЛАВА 33
Сын отца автора

Мне понадобилось много времени, прежде чем начать писать о Ронни — мошеннике, выдумщике, узнике — время от времени — и моем отце. За этого персонажа я хотел взяться с того самого дня, как предпринял первые неуверенные попытки что-нибудь написать, вот только справиться с такой задачей мне удалось ой как нескоро. Ранние наброски моей книги, из которой в конце концов вышел “Идеальный шпион”, были пронизаны жалостью к себе: обрати, благосклонный читатель, взгляд свой на этого юношу с искалеченной психикой, раздавленного пятой отца-тирана. Только когда отец уже благополучно лежал в могиле, я, снова принявшись за этот роман, сделал то, что следовало сделать с самого начала, и грехи сына представил гораздо более достойными порицания, нежели грехи отца.

А разобравшись с этим, я отдал должное и наследству, оставшемуся после его бурной жизни: галерее разнообразных персонажей (от которой даже у самого пресыщенного писателя потекли бы слюнки) — от виднейших легальных авторитетов того времени, звезд кино и спорта до самых именитых представителей криминального мира и прекрасных созданий, что их сопровождали. Куда бы ни следовал Ронни, непредсказуемость следовала за ним. В выигрыше мы или в проигрыше? Сможем мы залить полный бак в кредит на местной заправке?

Ронни бежал из страны или вечером, довольный собой, прикатит на “бентли” и припаркуется на подъездной аллее? Или спрятал ее в садике за домом, выключил повсюду свет, проверил, заперты ли двери и окна, и вполголоса говорит по телефону, если только телефон не отключен? Или он у одной из своих альтернативных жен, наслаждается покоем и уютом?

О связях Ронни с мафией, если таковые имелись, мне известно прискорбно мало. Да, он якшался со скандально известными близнецами Крэй, но, может, Ронни просто искал знакомства со знаменитостями. И какие-то дела с худшим из лондонских домовладельцев Питером Рахманом у него были, однако вероятнее всего, я так думаю, что молодчики Рахмана просто помогли Ронни избавиться от арендаторов, после чего тот продал свои дома и отдал Рахману долю.

Но настоящее сотрудничество с преступным миром? Насколько я знал Ронни, он на такое не пошел бы. Аферисты ведь эстеты. Они носят хорошие костюмы, ногти у них ухоженные и речь культурная. Ронни говорил, полицейские — мировые ребята, с ними всегда можно договориться. Чего не скажешь о “парнях”, как он их называл, — свяжешься с этими парнями, глядишь, и самому не поздоровится.

Напряжение? Ронни всю свою жизнь ходил по тонкому льду — самому что ни на есть тонкому и скользкому. Находясь в розыске за мошенничество, он мог появиться на скачках в Аскоте, красоваться в сером цилиндре в ложе для владельцев лошадей — и не видел здесь никакого противоречия. Торжественный прием в “Клариджез”* по случаю второй женитьбы отца пришлось прервать на время — пока Ронни уговаривал двух детективов из Скотленд-Ярда отложить его арест до окончания вечеринки, а пока повеселиться вместе со всеми, и полицейские повеселились как полагается.

Думаю, Ронни не смог бы жить иначе. И, думаю, не хотел. В драмах и представлениях Ронни нуждался как наркоман, он

* Одна из известнейших лондонских гостиниц высшего класса.

был оратором-проповедником, не ведающим стыда, и потрясающим актером. Он считал себя любимчиком Господа, умел очаровать, увлечь своими бредовыми идеями и не одну человеческую жизнь сломал.

Грэм Грин называет детство кредитом писателя. Значит, я родился миллионером — по крайней мере, если измерять богатство такими категориями.

■

В последнюю треть его жизни (Ронни умер внезапно, в шестьдесят девять лет) мы либо не общались вовсе, либо ругались. Можно сказать, по взаимному согласию мы непременно устраивали друг другу ужасные сцены, а зарывая топор войны, всегда помнили, где его откапывать. Изменилось ли мое отношение к Ронни с тех пор, смягчился ли я? Порой мне удается его обойти, а иной раз он встает передо мной, как гора, которую я все еще не покорил. Но так или иначе, он всегда рядом в отличие от моей матери, я ведь до сих пор не имею понятия, что она была за человек. Рассказы тех, кто знал ее близко и любил, ничего не прояснили. Может, я этого и не хотел. Мне уже исполнился двадцать один, когда я разыскал мать, и с тех пор много помогал ей, хоть и не всегда по доброй воле. Но за все время с момента нашего воссоединения и до ее смерти я так и не почувствовал, что ребенок внутри меня, замерзший без материнской ласки, оттаял, хотя бы чуть-чуть. Любила ли она животных? Природу? Море, у которого жила? Музыку? Живопись? Меня? Читала ли книги? От моих она точно была не в восторге, ну а книги других авторов?

Последние годы жизни мать провела в доме престарелых, и когда я приходил к ней, мы в основном говорили об отце, вспоминали его проделки — с улыбкой или с сожалением. Навещая мать, я постепенно осознал, что она создала для самой себя — и для меня — идеальный образ наших отношений, которые развивались непрерывно с моего рождения и до сего дня.

Не помню, чтобы в детстве я кого-нибудь любил, кроме старшего брата, на некоторое время заменившего мне обоих родителей. Помню, что постоянно ощущал внутри напряжение, и даже в старости оно не ослабло. Почти ничего не помню о раннем детстве. Помню, как, взрослея, я становился скрытным, чувствовал, что нужно слепить из чего-то свою личность, и для этого воровал у сверстников и у старших их манеры и образ жизни — даже делал вид, будто и моя жизнь устроена, и у меня есть дом, и нормальные родители, и пони. И сейчас, когда приходится слушать самого себя, наблюдать за собой со стороны, я все еще обнаруживаю следы моих утраченных прототипов, а самым главным из них, конечно, был отец.

Все это, безусловно, сделало меня идеальным новобранцем, которому самое место под знаменами секретных служб. Но никем я не пробыл долго — ни преподавателем в Итоне, ни сотрудником МИ-5, ни сотрудником МИ-6. И только писатель во мне твердо держался намеченного курса. Оглядываясь теперь на свою жизнь, я вижу, что постоянно брал на себя обязательства, а потом бежал от них, и благодарю бога, что писательский труд помогал мне оставаться относительно честным и в основном здравым. Отказ моего отца признать простейшую правду о себе вывел меня на путь поиска истины, и обратно я уже не вернулся. Поскольку ни матери, ни сестер у меня не было, женщин я узнал поздно, если вообще узнал, и нам всем пришлось за это расплачиваться.

В детстве все вокруг пытались всучить мне христианского бога — в том или ином виде. К низкой церкви меня приобщали тети, дяди, дедушки и бабушки, к высокой* приобщали в школах. Когда епископ совершал надо мной обряд конфирмации, я изо всех сил старался почувствовать себя верующим, но не чувство-

* Высокая церковь, низкая церковь — течения внутри англиканской церкви.

вал ничего. Лет десять после этого я пробовал приобрести хоть какие-нибудь религиозные убеждения, а потом понял, что дело это безнадежное, и бросил. Теперь я вижу бога только в природе, а от смерти не жду ничего, кроме исчезновения. Я нахожу отраду в моей семье, в людях, которые любят меня, и отвечаю им взаимностью. А когда гуляю по корнуоллским скалам, на меня накатывает, переполняет меня чувство благодарности за то, что я живу.

■

Да, я видел дом, в котором родился. Мы сто раз ходили мимо, и мои тетушки всегда с радостью на него указывали. Но я бы предпочел родиться в другом доме — том, что построил в своем воображении. Это гулкий дом из красного кирпича, подлежащий сносу, с выбитыми окнами, табличкой “Продается” и старой ванной в саду. Он стоит посреди участка, заросшего сорняками и заваленного строительным мусором, в разломанной входной двери — осколок витража; в таком месте дети прячутся, а не рождаются. Но я там родился, во всяком случае на этом настаивает мое воображение, мало того, я родился на чердаке, заставленном коричневыми коробками, которые мой отец, ударяясь в бега, всегда возил с собой.

Впервые я тайком обследовал содержимое коробок где-то перед началом Второй мировой (к восьми годам я был уже тренированным шпионом) и обнаружил там только личные вещи: масонские регалии отца, адвокатский парик и мантию (Ронни намеревался однажды изучить право и поражать в этом наряде только того и ждущее человечество) и некоторые сверхсекретные документы, например, разработанный Ронни план продажи дирижабельных флотилий Ага-хану. Когда же война наконец разразилась, в коричневых коробках нашлась добыча посерьезнее — с черного рынка: батончики “Марс”, ингаляторы с бензедрином, чтобы впрыскивать стимулятор прямо через нос, а после дня "Д" еще нейлоновые чулки и шариковые ручки.

Ронни любил приобретать вещи самые неожиданные — при условии, что они были в дефиците или вообще отсутствовали в продаже. Двадцать лет спустя, когда я служил дипломатом в Германии, поделенной на две части, и жил в Бонне, на берегах Рейна, отец появился однажды без предупреждения у моего подъезда — подъехал на чем-то вроде стальной лодки на колесах, в которой его дородное тело помещалось с трудом. Это автомобиль-амфибия, объяснил Ронни. Экспериментальная модель. Он приобрел у берлинского изготовителя патент на производство в Британии, так что мы скоро разбогатеем. Под пристальными взглядами восточногерманских пограничников он проехал на этом автомобиле через межзональный транспортный коридор и теперь хотел с моей помощью спустить его на воду — Рейн как раз разлился, и течение в нем было очень быстрое.

Умерив свой собственный детский энтузиазм, я отговорил отца и вместо этого угостил его обедом. Подкрепившись, крайне воодушевленный Ронни отправился дальше — в Остенде, а потом в Англию. Далеко ли он продвинулся, не знаю, но об автомобиле я больше никогда не слышал. Полагаю, его отобрали кредиторы, нагнавшие отца по пути.

Но это не помешало Ронни через два года снова возникнуть в Берлине, где он назвался моим "профессиональным консультантом" и получил все, что полагалось ему в этом качестве: ВИП-экскурсию по крупнейшей киностудии Западного Берлина и, без сомнения, радушный прием на этой самой киностудии и у парочки молодых актрис, а также обсудил коммерческие вопросы, в частности налоговые льготы и субсидии для зарубежных кинокомпаний, в особенности тех, которые снимают фильм по моему последнему роману "Шпион, пришедший с холода".

Разумеется, ни я, ни "Парамаунт пикчерз", уже заключившая сделку с ирландской "Ардмор студиос", не имели ни малейшего представления о том, что затеял мой отец.

■

В доме, где я родился, нет ни электричества, ни отопления, и чердак озаряет только мягкий свет газовых фонарей с Конститьюшн-хилл. Моя мать лежит на раскладушке и старается из последних сил (впервые воображая эту сцену, я имел лишь самое общее представление о родах и поэтому не знал, что конкретно подразумевали ее старания). Ронни в модном двубортном пиджаке, в бело-коричневых ботинках, в которых обычно играет в гольф, стоит в дверях и выказывает нетерпение — поглядывает на улицу и капает матери на мозги, призывая ее поднатужиться:

— Боже ты мой, Уиггли, в кои веки будь порасторопней! Все это ужасно не вовремя, к тому же другого выхода у тебя нет. Бедняга Хамфрис сидит там в машине, того и гляди схватит страшную простуду, а ты тут канителишься.

Мою мать звали Оливией, но отец называл ее Уиггли (Егоза) и никак иначе. Став взрослым — с юридической точки зрения, я тоже давал дурацкие прозвища женщинам, чтобы они не казались такими угрожающими.

В моем детстве, помню, у Ронни был еще дорсетский говор — с раскатистыми “р” и протяжными “э”. Но постепенно Ронни “отмылся” и во времена моей юности изъяснялся почти (но никогда вполне) литературным языком. Говорят, англичанина изобличает язык, и в те времена литературный английский мог обеспечить тебе офицерский чин в армии, кредит в банке, учтивость полицейских и работу в лондонском Сити. Переменчивая судьба Ронни и тут над ним подшутила: определив меня и брата в элитные школы ради удовлетворения своих амбиций, отец как бы поставил нас выше себя в социальном плане в соответствии с жесткими стандартами того времени. Мы с Тони без труда преодолели классовый звуковой барьер, а Ронни так и застрял по другую его сторону. Нельзя сказать, что он платил за наше образование в обычном смысле этого слова — во всяком случае не всегда, насколько я могу понять, — но так или иначе он этот вопрос улаживал. В одной школе, когда поняли его стратегию, не постеснялись потребовать плату вперед. И Ронни заплатил в удобной ему форме — отложенными про запас сухофруктами с черного рынка: инжиром, бананом, черносливом, а еще поставил персоналу ящик джина, которого тогда нигде было не достать.

И все-таки он сохранял — в этом и заключался его талант — видимость уважаемого человека. Не о деньгах он больше всего заботился — об уважении. Изо дня в день Ронни нужно было убеждаться, что он очарователен. Его суждения о других людях зависели исключительно от того, насколько они его уважают. Если брать людей заурядных, свой Ронни найдется на каждой второй лондонской улице, в каждом главном городе графства. Он резвый малый, отчаянный сорвиголова и немножко льстец, со всеми запанибрата, закатывает вечеринки с шампанским для людей, которых обычно шампанским не угощают, разрешает местным баптистам устраивать празднества в своем саду, хотя в их церкви не был ни разу, он почетный председатель юношеской футбольной команды и взрослой крикетной команды и на чемпионатах вручает им серебряные кубки.

Пока однажды не выясняется, что он за год задолжал молочнику, или местной автозаправке, или газетному киоску, или винному магазину, или магазину, в котором покупал серебряные спортивные кубки, и, может быть, он разорился и садится в тюрьму, а его жена берет детей и отправляется жить к матери и в конце концов с ним разводится, поскольку выясняет — а мать ее всегда об этом знала, — что он со всеми девушками в округе переспал и у него есть дети, о которых он никогда не говорил. А когда наш резвый малый выходит на свободу или на время становится честным человеком, то некоторое время живет скромно, трудится на пользу общества и находит удовольствие в простых вещах, до тех пор пока не восстановит жизненные силы, и тогда принимается за старое.

■

Мой отец был именно таким человеком, и все вышеперечисленное, без сомнения, к нему относилось. Но это только на первый взгляд. Его отличал размах — осанка епископа, царственный голос, умение напустить на себя вид оскорбленной святости, если кто-нибудь смел усомниться в его словах, — и безграничные способности к самообману. Пока наш заурядный резвый малый пускает на ветер последние деньги из семейного бюджета, делая ставки на скачках в Ньюмаркете, расслабленный Ронни сидит невозмутимо за большим столом в казино Монте-Карло, перед ним — бренди с имбирным элем (от заведения), справа от него — я (мне семнадцать, но я стараюсь казаться старше), слева — конюший короля Фарука лет пятидесяти. Конюший за этим столом очень кстати, потому что уже многократно его окупил. Конюший элегантен, седовлас, а еще он человек безобидный и очень усталый. Рядом с ним на столе стоит белый телефон, по которому конюший напрямую связывается с королем Египта, а тот сидит в окружении астрологов. Белый телефон звонит, конюший отнимает руку от подбородка, поднимает трубку, слушает, опустив широкие веки, и послушно перемещает немалую часть египетской казны на красное, черное или номер, который сочтут благоприятным звездочеты Александрии и Каира.

Уже некоторое время Ронни наблюдает за этой процедурой и воинственно улыбается себе под нос, будто хочет сказать: “Ах так, сынок, ну будь по-твоему”. И тоже начинает поднимать ставки одну за другой. Целенаправленно. Вместо десяти — двадцать. Вместо двадцати — пятьдесят. И пока он, растранжирив последние фишки, властным мановением руки требует принести еще, я понимаю: он не руководствуется интуицией, не играет против казино, не ставит на определенные цифры. Он играет против короля Фарука. Если Фарук предпочитает черное, Ронни выбирает красное. Если Фарук ставит на нечетное, Ронни поднимает ставку на четное. Разговор уже идет о сотнях (а на нынешние деньги — о тысячах). И вот что Ронни говорит его египетскому величеству, пока плата за мое обучение (сначала за семестр, а потом и за год) исчезает в чреве крупье, — он говорит, что у него, Ронни, связь со Всевышним налажена гораздо эффективнее, чем у какого-то мелкотравчатого арабского монарха.

В мягких синих сумерках перед восходом солнца отец и сын прогуливаются по набережной Монте-Карло в сторону круглосуточного ювелирного магазина, чтобы заложить отцовский платиновый портсигар, золотую перьевую ручку и наручные часы. "Бушерер"? "Бушерон"? Что-то в этом роде. "Все отыграем завтра, да еще с лихвой, верно, сынок?" — говорит отец, когда мы ложимся в постель, возвратившись в "Отель де Пари" (к счастью, за комнату отец заплатил вперед). "Ровно в десять", — добавляет он строго, на случай, если мне вздумалось отлынивать.

■

Итак, я родился. Оливия, моя мать, меня родила. Поспешно, как и велел ей Ронни. В последний раз поднатужившись, дабы опередить кредиторов и не дать мистеру Хамфрису, сидевшему, скрючившись, в припаркованном у дома "ланчестере", замерзнуть насмерть. Ведь мистер Хамфрис не просто шофер, но и ценный сообщник, а также полноправный член экзотического двора, которым окружил себя Ронни, и еще фокусник-любитель и умеет проделывать трюки с куском веревки, похожим на удавку. В хорошие времена его замещает мистер Натбим на "бентли", но в тяжелые времена мистер Хамфрис и его "ланчестер" всегда к услугам Ронни.

Я родился, и меня упаковали вместе со скудными материнскими пожитками — недавно к нам вновь наведывался пристав, так что путешествовали мы налегке. Меня погрузили в багажник такси мистера Хамфриса как кусок контрабандной ветчины, которую Ронни будет возить здесь же несколько лет спустя.

Сюда же, в багажник, закинули коричневые коробки и заперли его снаружи. Я всматриваюсь в темноту — ищу своего старшего брата Тони. Его нигде не видно. Оливии по прозвищу Уиггли не видно тоже. И все-таки я родился и, как молоденький жеребенок, сразу пустился в бега. Так и бегу с тех пор.

■

В моей памяти законсервировано еще одно детское воспоминание — тоже недостоверное, по словам Ронни — а ему, конечно, лучше знать. Прошло четыре года, я в Эксетере, иду по пустырю. Держу за руку свою мать Оливию по прозвищу Уиггли. Мы оба в перчатках, и я не чувствую тепла ее тела, а она не чувствует моего. И так, насколько я помню, было всегда. Это Ронни все время обнимался, Оливия — никогда. Я не знал материнского запаха, зато помню, как пахло от Ронни — хорошими сигарами и маслом для волос с ароматом грушевых леденцов от “Тейлор оф Олд Бонд-стрит, королевской парикмахерской”, а уткнувшись носом в ворсистую ткань его пиджака, пошитого мистером Берманом, я, казалось, обонял и запахи его женщин. В знаменательный день нашего с матерью воссоединения после шестнадцати лет без объятий я, будучи молодым человеком двадцати одного года, шел по платформе номер один железнодорожного вокзала в Ипсвиче навстречу Оливии, смотрел на нее и не мог понять, хоть убей, в каком же месте ее обхватить. Она была высокой, как я и запомнил, но очень уж угловатой — не располагала ее фигура к объятиям. Мать напомнила мне брата Тони в адвокатском парике отца — так же шла, накренившись вперед, и лицо у нее было такое же вытянутое и беззащитное.

Но вернемся в Эксетер. Я держу Оливию за руку в перчатке — вернее, болтаюсь на ее руке. На дальнем краю пустыря — дорога, оттуда я вижу высокую кирпичную стену, сверху утыканную шипами и усыпанную битым стеклом, а за стеной — зловещее здание с плоским фасадом и зарешеченными темными окнами. И в одном из окон, за решеткой вижу отца — его голову и плечи, — он похож на арестанта из "Монополии", изображенного на том поле, попав на которое отправляешься прямо в тюрьму, вперед не проходишь и двести фунтов не получаешь. Подобно этому арестанту, отец сжимает прутья решетки большими руками. Женщины всегда говорили, что у него очень красивые руки, и Ронни все время за ними ухаживал — носил для этого кусачки в кармане пиджака. Широким белым лбом отец прижимается к решетке. Особенно много волос у Ронни никогда не было, а те, что были, струились аккуратными благоухающими черными ручейками ото лба к затылку — правда, в районе темени ручейки иссякали, что вполне соответствовало образу святого, каким отец себя представлял. Ронни становился старше, и ручейки сначала окрасились в серый, а потом и вовсе пересохли, но морщины — следы прожитых лет и разрушения — так и не появились на его лице, хоть он их, кажется, более чем заслужил. В нем торжествовала гётевская вечная женственность.

Головой своей Ронни, по словам Оливии, гордился не меньше, чем руками, и вскоре после женитьбы заложил ее ученым-медикам за пятьдесят фунтов — деньги вперед, доставка товара после смерти продавца. Не помню, когда мать мне об этом поведала, но помню, что с того самого дня я порой рассматривал Ронни с отстраненностью палача. Шея у него была очень толстая и соединялась с туловищем почти под прямым углом, без всяких изгибов. Я прикидывал, куда ударил бы топором, если б пришлось это сделать. Мысль о том, чтоб убить отца, владела мной с ранних лет, и даже после его смерти я порой об этом думал. Может, я просто злился, что так ни разу и не смог положить его на обе лопатки.

По-прежнему сжимая одетую в перчатку руку Оливии, другой рукой я машу Ронни — а его окно высоко-высоко, — и Ронни машет мне в своей обычной манере: он откинулся назад, застыл, и только воздетая в пророческом жесте рука будто бы отдает команду небесам. "Папа! Папа!" — кричу я. И голос мой похож на кваканье гигантской лягушки. За руку с Оливией я марширую обратно к машине, весьма довольный собой. В конце концов, не каждому маленькому мальчику удается держать отца в клетке, чтоб не делить с ним мать.

Но отец говорил, ничего этого не было. Мысль о том, что я когда-нибудь мог видеть его в тюрьме, уж очень его оскорбляла. "Чистой воды вымысел, сынок, от начала и до конца". Ну да, признал отец неохотно, некоторое время он пробыл в Эксетере, но в основном — в Винчестере и Уормвуд-Скрабс. Никакого преступления он не совершил, ничего такого, что разумные люди не уладили бы миром. У него вышло, как у того рассыльного, который взял из коробки с мелочью пару шиллингов взаймы и был пойман прежде, чем смог их вернуть. Но дело не в этом, утверждал отец. Дело вот в чем — сообщил он по секрету моей сводной сестре Шарлотте, своей дочери от другого брака, когда жаловался на мое прямо-таки неуважительное к нему отношение (я просто-напросто отказывался отдавать ему долю со своих гонораров или вложить несколько сотен тысяч в развитие большого участка зеленой зоны, который он приобрел обманным путем, одурачив какой-то муниципалитет), — так дело вот в чем: всякий, кто бывал в эксетерской тюрьме, прекрасно знает, что дорогу из окон камер не видно.

■

И я ему верю. До сих пор. Я неправ, прав он. Вовсе он не стоял за этим окном, и я не махал ему рукой. Но что есть правда? И что есть память? Нужно дать другое название этой человеческой способности — воспринимать события прошлого так, будто они все еще происходят. Я *видел* его за тем окном, и сейчас *вижу*: он сжимает прутья решетки, арестантская куртка с узором из стрелок, какие носят герои лучших школьных комиксов, обтягивает его бычью грудь. С тех пор, что бы он ни носил, в определенном смысле я всегда видел на нем только эту куртку. Я точно знаю, что мне тогда было четыре, ведь через год отца выпустили, а через несколько недель или месяцев после этого, однажды ночью, моя мать сбежала из дома и исчезла на шестнадцать лет — до тех пор пока я не отыскал ее в Саффолке, где она стала матерью других двоих детей, которые выросли, не подозревая, что у них есть сводный брат. С собой мать взяла только красивый белый чемодан, купленный в магазине "Хэрродс" — кожаный, на шелковой подкладке, — я обнаружил его в коттедже Оливии после ее смерти. Во всем доме, кроме этого чемодана, не нашлось больше свидетельств того, что у Оливии уже была когда-то семья, и я храню его до сих пор.

Я видел отца в камере — как он сидит на краю койки, согнувшись, обхватив руками заложенную голову, — высокомерный молодой мужчина, ни разу в жизни не голодавший, не стиравший себе носков, не заправлявший постели, — и думает о трех своих благочестивых сестрах, которые его обожают, и о родителях, которые души в нем не чают, — о матери, убитой горем, которая без конца заламывает руки и вопрошает Господа с ирландским акцентом: "за что? за что?", об отце, бывшем мэре города Пула, олдермене и франкмасоне. Оба мысленно отбывали срок вместе с Ронни. Оба поседели раньше времени, пока ждали его из тюрьмы.

Каково было Ронни, зная все это, сидеть, уставившись в стену? Как этот гордый, неуемный и напористый человек смирился с заключением? Я такой же неугомонный, как он. Часа не могу высидеть спокойно. Не могу, например, целый час читать книгу, если только она не на немецком — в этом случае у меня почему-то получается усидеть в кресле. Когда смотрю спектакль, даже хороший, мне все равно нужно прерваться, размяться. Когда пишу, вечно вскакиваю из-за стола, наматываю круги по саду или бросаюсь на улицу. На три секунды оказываюсь запертым в туалете — ключ выпал из гнезда, на ощупь пытаюсь вставить его обратно — и тут же покрываюсь потом и ору: "Выпустите меня!" А Ронни отсидел немало — три или четыре года, притом в расцвете лет. Он еще отбывал первый срок, когда против него выдвинули новые обвинения и добавили второй, да с каторжными работами, и получилось, как мы бы сейчас сказали, используя обычное слово в таком страшном значении, *расширенное* тюремное заключение. Он и потом сидел — в Гонконге, Сингапуре, Джакарте, Цюрихе, — но, насколько мне известно, не подолгу. Когда в Гонконге я собирал материал для "Досточтенного школяра", столкнулся нос к носу с бывшим надзирателем Ронни — на ипподроме "Хэппи-Вэлли" в шатре "Жардин Мэтисон".

— Мистер Корнуэлл, сэр, ваш отец замечательный человек, один из лучших, что я встречал. Это честь была — его сторожить. Я скоро выхожу на пенсию, и, когда вернусь в Лондон, он устроит меня на работу.

Ронни и надзирателя в тюрьме откармливал на жаркое.

■

Я в Чикаго, принимаю участие в неудачной кампании по продаже британских товаров за границей. Генеральный консул Великобритании, у которого я остановился, передает мне телеграмму. Наш посол в Джакарте сообщает, что Ронни в тюрьме и интересуется, буду ли я его выкупать. Я обещаю заплатить, сколько нужно. Оказывается, всего лишь несколько сотен — тревожный знак. Видно, Ронни совсем на мели.

■

Из *Bezirksgefängnis** в Цюрихе, куда его посадили за какую-то гостиничную аферу, Ронни звонит мне за счет вызываемого абонента. "Сынок? Это твой папа". Чем могу быть тебе полезен, отец? "Можешь вытащить меня из этой проклятой тюрьмы, сынок? Это сплошное недоразумение. Парни не хотят признавать

* Окружной тюрьмы *(нем.)*.

очевидного". Сколько нужно? Нет ответа. Затем, взяв дыхание, как актер, Ронни произносит упавшим голосом ключевую реплику: "Я больше не вынесу тюрьмы, сынок". Потом я слышу его рыдания, а мне они как нож острый.

■

Я расспрашивал двух своих тетушек (одна уже умерла). Они говорили, как Ронни в молодости — с легким, незаметным им самим дорсетским акцентом, который мне так нравился. Расспрашивал, как Ронни перенес тот, первый срок. Как это на него повлияло? Каким он был до тюрьмы? Каким стал после? Но тетушки не историки, а просто сестры. Они любят Ронни и предпочитают не думать о том, что выходит за рамки этой любви. Лучше всего им запомнилось, как брат брился утром того дня, когда суд присяжных в Винчестере должен был вынести ему приговор. Накануне Ронни сам произнес оправдательную речь со скамьи подсудимых и не сомневался, что вечером придет домой свободным человеком. Тем утром Ронни впервые позволил тетушкам смотреть, как он бреется. Но все, что они могут мне ответить, я вижу в их глазах, слышу в коротких фразах: "Это было ужасно. Просто ужасно". О позоре семидесятилетней давности они говорят так, будто все случилось вчера.

Лет шестьдесят назад те же вопросы я задал матери. Тетушки предпочитали своими воспоминаниями не делиться, Оливия же, напротив, не умолкала, из нее лилось как из крана, который невозможно перекрыть. С момента нашего с ней воссоединения на железнодорожном вокзале в Ипсвиче она только о Ронни и говорила. О его сексуальности она рассказывала мне задолго до того, как я разобрался со своей, а в качестве справочного материала вручила мне потрепанный экземпляр "Половой психопатии" Крафта-Эбинга в твердом переплете, чтобы я мог сориентироваться в сексуальных потребностях ее мужа до и после тюрьмы.

— *Изменился*, голубчик? В *тюрьме*? Ничуть! Ты совершенно *не* изменился. Ты похудел, конечно, — а как же иначе? В тюрьме ведь *и не должны* хорошо кормить.

Картины, которую мать описала затем, я никогда не смогу забыть — еще и потому, что Оливия, кажется, и не понимала, о чем говорит:

— А еще у тебя появилась дурацкая привычка: останавливаться перед всякой дверью, стоять по стойке смирно, опустив голову, и ждать, пока я ее тебе открою. И дверь-то вроде самая *обыкновенная*, даже не запертая, но ты, очевидно, даже не *надеешься*, что сможешь сам ее открыть.

Почему Оливия говорила о Ронни *ты*? Говоря *ты*, она имела в виду *он*, но при этом подсознательно как бы делала меня суррогатом отца, которым ко времени ее смерти я и стал. Для моего брата Тони Оливия сделала аудиозапись с рассказом об их с Ронни жизни. До сих пор не могу заставить себя прокрутить ее полностью, слышал только отрывки. Оливия рассказывает, как Ронни избивал ее, поэтому-то она вроде бы и сбежала. О жестокости отца я знал и раньше, он ведь и вторую жену избивал регулярно — так часто, целенаправленно да еще неожиданно, являясь домой посреди ночи, что я, охваченный благородным порывом, решил взять на себя роль ее защитника (хоть и выглядел в этой роли смехотворно) и ложился спать на матрасе у ее двери, сжимая в руке клюшку для гольфа, — чтобы Ронни пришлось разбираться со мной, прежде чем добраться до своей жены.

Ударил бы я его в самом деле клюшкой по заложенной голове? Мог бы я и правда убить Ронни и пойти по его стопам в тюрьму? Или просто обнял бы его и пожелал спокойной ночи? Не знаю, однако столько раз прокручивал в голове эти сценарии, что все они, можно сказать, осуществились.

Ронни, конечно, и меня бил, но всего несколько раз и как-то не слишком уверенно. Страшно было наблюдать, как он готовится к удару — разминает плечи, двигает туда-сюда нижней челюстью. Когда я уже вырос, Ронни однажды попробовал подать на меня в суд, а это, по-моему, тоже насилие, только неявное. Он смотрел документальный фильм о моей жизни и увидел скрытое оскорбление в том, что я почему-то не сказал, будто всем обязан своему отцу.

■

Как Оливия с Ронни познакомились? Поинтересовался я у матери в мой крафт-эбинговский период, вскоре после наших первых памятных объятий на ипсвичском вокзале. "Твой дядя Алек нас познакомил, голубчик", — ответила она. Мать имела в виду своего брата, который был старше нее на двадцать пять лет и с которым теперь уже они мало общались. Их родители рано умерли, и дядя Алек, важная персона в городе Пуле — член парламента и легендарный местный проповедник, стал Оливии настоящим отцом. Худой, сухопарый и очень высокий, как и моя мать, дядя Алек был к тому же человеком тщеславным, любил хорошо одеваться и вел себя сообразно своему высокому социальному статусу. Однажды дядю попросили вручить кубок местной футбольной команде, и он взял Оливию с собой — как будущую принцессу, которую пора уже приучать к исполнению общественных обязанностей.

Ронни был в команде центральным нападающим. Кем же еще? Дядя Алек шел вдоль шеренги игроков и каждому пожимал руку, а следом двигалась Оливия и прикалывала на каждую гордо выпяченную грудь значок. Когда дело дошло до Ронни, он картинно пал на колени, простонал, что Оливия пронзила его до самого сердца, и прижал к этому самому сердцу обе руки. Дядя Алек (судя по имеющимся свидетельствам, тот еще напыщенный осел) отнесся к этому пошлому спектаклю снисходительно, и тогда Ронни, демонстрируя трогательное смирение, спросил, дозволено ли ему будет заходить в господский дом по воскресеньям, дабы засвидетельствовать свое почтение — не Оливии, конечно, она ведь занимала гораздо более высокое положение, чем Ронни, — а горничной-ирландке, с которой он недавно познакомился. Дядя Алек дал свое милостивое согласие, и Ронни, делая вид, что ухаживает за горничной, соблазнил Оливию.

— Я была так одинока, голубчик. А ты был ну просто огонь.

Разумеется, она имела в виду Ронни, не меня.

Дядя Алек стал первым моим тайным осведомителем, и я сдал его с потрохами. Это ему я тайком написал письмо, когда мне исполнился двадцать один — Алеку Гласси, члену парламента, через палату общин, *в собственные руки,* — и спросил, жива ли его сестра и моя мать, а если жива, где ее можно найти. (Гласси давно уже не был членом парламента, но — удивительное дело — руководство палаты общин переслало ему мое письмо.) Ронни я задавал тот же вопрос, когда был помладше, но отец только хмурился и качал головой, поэтому я поспрашивал-поспрашивал и перестал. Дядя Алек в ответ нацарапал две строчки — сообщил, что адрес Оливии я найду на отдельном листе, приложенном к письму. И поставил условие: ни в коем случае не говорить "заинтересованному лицу", откуда у меня эта информация. Конечно, столь строгий запрет побудил меня выложить Оливии всю правду, как только мы встретились.

— Значит, мы должны сказать ему спасибо, голубчик, — ответила она, тем дело и кончилось.

Вернее, кончилось *бы*, если бы через сорок лет после этих событий и через несколько лет после маминой смерти брат Тони (дело было в Нью-Мексико) не рассказал мне, что после своего двадцать первого дня рождения, то есть за два года до меня, он тоже написал Алеку, а затем поехал к Оливии на поезде и обнял ее на платформе номер один — может быть, у Тони это получилось лучше, чем у меня, благодаря его большому росту. И он тоже ее расспрашивал.

Так почему Тони не рассказал мне об этом раньше? Почему я ему не рассказал? Почему Оливия ни одному из нас не рассказала про другого? Почему дядя Алек не хотел, чтобы мы все встретились? Да потому что все мы страшились Ронни, да так, как страшатся самой судьбы. От Ронни с его обширной сферой влияния — физического и психологического, с его убийственным очарованием никто не мог скрыться. В плане связей он был все равно что ходячая картотека. Когда выяснилось, что одна из его женщин завела себе мужчину для любовных утех, Ронни превратился в единоличный военный штаб. В течение часа он связался с начальником этого бедняги, с его менеджером в банке, с арендодателем и с отцом его жены. И всех их использовал, чтобы несчастного любовника уничтожить.

А с нами Ронни мог поступить в десять раз хуже, чем с этим беспомощным неверным мужем. Ломал Ронни так же легко, как создавал. Всякий раз, когда я до того расчувствуюсь, что готов уже восхититься Ронни, я вспоминаю его жертв. Собственную мать Ронни, безутешную вдову, которая как душеприказчица должна была распорядиться имением отца Ронни, и мать его второй жены, которая, тоже потеряв мужа и сделавшись владелицей его состояния, не очень-то понимала, что с ним делать, — Ронни их обеих обокрал, обеих лишил и нажитого их мужьями, и законных наследников. И не один десяток других людей (они доверяли Ронни, а благородный Ронни считал своим долгом взять их под защиту), облапошенных, обворованных, ободранных как липка этим донкихотом. Как он сам себе это объяснял, если вообще объяснял? Что есть в его жизни и скаковые лошади, и вечеринки, и женщины, и “бентли”, но в то же самое время он обманывает людей, перед ним беззащитных — они ведь любят его и не могут ему отказать, — и забирает их деньги? Задумывался ли Ронни хоть раз, какой ценой остается любимчиком Господа?

■

Немногие письма я храню, а большинство писем Ронни вызывали у меня отвращение, и я уничтожал их, едва успев прочесть, — письма с мольбами из Америки, Индии, Сингапура и Индонезии; назидательные письма, в которых он прощал мне все мои прегрешения и призывал любить его, молиться за него, использовать те преимущества, что я имею теперь благодаря его щедрости, наилучшим образом, а еще прислать ему денег; грубые письма с требованием возместить ему стоимость моего обучения и, наконец, мрачные письма о предчувствии скорой смерти. Не сожалею, что от этих писем избавился, а иногда думаю, как хорошо было бы избавиться и от воспоминаний о них. Но несмотря на все мои усилия, непобедимое прошлое Ронни нет-нет да и напомнит о себе, будто чтоб подразнить меня, — попадется, например, под руку страница его письма, напечатанного на тонкой почтовой бумаге, где отец рассказывает об очередном своем безумном проекте и просит "представить его Вниманию моих Советников и Рассмотреть Возможность Капиталовложений на Раннем Этапе". Или бывший конкурент Ронни напишет мне письмо, напишет непременно с большой теплотой и непременно скажет, как он рад, что был знаком с моим отцом (пусть это знакомство и дорого ему обошлось).

■

Несколько лет назад я подумывал приняться за автобиографию, но меня смущало, скажем так, отсутствие вспомогательной информации, и тогда я нанял двух детективов — худого и толстого, обоих порекомендовал мне один бывалый лондонский адвокат, и оба любили поесть. Отправляйтесь на все четыре стороны, сказал я им беззаботно. Делайте все, что сочтете нужным. Отыщите живых свидетелей и документальные свидетельства, представьте мне достоверный отчет обо мне самом, моей семье и моем отце, и я вас вознагражу. Я ведь лжец, объяснил я им. Я рожден во лжи, и воспитан во лжи, и приучен ко лжи, поскольку работал в той сфере деятельности, где ложью зарабатывают свой хлеб, и поднаторел во лжи, поскольку я писатель. Я создаю вымысел и самого себя тоже выдумал — различные вариации себя, но ни словечка правды не сказал, если только она вообще существует, эта правда.

И вот что, говорю им, я собираюсь сделать. Издать такую книгу, где на левой странице будет моя брехня, мои якобы воспоминания, а на правой — ваш достоверный отчет, без всяких изменений и дополнений. И тогда мои читатели сами увидят, до какой степени продажна память старого писателя, готовая выполнить любую прихоть его воображения. Все мы выдумываем заново собственное прошлое, сказал я, но писателям в этом равных нет. Даже если они знают правду, им ее недостаточно. Я задал детективам направление поиска: назвал даты, места и имена, связанные с Ронни, и посоветовал покопаться в судебных материалах. Я воображал, как они выслеживают носителей важнейшей информации — бывших письмоводителей, тюремных служащих, полицейских, — их ведь еще можно было разыскать. Я предложил детективам покопаться и в моих досье — школьных и армейских времен, а еще, поскольку я неоднократно проходил проверку для допуска к секретной работе, — выяснить, как оценивали мою благонадежность службы, которые все мы привыкли считать секретными. Я настаивал, чтобы, проводя расследование, детективы ни перед чем не останавливались. Я рассказал им, какие аферы отец проворачивал на родине и за рубежом, — все, что смог припомнить. Например, как Ронни хотел облапошить премьер-министров Сингапура и Малайзии, втянув их в какую-то сомнительную авантюру с футбольным тотализатором, и был уже на волосок от успеха. Но этот-то волосок всегда его и подводил.

Я рассказал детективам, что у отца были небольшие "запасные семьи", любовницы, они же матери и хранительницы очага, которые, как говаривал Ронни, всегда его ждут и всегда готовы сварить ему сосиску. Я назвал имена нескольких известных мне женщин, парочку адресов и имена детей — одному богу известно чьих. Я рассказал детективам, как Ронни служил на фронте, а служба эта заключалась в том, чтобы от нее отлынивать, используя любые ухищрения, — Ронни даже выдвигал свою кандидатуру на довыборы в парламент под воодушевляющим лозунгом “Независимый прогрессист”, и командирам приходилось давать ему увольнительную — должен же он был реализовать свои демократические права. Я рассказал, что, еще будучи новобранцем, Ронни нанял двух маклеров и одного или двух секретарей и держал их при себе (они квартировали в местных гостиницах), чтоб и на войне заниматься законным бизнесом спекулянта и торговца дефицитным товаром. Сразу же после войны, я в этом убежден, Ронни подкорректировал свой армейский послужной список, удостоив самого себя звания вымышленного полковника Корнхилла — под этим именем его хорошо знали во всяких подозрительных вест-эндских закоулках. Моя сводная сестра Шарлотта играла в фильме о скандально известном гангстерском семействе из Восточного Лондона “Братья Крэй” и, собирая материал для своей роли, встречалась с самым старшим из братьев — Чарли. Они сидели за чашечкой вкусного чая, Чарли Крэй достал семейный фотоальбом, и в нем отыскался снимок с Ронни — он стоял, обнимая одной рукой двух младших братьев.

Я рассказал детективам о той ночи, когда заселился в копенгагенский отель “Роял” и тут же был приглашен к директору. Вероятно, моя слава идет впереди меня, подумал я. Оказалось, не моя, а Ронни. Датские полицейские его разыскивали. Двое из них уже сидели в кабинете директора — рядышком, выпрямив спину и прижавшись к стене, будто школьники на корректирующих осанку стульях. Они объяснили мне, что отец незаконно въехал в Копенгаген из Соединенных Штатов, а помогли ему два пилота-скандинава, которых Ронни подчистую обыграл в покер в нью-йоркском кабаке. И предложил им не расплачиваться наличными, а бесплатно отвезти его в Данию, и пилоты отвезли, а после приземления незаметно провели его через таможню и паспортный контроль. Не знаю ли я случайно, спросили датские полицейские, где им найти моего отца? Я не знал. И вправду не знал, слава богу. В последний раз я слышал о Ронни за год до этого, когда он потихоньку улизнул из Британии, дабы избежать встречи с кредиторами, или с полицией, или с мафией, или со всеми сразу.

Значит, у нас есть еще одна зацепка, сказал я детективам: надо выяснить, от чего Ронни спасался, убегая из Британии, и почему из Америки вынужден был убраться тоже. Еще я рассказал им о скаковых лошадях, которых Ронни содержал, даже будучи не освобожденным от долгов банкротом, — в Ньюмаркете, в Ирландии и пригороде Парижа Мезон-Лаффит. Я назвал детективам имена тренеров и жокеев и рассказал, что Лестер Пиггот, когда только начинал, ездил на лошади Ронни, а Гордон Ричардс советовал ему, какую покупать. И что однажды перед скачками я наткнулся на молодого Лестера в прицепе, где возили лошадей, — он лежал в углу на соломе в костюме жокея в цветах конюшни Ронни и читал молодежный юмористический журнал. Одну лошадь Ронни называл в честь своих возлюбленных детей — Дато, прости Господи, — от Дэвида и Тони; вторую — Тамми* Танмерс (в этом имени название дома Ронни соединилось с его любовью к собственному желудку); третью, единственную, которая хоть что-то собой представляла, — Принц Руперт, в честь моего сводного брата Руперта; и четвертую — Роуз-Сэнг (здесь содержался игривый намек на рыжие волосы моей сводной сестры Шарлотты). И что юношей я ходил на скачки вместо Ронни — он не уплатил карточные долги, поэтому ему нельзя было появляться на ипподроме. И что, когда Принц Руперт, ко всеобщему удивлению, занял какое-то место — кажется, на “Цесаревиче”, — я ехал в Лондон в одном поезде с букмекерами, которым Ронни не заплатил, и тащил с собой чемоданчик, набитый купюрами, — на ипподроме я делал ставки от имени Ронни и выиграл кучу денег.

Я рассказал детективам, что у Ронни был двор — так я называл про себя разношерстное сборище джентльменов, составлявших ядро его корпорации, — бывших заключенных, а также бывших учителей, бывших юристов и бывших представителей

* Живот *(англ.)*.

всевозможных других профессий. И что один из них, по имени Редж, когда мы похоронили Ронни, отвел меня в сторонку и со слезами на глазах разъяснил, как он выразился, суть дела. Оказывается, Редж сидел в тюрьме вместо Ронни. И не он один удостоился этой чести. Сидел и Джордж-Персиваль, тоже маклер. Сидели Эрик и Артур. Все четверо в свое время предпочли отдуваться за Ронни, только чтобы не лишать двор его гениального предводителя. Но дело даже не в этом, сказал Редж. А в том, Дэвид, продолжил Редж сквозь слезы, что Ронни все время дурачил их, как последних идиотов, а они позволяли ему это делать. И сейчас бы позволили. И если бы Ронни встал теперь из могилы и попросил Реджа отсидеть вместо себя еще один срок, Редж бы отсидел, и Джордж-Персиваль, и Эрик, и Артур отсидели бы. Потому что, когда дело касалось Ронни, с радостью признает Редж, все они становились слабоумными.
— Мы все были жуликами, сынок, — добавил Редж, почтительно завершая эпитафию старому другу. — Но твой отец был жуликом из жуликов.

Я рассказал детективам, как Ронни баллотировался в парламент на всеобщих выборах 1950 года как кандидат Либеральной партии от Ярмута, а вместе с ним и его двор — все как один либералы. И как представитель кандидата от консерваторов назначил Ронни встречу в укромном месте и, опасаясь, что Ронни раздробит голоса и в результате победят лейбористы, предупредил его: если он не снимет свою кандидатуру, тори сольют прессе его тюремное досье и еще кое-какие пикантные факты — но Ронни, собрав своих придворных, к которым в силу занимаемого положения относился и я, на пленарное заседание и посоветовавшись с ними, пойти на это отказался. Не был ли дядя Алек тайным осведомителем тори? Не он ли послал им конфиденциальное письмо в своем духе с предупреждением: не раскрывайте, мол, источник информации? Я всегда подозревал, что он. Так или иначе, тори свою угрозу выполнили. Слили прессе тюремное досье Ронни, а Ронни, как и предсказывали, раздробил голоса, и победили лейбористы.

То ли чтобы по-дружески предупредить моих детективов, то ли желая прихвастнуть, я рассказал им, сколь впечатляюще обширной была сеть знакомств Ронни и с какими неожиданными людьми он имел связи. В конце сороковых и начале пятидесятых — золотые годы Ронни — он закатывал в своем доме в Чалфонт-Сент-Питер вечеринки, куда приходили директора футбольного клуба "Арсенал", заместители министров, жокеи-чемпионы, кинозвезды, радиозвезды, короли бильярда, бывшие лорд-мэры Лондона, "Развеселые ребята"* в полном составе, которые выступали тогда в театре "Виктория-Пэлес", не говоря уже о коллекции отборных красоток (не знаю, где только Ронни их находил) и сборных Австралии и Вест-Индии по крикету (когда они приезжали на тестовые матчи). Дон Брэдмен приходил, и почти все великие и известные игроки послевоенных лет — тоже. К ним еще следует добавить собрание знаменитых в то время судей и адвокатов и отряд высокопоставленных офицеров Скотленд-Ярда в клубных пиджаках с вышитым на карманах гербом.

Повадки полицейских Ронни изучил еще в молодости, так что сговорчивого копа вычислял без труда. С одного взгляда определял, что этот коп ест и пьет, чем его порадовать, долго ли он будет поддаваться и на чем сломается. Ронни очень нравилось обеспечивать покровительство полиции и своим друзьям — чтобы, к примеру, когда чей-нибудь сынок, пьяный вдрызг, скатится на родительском "райли" в кювет, его обезумевшая мамаша первому позвонила именно Ронни и именно Ронни, взмахнув волшебной палочкой, подменил анализы крови в полицейской лаборатории, а обвинитель потом рассыпался в извинениях (зря, ваша честь, потратил ваше драгоценное время), и в результате всего этого довольный Ронни еще немного (на одно одолжение) увеличил свой счет в огромном банке обещаний — только туда он и делал вклады.

* "Развеселые ребята" *(Crazy Gang)* — группа артистов мюзик-холла, выступавшая в лондонских театрах в 1932–1962 годах.

Инструктируя моих детективов, я, конечно, зря сотрясал воздух. Отыскать то, что мне нужно было, не мог ни один детектив на свете, и двое тоже не могли. Я заплатил им десять тысяч фунтов, несколько раз угостил превосходным обедом, и после этого детективы смогли предложить моему вниманию лишь пачку вырезок из старых газет со статьями о банкротствах и выборах в Ярмуте, да стопку бесполезных документов каких-то фирм. Не нашли они ни судебных протоколов, ни вышедших на пенсию надзирателей, ни убивающих наповал свидетельств или неопровержимых улик. Ни одного упоминания о суде над Ронни в Винчестере, где, если верить отцу, он блестяще защищал самого себя и противостоял молодому адвокату по имени Норман Биркет, позже ставшему сэром, а потом и лордом и принимавшему участие в Нюрнбергском процессе в качестве судьи от Великобритании.

Из тюрьмы — об этом Ронни сам мне рассказал — он написал Биркету и в шутливом тоне, который им обоим был по душе, поздравил великого адвоката с успешным выступлением. Биркету польстило такое письмо от бедняги-заключенного, отдающего свой долг обществу, и он написал ответ. Результатом этой переписки стало твердое намерение Ронни изучить право, коего, как заверял меня отец, он не отставлял до конца своей жизни. И едва Ронни вышел на свободу, сразу же поступил студентом в Грейс-Инн*. А совершив этот героический поступок, купил себе парик и мантию — я и сейчас вижу, как он возит их с собой в картонной коробке, колеся по земному шару в поисках Эльдорадо.

■

Моя мать Оливия потихоньку ушла из нашей жизни, когда мне было пять, а моему брату Тони семь и оба мы крепко спали.

* Один из четырех судебных иннов (адвокатских палат) Лондона.

На скрипучем профессиональном языке секретного сообщества, куда я вступил позже, ее исчезновение назвали бы хорошо спланированной операцией по эксфильтрации агента, проведенной в соответствии с основополагающими принципами конспирации. Сообщники выбрали вечер, когда Ронни собирался вернуться из Лондона поздно или не возвращаться совсем, и все об этом знали. Вообще-то такие вечера бывали часто. Едва освободившись из заточения, Ронни открыл какое-то дело в Вест-Энде и усердно наверстывал потерянное время. Какое именно дело, оставалось только гадать, но шло оно поначалу с переменным успехом.

Едва успев глотнуть вольного воздуха, Ронни начал собирать распавшееся ядро своего двора. С такой же ошеломляющей скоростью мы покинули скромный кирпичный дом в Сент-Олбансе, куда мой дедушка, хмуря брови и без конца читая наставления, привел нас после освобождения Ронни, и обосновались в столичном пригороде Рикмансуорте, где находилась конноспортивная школа и все ездили на лимузинах, до самых же дорогих злачных мест в Лондоне оттуда можно было добраться на автомобиле меньше чем за час. А зимовать мы в сопровождении двора отправились в Санкт-Мориц, в роскошный отель "Кульм". В Рикмансуорте шкафы в наших спальнях были забиты новыми игрушками — как у детей арабского шейха, наверное. В выходные взрослые без конца кутили, а мы с Тони ходили за подгулявшими дядьями и уговаривали их поиграть с нами в футбол или сидели в детской, уставившись в стену, на которой не было ни одной книжной полки, и слушали доносящуюся с первого этажа музыку. В те времена к нам приезжали самые невероятные гости, и среди них — Лири Константин, позже ставший сэром Лири, а еще позже лордом Константином, — величайший, пожалуй, из всех рожденных в Вест-Индии игроков в крикет. Ронни любил появляться на публике в компании людей с темной или черной кожей — редкое в те времена явление, ну так Ронни и был натурой парадоксальной. Лири Константин играл с нами во французский крикет*, и мы его просто обожали. Помню, на какой-то веселой домашней церемонии (без участия священника) Лири официально объявили крестным отцом — то ли моим, то ли моего брата — никто из нас так и не понял.

— Но откуда взялись деньги? — поинтересовался я у матери, в очередной раз ее расспрашивая (после нашего воссоединения я часто это делал).

Она не знала. Мать не вникала в дела отца — то ли считала себя выше этого, то ли ничего в этом не понимала. И чем более грязным бизнесом занимался Ронни, тем меньше мать предпочитала о нем знать. Конечно, Ронни был жуликом, сказала она, но разве бизнесмены не все такие?

Дом, из которого Оливия тайком сбежала — особняк в псевдотюдоровском стиле, — назывался Хэйзел-коттедж. Он возвышался над обширным садом и из-за этого, а еще из-за витражных окон с ромбическим узором в темноте походил на лесной охотничий домик. Я вижу над ним тонкий молодой месяц или темное, безлунное небо. Я вижу Оливию в тот бесконечный день накануне ее побега — она украдкой делает последние приготовления, складывает в белый кожаный чемодан из "Хэрродс" самое необходимое: теплый свитер — в Восточной Англии ведь холодно, — а куда я, боже ты мой, дела водительские права? — и нервно поглядывает на золотые наручные часы, купленные в Санкт-Морице, но перед нами, детьми, перед кухаркой, уборщицей, садовником и Анной-Лизой, няней-немкой, старается сохранять хладнокровие.

Никому из нас Оливия больше не доверяет. Сыновей отец полностью контролирует. А Анна-Лиза, подозревает Оливия, ложится с врагом в постель. Ближайшая подруга Оливии Мэйбл вместе со своими родителями живет неподалеку, всего за несколько километров, в квартире, выходящей окнами на гольф-клуб "Мур-парк", но Мэйбл, как и Анну-Лизу, не стоит посвящать в план побега. Мэйбл за три года сделала два аборта,

* Детская игра, упрощенный вид крикета — с битой и мячом, но без калитки.

а от кого забеременела, не хотела говорить, и Оливия чуяла неладное. Мать, держа в руке белый чемодан, крадется на цыпочках через гостиную, проходит мимо телевизора — одного из первых, довоенных, похожего на вертикально стоящий гроб красного дерева с крошечным экраном, на котором можно разглядеть только быстро движущиеся пятна и лишь изредка — туманные очертания какого-то мужчины в смокинге. Телевизор выключен. Ему заткнули рот. Больше она никогда его не посмотрит.

— Почему ты нас не взяла с собой? — спросил я ее во время одной из наших бесед.

— Потому что ты бы стал нас преследовать, голубчик, — ответила Оливия, как обычно, имея в виду не меня, а Ронни. — И не успокоился бы, пока не заполучил обратно своих драгоценных сыновей.

Кроме того, сказала она, мне следовало подумать о вашем образовании, это ведь было важнее всего. Ронни столько амбиций питал насчет своих сыновей, что как-нибудь, всеми правдами и неправдами — и скорее неправдами, ну и пусть — устроил бы нас в лучшие школы. Оливия, конечно, не смогла бы этого сделать. Верно ведь, голубчик?

Я не могу как следует описать Оливию. Будучи ребенком, я ее не знал, а став взрослым, не понимал. О ее личных качествах я знаю так же мало, как и обо всем остальном, что ее касается. Была ли она доброй, но слабой? Страдала ли в разлуке с двумя своими подраставшими первенцами или вообще не испытывала особенно глубоких чувств, а просто кое-как брела по жизни, ведомая чужой волей? Имела ли она некий талант, который требовал выхода, но так и не проявился? Охотно соглашусь, что любая из этих характеристик приложима и ко мне, вот только не знаю, какую выбрать, если уж выбирать.

Белый кожаный чемодан находится теперь в моем лондонском доме и стал для меня предметом напряженного размышления. Я бы сравнил его с великими произведениями искусства — они неподвижны, но наполнены скрытой энергией.

А вдруг однажды он снова исчезнет, не оставив даже адреса для пересылки писем? Снаружи он выглядит как чемодан невесты, отправляющейся в свадебное путешествие, дорогой чемодан, фирменный. Два швейцара в униформе, которые в моих воспоминаниях навсегда остались стоять перед стеклянными дверьми отеля "Кульм" в Санкт-Морице и обметать снег с сапог постояльцев, картинно взмахивая щетками, сразу определили бы, что владелец этого чемодана принадлежит к сословию, щедрому на чаевые. А вот нутро у чемодана — так кажется в минуты усталости, когда мои воспоминания истощаются и сами себя переваривают, — какое-то похотливое.

Отчасти такие ассоциации вызывает изодранная подкладка из розового шелка, похожая на нижнюю юбку, которую вот-вот сорвут. Но еще где-то в памяти сохранился такой смутный образ, чувственный и будоражащий: двое сцепились в спальне, а я, совсем еще маленький, случайно к ним зашел — и все в этом воспоминании розовое. Увидел я тогда, как Ронни занимается любовью с Анной-Лизой? Или Ронни с Оливией? Или Оливия с Анной-Лизой? Или все они втроем? Или никого там не было и все это мне приснилось? И может быть, в этом ложном воспоминании воплощены, так сказать, детские представления об эротическом рае, откуда я был изгнан, когда Оливия упаковала чемодан и ушла?

Как исторический артефакт чемодан бесценен. Это единственный известный предмет, на котором сохранились инициалы Оливии, относящиеся ко времени ее жизни с Ронни: О. М. К. — Оливия Мур Корнуэлл, отпечатанные черной краской под кожаной ручкой, пропахшей потом. Чьим потом? Оливии? Или потом ее сообщника и спасителя — сердитого, раздражительного земельного агента, который сидел за рулем автомобиля, умчавшего Оливию прочь? Мне кажется, что у спасителя Оливии была семья, как и у нее, и дети тоже были. И если так, они, наверное, тоже крепко спали? Как человек, по долгу службы близкий к поместному дворянству, спаситель Оливии занимал какое-то положение, тогда как Ронни, по мнению матери, не занимал никакого. Она так и не простила Ронни, что, выйдя за него замуж, вступила в мезальянс.

И на старости лет все время твердила об этом, пока я не начал понимать, что низкий социальный статус Ронни был, так сказать, фиговым листком, которым мать, женщина благородного происхождения, прикрывалась, продолжая беспомощно следовать за отцом даже в то время, когда они вроде бы разошлись. Он приглашал ее пообедать где-нибудь в Вест-Энде — она соглашалась, слушала фантастические рассказы о его несметных богатствах (ей, правда, почти ничего не перепадало) и после кофе с бренди — так, во всяком случае, я себе представлял — отдавалась ему в какой-нибудь укромной квартирке, а затем Ронни убегал зарабатывать свои воображаемые миллионы. Связь с беспородным Ронни причиняла Оливии боль, и, пока мать не давала этой боли утихнуть, посмеиваясь про себя над вульгарной речью отца, над его промахами по части хороших манер, она могла винить во всем его, а себя лишь в том, что как дура ему уступала.

Однако дурой Оливия вовсе не была. Изъяснялась она ясно, остроумно, язвительно. Говорила как по писаному — длинными четкими фразами, письма писала продуманные и забавные, в них угадывался ритм. В моем присутствии выражалась убийственно правильно, как миссис Тэтчер в середине курса ораторского искусства. Но с другими людьми (об этом я услышал недавно от одного человека, знавшего мать лучше меня) становилась прямо-таки говорящим скворцом — мгновенно перенимала речевые особенности собеседника, кем бы он ни был, даже если для этого ей приходилось спуститься на самую последнюю ступень социальной лестницы. И у меня на голоса хороший слух, да-да. Возможно, эту малость я унаследовал от матери — точно не от Ронни. Имитировать голоса я тоже люблю и переносить их на бумагу. А вот о книгах, которые мать читала, если читала вообще, я знаю так же мало, как и о том, какие гены она мне передала. Вспоминая прошлое, слушая рассказы других детей Оливии, я понимаю: как мать она, скажем так, заслуживала изучения. Но я ее так и не изучил, да может, и не хотел.

Мне всегда казалось, Ронни и Оливия, выражаясь языком брачных агентов, подбирающих пары с помощью компьютера, прекрасно друг другу подходили, несмотря ни на что. Но если Оливия готова была ограничиться одним человеком — любым, кто клялся бы ей в любви, то Ронни родился первоклассным мошенником, наделенным злосчастным даром влюблять в себя всех — и женщин, и мужчин. Недовольство Оливии по поводу происхождения моего отца распространялось не только на него, главного ее обидчика. Отец Ронни Фрэнк, мой глубокоуважаемый дедушка — экс-мэр города Пула, франкмасон, проповедник, трезвенник, считавшийся в нашей семье ни много ни мало образцом добропорядочности, — был, по мнению Оливии, таким же жуликом, как Ронни. Это Фрэнк втравил Ронни в ту первую авантюру, финансировал ее и всем управлял, но, так сказать, удаленно, а потом затаился и позволил Ронни взять всю вину на себя. Даже для *дедушки* Ронни, которого я запомнил белобородым стариком, как две капли воды похожим на Д. Г. Лоуренса, в свои девяносто ездившим на трехколесном велосипеде, у матери нашлось дурное слово. Так кем же она считала меня — следующего представителя нашей прóклятой от начала и до конца мужской линии? Этого она не говорила. Но у меня, в конце концов, было образование, так ведь, голубчик? Мне вдолбили, как правильно говорить и вести себя, и я стал приличным человеком.

■

Есть один семейный анекдот о Ронни — и хотя правдивость его никто так и не подтвердил, мне хочется в него верить, поскольку он свидетельствует, что Ронни был добросердечным человеком и часто — вопреки клевете и к большому разочарованию клеветников — это доказывал.

Ронни в бегах, но из Англии улизнуть еще не успел. Против отца выдвинуто столь серьезное обвинение в мошенничестве, что британская полиция устроила на него облаву. В разгар всей этой суматохи скоропостижно умирает старый приятель и деловой партнер Ронни, и его, конечно, собираются хоронить. В надежде, что Ронни придет на похороны, полицейские устанавливают наблюдение. Детективы в штатском смешиваются с толпой скорбящих, но Ронни среди них нет. На следующий день кто-то из родственников умершего приходит поухаживать за свежей могилой. А у могилы стоит одинокий Ронни.

■

Теперь перенесемся в восьмидесятые, и я расскажу вам уже не семейную легенду, я расскажу о том, что произошло средь бела дня в присутствии моего британского издателя, моего литературного агента и моей жены.

Я приехал в Южную Австралию — представлять свою новую книгу. Официальный завтрак проходит в большом шатре. Я сижу за столом на ножках-ко́злах, рядом — моя жена и издатель, за плечом стоит агент. В новом романе “Идеальный шпион”, экземпляры которого я и подписываю, я в общем-то недвусмысленно изобразил Ронни, а после завтрака, когда произносил речь, немного рассказал присутствующим о его жизни. Немолодая энергичная дама в инвалидной коляске подъезжает ко мне, минуя очередь, и говорит, несколько горячась: Ронни, мол, вовсе не сидел в гонконгской тюрьме, это я что-то не так понял. Все время, пока он жил в колонии, она жила вместе с ним, и если бы он вдруг сел в тюрьму, она бы заметила, правда ведь?

Пока я обдумываю ответ — сказать ли, например, что недавно я очень мило поболтал с гонконгским надзирателем Ронни, — подкатывает другая дама того же возраста.

— Чушь собачья! — гремит она. — Он жил со *мной* в Бангкоке, а в Гонконг только *ездил на работу*!

Я уверяю их, что обе, возможно, правы.

■

Вас, наверное, не удивит, если я скажу, что в минуты уныния, как и многие сыновья многих отцов, задаюсь вопросом, какая часть меня до сих пор принадлежит Ронни и много ли во мне моего. Велика ли разница, думаю я, между человеком, который, сидя за письменным столом, выдумывает авантюры на бумаге *(мной)*, и человеком, который каждое утро надевает свежую рубашку и, не имея ни гроша в кармане, зато имея богатое воображение, идет облапошивать очередного простачка *(Ронни)*?

Мошенник Ронни мог высосать историю из пальца, набросать портрет несуществующего персонажа, нарисовать блестящие перспективы там, где на самом деле не было никаких. Мог ослепить тебя выдуманными подробностями и всегда готов был разъяснить суть несуществующего запутанного дела, если ты не слишком сообразителен и не разобрался с ходу в технических деталях его небылиц. Он мог скрывать какую-нибудь большую тайну из соображений конфиденциальности, а потом шепнуть ее на ушко тебе одному, решив, что ты заслуживаешь доверия.

И если все это не есть неотъемлемые составляющие писательского искусства, то что тогда?

■

Ронни не повезло: он был анахронизмом — пережил свое время. В двадцатых, когда Ронни начал заниматься бизнесом, какой-нибудь не слишком чистоплотный коммерсант мог объявить себя банкротом в одном городе и на следующий же день получить кредит в другом — километрах в ста от первого. Но время шло, и средства связи стали нагонять Ронни, как нагнали Бутча Кэссиди и Сандэнса Кида. Отец наверняка пережил глубокое потрясение, когда особый отдел сингапурской полиции предъявил ему досье, собранное на него полицией британской. И еще одно потрясение, когда в Индонезии, куда он был незамедлительно депортирован, его упекли за решетку, обвинив в нарушении валютного законодательства и незаконном ввозе оружия. И еще большее потрясение, когда спустя несколько лет швейцарские полицейские пришли в его номер в цюрихском отеле “Дольдер-Гранд”, вытащили его из постели и посадили в окружную тюрьму. Недавно, читая о господах из ФИФА, которых в цюрихском отеле “Бор-о-Лак” полицейские согнали с постели, а потом рассадили в отдельные камеры в разных частях города, я представил себе Ронни, пережившего пятьдесят с лишним лет назад такое же унижение, в такой же ранний час, будучи схваченным той же швейцарской полицией.

В гранд-отели мошенников тянет как магнитом. До того утра в Цюрихе Ронни частенько в них останавливался, и схема его всегда срабатывала: берешь лучший номер, какой только есть, в лучшем отеле, всех угощаешь, не скупясь, располагаешь к себе швейцаров, метрдотелей, но самое главное — консьержей, то есть даешь им на чай — много и часто. Звонишь по телефону во все уголки мира, и когда отель выставляет тебе первый счет, говоришь, что передашь его своим людям, они оплатят. Или, если ты решил продлить игру, немного помедлив, первый счет оплачиваешь, но после этого уж не оплачиваешь ничего.

Когда почувствуешь, что загостился, собираешь легкий чемодан, суешь консьержу двадцатку или полтинник и говоришь, что тебе нужно уехать из города по неотложному делу и вернешься ты, возможно, только завтра. А иному консьержу лучше подмигнуть похабно и сказать: я, мол, кое-что обещал своей подружке, и не будете ли вы так добры убедиться, что я как следует запер номер, там ведь осталось много ценных вещей, — предварительно убедившись, что все ценные вещи, если они у тебя, конечно, есть, уже лежат в твоем легком чемоданчике. И может быть, чтобы обеспечить себе дополнительное прикрытие, в качестве залога ты оставляешь консьержу свои клюшки для гольфа и просишь за ними присмотреть, но только если без этого совсем не обойтись, ведь ты же любишь гольф.

Но после того утреннего рейда в отеле “Дольдер” Ронни понял: игра окончена. А в наше время об этом нечего и говорить. И данные твоей кредитки известны. И в какую школу ходят твои дети — тоже.

■

Мог ли Ронни — безусловно, талантливый обманщик — стать матерым шпионом? Обманывая людей, он, конечно, и самого себя обманывал, но это еще не делало его непригодным для разведки. Однако если Ронни знал какой-нибудь секрет — его касавшийся или кого другого, — он никак не мог успокоиться, пока не поделится им с кем-нибудь, и это, несомненно, было бы проблемой.

Шоу-бизнес? Он ведь неплохо справился с ролью представителя — моего и “Парамаунт пикчерз”, — когда осматривал крупнейшую берлинскую киностудию, так почему не пойти дальше? К тому же Голливуд, как всем известно — и тому есть множество подтверждений, — частенько привечал мошенников.

А как насчет актера? Разве не любил он стоять перед зеркалом в полный рост? Разве не притворялся всю свою жизнь самыми разными людьми?

Но звездой Ронни быть вовсе не хотел. Он хотел быть Ронни, единоличным космосом.

Насчет того, чтобы Ронни стал писателем и записывал собственные выдумки, не стоит и говорить. Моей так называемой славе он не завидовал. Она принадлежала ему.

■

1963 год. Я впервые в жизни приехал в Соединенные Штаты и только что прибыл в Нью-Йорк. “Шпион, пришедший с холода” на пике популярности. Мой американский издатель ведет меня в ресторан “21 Клаб”, где нас ждет роскошный ужин. Метрдотель провожает нас к столу, и тут я вижу: в уголке сидит Ронни.

Мы не встречались уже несколько лет. Я и не знал, что он в Америке, но он был тут как тут, сидел в трех метрах от меня со стаканчиком бренди с имбирным элем. Так как же он там оказался? Очень просто. Позвонил моему добросердечному американскому издателю, растрогал того до слез. Разыграл, так сказать, ирландскую карту. Что мой издатель ирландец по происхождению, отец, конечно, сразу понял, узнав его имя.

Мы приглашаем Ронни за наш столик. Он застенчиво соглашается (бренди берет с собой), твердит при этом, что только немного с нами выпьет и уйдет, не будет нам мешать. Он очень мил и горд, похлопывает меня по руке и говорит со слезами на глазах, что он ведь не плохой отец — верно, сынок? — и мы с ним прекрасно ладили, разве не так? Да-да, папа, мы неплохо ладили, соглашаюсь я.

Затем Джек, мой издатель — а он не только ирландец, но еще и гордый отец, — говорит: почему бы, мол, Ронни не допить что он там пьет и всем нам вместе не взять бутылку шампанского? Так мы и делаем, и Ронни говорит тост за нашу книгу. Обратите внимание: *нашу*. Потом Джек говорит: черт возьми, Ронни, почему бы тебе не остаться и не пообедать с нами? И Ронни позволяет себя уговорить и заказывает хорошее мясное ассорти на гриле.

Потом уже, на улице, мы с отцом, как положено, крепко обнимаемся, и Ронни плачет — плачет по-настоящему: плечи его сотрясаются от рыданий. Я тоже плачу и спрашиваю, не нуждается ли он в деньгах, и он, к большому моему удивлению, отвечает “нет”. А потом — на случай, если наша книга вдруг вскружила нам голову — делает мне внушение на всю оставшуюся жизнь:

— Может, ты и успешный писатель, сынок, — говорит он, продолжая всхлипывать, — но ты не *знаменитость*.

И оставив меня обдумывать это непонятное предупреждение, уходит в ночь, не сказав куда, а это, как я полагаю, означает, что где-то там его ждет женщина, ведь какая-нибудь женщина почти всегда его ждет.

■

Через несколько месяцев мне удалось восстановить предысторию нашей неожиданной встречи. Ронни был в бегах, ни денег не имел, ни пристанища. Но нью-йоркские риелторы в то время предлагали новым арендаторам бесплатное проживание в течение месяца в недавно отстроенных домах. И Ронни, называясь разными именами, все время менял квартиры — месяц там бесплатно поживет, месяц тут, — пока его наконец не поймали, а уж что с ним сделали, когда поймали, — не дай бог. От денег, которые я ему предлагал, он мог отказаться единственно из гордости, поскольку был в отчаянном положении и уже успел выклянчить у моего старшего брата добрую половину его сбережений.

На следующий день после ужина в "21 Клаб" он позвонил в отдел продаж моего американского издательства, представился моим отцом — и, разумеется, близким другом моего издателя — и заказал себе пару сотен экземпляров *нашей книги*, попросив отнести их на счет автора, а потом эти экземпляры подписывал от собственного имени и раздавал как визитные карточки.

Теперь уже через мои руки прошло с десяток таких книг — их владельцы просили меня добавить свою подпись к подписи Ронни. Стандартная подпись Ронни выглядела так: "От Отца Автора" ("Отец" с очень большой буквы "О"). Ну а моя в свою очередь — так: “От Сына Отца Автора” (“Сын” с очень большой буквы “С”).

Но представьте на минуточку, что вы — Ронни, как очень часто делал я. Представьте, что вы ходите по улицам Нью-Йорка без гроша в кармане. Вы выуживаете деньги у кого только можно, выжимаете все возможное из своих знакомств. В Англии вы в розыске и здесь, в Нью-Йорке, тоже. Вы не осмеливаетесь показать свой паспорт, называетесь фиктивными именами, чтобы менять квартиры, за которые не можете заплатить, и отделяют вас от гибели только животный ум и костюм в полоску с двубортным пиджаком от Бермана с Сэвил-роу, который вы сами отпариваете дома каждый вечер. Это похоже на одну из тех воображаемых ситуаций, что предлагают студентам в разведшколе: “Посмотрим, как вы отмажетесь в этом случае”. И Ронни — если бы ему простили отдельные случайные ошибки — прошел бы это испытание блестяще.

■

Корабль, которого Ронни ждал, фигурально выражаясь, всю жизнь, причалил к родным берегам вскоре после его смерти, и случилось это в одном из тех сонных диккенсовских судов, где сложные финансовые споры разбирают очень долго и тщательно. В целях предосторожности я назову пострадавший пригород Лондона Кадлипом, ведь очень может быть, что эта юридическая битва не утихает и по сей день, как не утихала последние двадцать с лишним лет жизни Ронни, а потом еще два года после его смерти.

Обстоятельства дела самые простые. Ронни завел себе друзей в муниципалитете Кадлипа, а именно в комитете по планированию. Как это получилось, представить нетрудно. Наверное, они были собратья-баптисты, или собратья-масоны, или игроки в крикет, или в бильярд. Или женатые мужчины в расцвете лет, только после встречи с Ронни изведавшие ночные удовольствия

Вест-Энда. Может быть, Ронни к тому же пообещал им, как он выразился, кусок большого торта, и они на него рассчитывали.

Как бы там ни случилось, но муниципалитет Кадлипа (и это было неоспоримо с юридической и любой другой точки зрения) выдал одной из компаний Ронни — а их у него было восемьдесят три, и у каждой ноль пенни капитала — разрешение на строительство ста востребованных домов посреди зеленой зоны Кадлипа. И как только муниципалитет это сделал, Ронни, получивший землю задарма, понимая, что построить на ней ничего не удастся, тут же продал ее вкупе с разрешительной документацией большой строительной компании за большую сумму денег. Шампанское лилось рекой, двор Ронни ликовал. Отец провернул сделку всей своей жизни. Мы с братом Тони больше ни в чем и никогда не будем нуждаться.

И Ронни — а это с ним случалось очень часто — оказался почти прав, но ему помешали жители Кадлипа, которых раскачали местные газетчики. Так вот, жители в один голос заявили, что костьми лягут, но не дадут строить домов и ничего другого в их драгоценной зеленой зоне, где у них и футбольное поле, и теннисные корты, и детские площадки, и поляны для пикников. И так велик был энтузиазм жителей Кадлипа, что они в два счета добились судебного распоряжения, после которого у Ронни в руках остался только подписанный со строительной компанией контракт, но ни единого пенни этой компании ему не досталось.

Ронни разозлился не меньше жителей Кадлипа. Он, как и они, такого вероломства в жизни не видывал. Тут дело даже не в деньгах, утверждал он, дело в принципе. Он собрал команду юристов, самых лучших. Юристы заключили, что у Ронни в этом деле сильные позиции, и согласились эти позиции отстаивать. Вознаграждение они получали, только если выиграют дело. С тех пор кадлипская земля обеспечивала нашу веру в Ронни как золотой запас. В последующие двадцать с лишним лет и даже больше любая заминка в этом деле означала ни много ни мало приближение судного дня. Откуда бы Ронни ни писал мне — из Дублина, Гонконга, Пинанга или Тимбукту, — всегда его письма содержали одно и то же заклинание с заглавными буквами, непонятно что означавшими: "Однажды, Сынок, Справедливость в Британии Восторжествует — очень возможно, После того как Мне Вынесут Приговор".

Так и вышло: через несколько месяцев после его смерти справедливость в самом деле восторжествовала. Я не пошел в суд слушать вердикт. Мой юрист посоветовал мне не выказывать ни малейшего интереса к судьбе имущества Ронни, а то придется еще потом выплачивать за него громадные долги. Зал суда был переполнен, рассказывали мне. И на скамье адвокатов не оставалось свободного места. Председательствовали трое судей, но за всех говорил один, и выражался так витиевато, что поначалу его понимали только юристы.

Но постепенно новость распространяется по залу. Суд вынес решение в пользу истца, то есть Ронни. Однозначное. Ронни сорвал банк. Никаких "но", никаких "если". Никаких "с одной стороны" и "с другой стороны". Покойный Ронни одержал безоговорочную победу, в которой сам он никогда не сомневался — победу Человека над хамами и мечтателями (то есть скептиками и интеллигентами), — и все его старания были посмертно оправданы.

Затем воцаряется тишина. Посреди всеобщего ликования секретарь суда вновь призывает собравшихся в зале к порядку. Только что все хлопали друг друга по плечу и пожимали друг другу руки, теперь же насторожились. Адвокат, до сих пор не обращавшийся к суду, просит внимания их светлостей. Вот как я воображаю этого адвоката: тучный напыщенный человек с прыщавым лицом и в парике, который явно ему маловат. Он говорит их светлостям, что представляет Корону. Точнее, интересы налоговой службы Ее Величества, каковая, сообщает адвокат, является "преференциальным кредитором" в том деле, по которому их светлости только что вынесли решение. И если говорить по существу, дабы не тратить драгоценное время их светлостей, он хотел бы, засвидетельствовав им свое безграничное уважение, ходатайствовать о том, чтобы все денежные средства, присужденные истцу, были конфискованы и направлены на покрытие, пусть лишь в малой части, тех гораздо больших сумм, которые покойный задолжал налоговой службе Ее Величества за много-много лет.

■

Уже после смерти Ронни я навещаю Вену, чтобы вдохнуть воздух этого города, ведь я хочу вписать его в свой новый отчасти автобиографический роман, над которым мне наконец ничто не мешает подумать. В “Захере” решил не останавливаться — боюсь, официанты вспомнят, как Ронни упал на стол и я почти что выносил его из ресторана. Мой вылет из Швехата задерживается, в маленьком отеле, который я выбрал наугад, за стойкой несет вахту ночной портье преклонных лет. Он молча наблюдает, как я заполняю регистрационный формуляр, а потом говорит на том мягком, почтенном немецком, который используют в Вене:

— Ваш отец был великим человеком. Вы недостойно с ним обошлись.

ГЛАВА 34
Реджи — с благодарностью

Разве что люди примерно моего возраста помнят теледиктора Реджинальда Босанкета, насмешника, который тяжело жил, сильно пил, стал любимцем нации и возмутительно рано умер, так и не знаю в точности от чего. В Оксфорде мы с Реджи учились на одном курсе, и у него было все то, чего не было у меня: личный доход, спортивный автомобиль, красивые женщины и какая-то ранняя зрелость, что ли, позволявшая Реджи всему вышеперечисленному соответствовать.

Мы друг другу нравились, но с человеком, который живет так, как ты только мечтаешь, и может себе это позволить, тогда как ты — нет, не станешь проводить слишком много времени. Кроме того, я тогда был мрачноватым парнем, серьезным и немного затравленным. А Реджи — совсем не таким. К тому же я сидел на мели, а к середине второго курса оказался и вовсе неплатежеспособным, поскольку мой отец в очередной раз эффектно обанкротился и чек, который он выписал для оплаты очередного семестра, оказался недействительным. И хотя руководство колледжа демонстрировало образцовое терпение, я не видел никакой возможности продержаться в Оксфорде до конца учебного года.

Но я не принял в расчет Реджи, который в один прекрасный день вошел в мою комнату (вероятно, он был с похмелья), сунул мне конверт и вышел обратно. В конверте я нашел чек, выписанный мне попечителями Реджи, — на сумму, достаточную, чтобы выплатить долги и остаться в университете еще на полгода. К чеку прилагалось письмо — тоже от попечителей. Они писали, что Реджи рассказал им о моей беде, что деньги эти — из его собственных средств и я могу возвращать их как мне удобно и только когда появится такая возможность. И что Реджи пожелал, чтобы по всем вопросам, связанным с займом, я писал напрямую попечителям, поскольку Реджи не хочет смешивать деньги и дружбу.

Прошло несколько лет, прежде чем я смог выплатить последний взнос, а вместе с ним и проценты, какие посчитал достаточными, учитывая размер основной суммы. В ответ попечители Реджи прислали мне любезное письмо с благодарностью, а проценты вернули. Объяснили, что взимать проценты в данной ситуации Реджи счел неуместным*.

* Написано для *Victim Support*, 1998 *(Прим. автора)*.

ГЛАВА 35
Самый нужный человек

Однажды рано утром звонит мне Карел Рейш, британский кинорежиссер, по происхождению чех, в то время известный прежде всего своим фильмом "В субботу вечером, в воскресенье утром", и между нами происходит загадочный разговор. На дворе 1967-й, я поселился в неказистом пентхаусе в Мэйда-Вэйл* и, как могу, выживаю один. Мы с Рейшем работали вместе (после оказалось, что безрезультатно) над сценарием по моему роману "Наивный и сентиментальный влюбленный", который, мягко говоря, не всем пришелся по вкусу. Но звонит Рейш не по поводу сценария, чувствую я, уж очень торжественный и таинственный у него голос.

— Дэвид, ты один?

Да, Карел, совсем-совсем.

— Тогда не мог бы ты заскочить ко мне прямо сейчас? Очень меня выручишь.

Рейш с семьей жил неподалеку — в Белсайз-Парк, в краснокирпичном викторианском доме. Возможно, я даже пошел пешком. После развода начинаешь чаще ходить пешком. Рейш открыл сразу же, будто караулил меня за дверью. Быстро запер ее на засов и повел меня в большую кухню — то место, где

* Район в западной части Лондона.

в домохозяйстве Рейша в основном протекала жизнь: все сидели за крепким круглым сосновым столом, на котором стояли в беспорядке чайники с чаем и кофе, кувшины с соками, крутящийся поднос с сахарным печеньем и вечно занятый телефон на длинном проводе, а в те времена еще и многочисленные пепельницы, и всем этим пользовались в том числе и самые невероятные завсегдатаи дома Рейша — например, Ванесса Редгрейв, Симона Синьоре и Альберт Финни, — они то и дело заходили в кухню, чего-нибудь себе накладывали или наливали, перекидывались с кем-нибудь парой слов и уходили обратно. Я представлял себе, что и родители Рейша — до того, как их убили в Аушвице, — жили так же.

Я сел. На меня уставились пятеро, в том числе: актриса Бетси Блэр — жена Рейша, в кои-то веки не говорившая по телефону, режиссер Линдсей Андерсон, прославившийся фильмом "Такова спортивная жизнь", который Рейш продюсировал, и незнакомый мне обаятельный молодой человек классической славянской наружности, сидевший между двумя этими кинорежиссерами и нервно улыбавшийся.

— Дэвид, это Владимир, — строго сообщает Рейш, и тогда молодой человек вскакивает и горячо — я бы даже сказал, отчаянно — пожимает мне руку через стол.

А за спиной этого экспансивного молодого человека сидит молодая женщина, которая так нарочито его опекает, что не на возлюбленную похожа, а скорее на няньку или — учитывая, в какой компании мы находимся, — на импресарио или директора по кастингу, поскольку молодой человек — это я увидел сразу — занимает какое-то положение.

— Владимир — чешский актер, — объявил Рейш.

Прекрасно.

— Но хочет остаться в Британии.

Что вы говорите. Я его понимаю — ну или отчасти понимаю.

Вступает Андерсон:

— Мы подумали, что вы — с вашей биографией — знаете людей, которые смогут уладить это дело.

За столом водворяется тишина. Все ждут, что я отвечу.

— То есть сбежать, — запинаясь, говорю я. — Владимир хочет сбежать.

— Называйте это так, если вам угодно, — пренебрежительно отзывается Андерсон, и все опять молчат.

Я начинаю понимать, что это Андерсон заинтересован во Владимире, есть у него какой-то собственнический интерес, а двуязычный Рейш, соотечественник Владимира, выступает здесь скорее посредником, чем инициатором. И поэтому возникает некоторая неловкость. Мы встречались с Андерсоном раза три, не больше, и всегда мне было неуютно в его обществе. У нас с ним как-то сразу не заладилось, даже не знаю почему, и так и пошло. Андерсон родился в Индии, в семье военного, учился в британской частной школе в Челтнеме (с которой потом посчитался в своем фильме "Если…") и в Оксфорде. Во время войны Андерсон служил в военной разведке в Дели и именно поэтому, думаю, невзлюбил меня с самого начала. Он как открытый социалист, противостоявший Системе, породившей его, отводил мне в классовой борьбе роль, скажем так, функционера, плетущего закулисные интриги, и с этим я, собственно говоря, ничего не мог поделать.

— Вообще-то Владимир — это Владимир Пухольт, — объясняет Рейш.

И когда слова эти не вызывают у меня той реакции, на какую, все, видимо, рассчитывали — то есть я не кричу: "Неужели сам Владимир Пухольт?" и не задыхаюсь от восторга, — Рейш пускается в дальнейшие торопливые объяснения, а сидящие за столом наперебой его дополняют. Чех Владимир Пухольт, узнаю я к своему стыду, — блистательная звезда тетра и кино и больше всего известен главной ролью в фильме Милоша Формана "Любовь блондинки" (его название еще переводят как "Любовные похождения блондинки", но мне этот вариант не по нраву), который имел успех во всем мире. Форман снимал Пухольта и прежде и заявлял, что Владимир — его любимый актер.

— Короче говоря, — вновь вступает Андерсон и говорит резко, будто я оспариваю достоинства Пухольта и меня уже пора осадить, — страна, которой удастся заполучить Владимира, может считать, что ей *чертовски* повезло. Надеюсь, вы объясните это вашим *людям*.

Но у меня нет никаких *людей*. Из знакомых мне *людей* официальными или почти официальными лицами можно назвать только моих бывших коллег-разведчиков. Но упаси меня бог позвонить кому-нибудь из них и сказать, что я связался с потенциальным перебежчиком из Чехии. Уже представляю себе, как заботливо они станут расспрашивать Пухольта о том, например, не заслан ли он чешской разведкой и, если так, не хочет ли перейти на другую сторону. Или попросят: назовите других чешских диссидентов, находящихся сейчас в Чехословакии, которые согласились бы работать на нас. И — если, конечно, вы не успели разболтать всем своим лучшим друзьям, что намереваетесь делать, — не согласитесь ли вы вернуться в Чехословакию и делать для нас все понемножку?

Только, чувствую, у Пухольта с ними разговор будет короткий. Он не какой-то там беглец, во всяком случае таковым себя не считает. Он прибыл в Англию на законных основаниях, с разрешения чешских властей. Перед отъездом он предусмотрительно привел в порядок дела, выполнил обязательства по всем своим действующим контрактам с театрами и киностудиями и новых подписывать не стал. Пухольт уже бывал в Британии, поэтому у чешских властей не было никаких оснований полагать, что на сей раз он не вернется назад.

Прибыв в Британию, Пухольт вроде бы сразу залег на дно. Но Линдсей Андерсон по каким-то неизвестным каналам узнал о его намерениях и предложил помощь. Пухольт и Андерсон были знакомы, встречались прежде в Праге и Лондоне. Андерсон обратился к своему другу Рейшу, и они втроем составили кое-какой план. Пухольт сразу сказал: просить политического убежища он не станет ни при каких обстоятельствах. Ведь в этом случае — таков был его аргумент — гнев чешских властей обрушится на головы тех, кого Владимир оставил на родине — его друзей, родных, педагогов и коллег. Он, вероятно, вспоминал советского артиста балета Рудольфа Нуриева, который отказался вернуться на родину шесть лет назад, и Запад трубил об этом как о своей победе. А жизнь друзей и родственников Нуриева, оставшихся в СССР, после этого превратилась в ад кромешный.

Итак, имея это условие в виду как самое главное, Рейш, Андерсон и Пухольт приступили к исполнению своего плана. Не нужно Пухольту ни грохота фанфар, ни особых условий. Он просто станет еще одним молодым человеком из Восточной Европы, недовольным жизнью в своей стране, который пришел с улицы и ищет милости британских властей. Андерсон и Пухольт отправились в министерство внутренних дел Великобритании и встали в очередь вместе с теми, кто обращался за продлением британской визы. Подойдя к окошечку, за которым сидел служащий МИДа, Пухольт сунул ему свой чешский паспорт.

— На какой срок? — спросил служащий, уже занося штемпель над паспортом.

И Андерсон, который всегда говорил без обиняков, а уж тем более если обращался к прислужникам ненавистной ему классовой системы, отрезал:

— Навсегда.

■

Очень хорошо представляю себе долгий разговор, который происходит затем между Пухольтом и старшим чиновником МИДа, уполномоченным разобрать его дело.

С одной стороны, у нас высокопоставленный государственный служащий и его похвальное замешательство: он хочет поступить правильно по отношению к просителю, не нарушая при этом инструкции. Он просит Пухольта только об одном: сделайте однозначное заявление, что на родине, если вы туда вернетесь, вас подвергнут преследованиям. Как только вы его сделаете — нет проблем: галочку поставим, визу продлим на неограниченный срок, и добро пожаловать в Британию, мистер Пухольт.

А с другой стороны, у нас Пухольт и его похвальное упорство: он решительно отказывается говорить то, что от него хотят, ведь это означает просить политического убежища и, стало быть, подвергнуть опасности людей, которых он поклялся не подвергать опасности. Посему благодарю вас, сэр, но нет, меня *не* подвергнут преследованиям. Я популярный чешский актер, меня примут обратно с распростертыми объятиями. Может быть, сделают выговор, может, даже накажут чисто символически. Но преследованиям не подвергнут, и политического убежища я не ищу, спасибо.

В этой тупиковой ситуации есть даже элемент черной комедии. На родине, в Чехословакии, Пухольт впал в немилость, и ему запретили сниматься в кино в течение двух лет. Ему предложили — а вернее, приказали — сыграть роль чешского несовершеннолетнего преступника, который попадает в исправительное учреждение, и там учителя, преданные высоким идеям марксизма-ленинизма, внушают ему эти идеи, после чего парень понимает, что просто не способен жить в непросвещенном буржуазном обществе, куда его хотят вернуть.

Пухольт был от сценария не в восторге и попросил, чтобы ему позволили провести несколько дней в исправительном учреждении для несовершеннолетних. После этого он окончательно убедился, что пьеса никуда не годится, и отказался от роли, чем весьма встревожил своих кураторов. Разгорелись страсти, ему попытались навязать контракт, но Пухольт не уступил. В результате он был отстранен на два года и при более благоприятных обстоятельствах мог бы использовать этот факт как доказательство того, что на родине подвергся политическому преследованию.

Прошла неделя, и Пухольта вновь пригласили в министерство иностранных дел — на этот раз смущенный чиновник сообщил Владимиру, что его (в лучших традициях британского компромисса) не репатриируют в Чехословакию принудительно, однако он должен покинуть Великобританию в течение десяти дней.

И вот теперь мы все сидим вокруг стола в доме Рейша, притихшие и встревоженные. Десять дней уже прошло или почти прошло, так что ты нам посоветуешь, Дэвид? Если коротко, Дэвид понятия не имеет, что вам посоветовать, даже с учетом обстоятельства, которое выясняется в ходе дальнейшей дискуссии за круглым столом: Пухольт приехал в Британию не для того, чтобы продолжить звездную актерскую карьеру, "а потому, Дэвид, — весьма убедительно говорит мне Владимир через стол, — что я хочу стать врачом".

■

На это потребуется некоторое время, признает Владимир. По его подсчетам, семь лет. Он прошел кой-какую подготовку в Чехии, но его аттестат вряд ли многого стоит в Великобритании.

Я слушаю Владимира. Слышу энтузиазм в его голосе, вижу по выразительному славянскому лицу, что он воодушевлен. Стараюсь сохранять серьезное лицо и улыбаюсь, вроде бы одобряя столь благородные представления о собственном призвании.

Но об актерах я немного знаю. Знаю, как и все сидящие за столом, что актер может уцепиться за свой гипотетический образ и соответствовать ему, но только пока идет спектакль. А потом он уходит со сцены и ищет, кем бы ему еще стать.

— Что ж, Владимир, это прекрасно, — восклицаю я, стараясь по возможности тянуть время. — И все же вы, полагаю, не бросите совсем актерскую карьеру, по крайней мере пока учитесь на врача? Подтянете английский, в театре поиграете, в кино снимитесь, если что-нибудь подвернется? — Тут я поглядываю на двух присутствующих режиссеров — ищу поддержки, но не получаю.

Нет, Дэвид, отвечает Владимир. Актером я стал в ранней юности. Играл одну роль за другой, и частенько играл роли, ничего не стоящие (как этот несовершеннолетний преступник, например), а теперь я намерен стать врачом и поэтому хочу остаться в Британии. Я поглядываю на присутствующих. Никто, кажется, не удивлен. Все, кроме меня, допускают, что чех Владимир Пухольт, актер театра и кино, любимец публики, *просто-напросто хочет стать врачом*. Неужели они не сомневаются, как я, что здесь речь идет скорее об актерских фантазиях, нежели о жизненных устремлениях? Этого я не могу понять.

Но какая, в общем, разница, если я уже согласился стать тем человеком, которым они меня считают. Я слышу будто со стороны, что обещаю им поговорить со своими *людьми*, хоть нет у меня никаких людей. Я найду действенный и быстрый способ решения этой проблемы — ведь мы, функционеры, плетущие закулисные интриги, всегда его находим. Сейчас я иду домой, но буду на связи. И ухожу со сцены с высоко поднятой головой.

■

С тех пор прошло полвека, и я, бывает, задаюсь вопросом, с чего вдруг согласился всем этим заниматься, если у Андерсона и Рейша, режиссеров с мировым именем, было гораздо больше *людей*, к которым они могли обратиться, больше высокопоставленных друзей, чем когда-либо имел я, не говоря уж о толковых юристах. Рейш, я знаю точно, общался с лордом Гудмэном, серым кардиналом и советником премьер-министра Гарольда Вильсона по правовым вопросам, только не афишировал этого. Андерсон, хоть и был суровым социалистом, имел безупречные рекомендации человека из высшего общества и, так же как и Рейш, тесные связи с правящей лейбористской партией.

Ответ на этот вопрос, пожалуй, таков: мои дела обстояли плачевно, и я для утешения взялся улаживать чужие. В молодости, когда я служил в Австрии, мне приходилось допрашивать десятки эмигрантов из Восточной Европы в надежде, что среди них отыщется хотя бы один-два шпиона. Не отыскалось ни одного, насколько мне известно, но чехов среди этих эмигрантов было довольно много. Для этого чеха, по крайней мере, я мог что-нибудь сделать.

Не знаю, пришлось ли Владимиру спать в следующие несколько ночей и где он спал — у Рейша, у кого-то из своих товарищей, у Линдсея Андерсона или даже у меня. Но помню, что долгие дневные часы он проводил в моем неказистом пентхаусе — расхаживал из угла в угол или стоял и смотрел в большое панорамное окно.

Ну а я тем временем дергаю за все известные мне ниточки, пытаясь отменить решение министерства внутренних дел. Звоню своему добросердечному британскому издателю. Он советует позвонить корреспонденту "Гардиан", который занимается внутренними делами. Я звоню. Корреспондент говорит, что прямого выхода на министра внутренних дел, то есть на Роя Дженкинса, у него нет, зато он знаком с миссис Дженкинс. Вернее, знакома его жена. Он сейчас поговорит с ней и перезвонит мне.

Я воодушевлен. Рой Дженкинс человек смелый и всем известный либерал. Корреспондент "Гардиан" перезванивает. Вот что вам нужно сделать, говорит он. Написать министру письмо, сугубо официальное — без всякой лести и сантиментов. "Уважаемый господин министр..." Отпечатать письмо на машинке, изложить все факты и подписаться. Если ваш подопечный хочет стать врачом, так и напишите и не говорите, что он хочет стать даром божьим британскому театру. Но вот какая тонкость. *Конверт* адресуете не Рою Дженкинсу, эсквайру, а миссис Дженкинс, его жене. А она уж позаботится о том, чтобы на следующее утро, во время завтрака, письмо лежало на столе рядом с вареным яйцом. Письмо доставьте лично. Сегодня вечером. По этому адресу.

Печатать я не умею. Прежде никогда не печатал. У меня в пентхаусе есть электрическая пишущая машинка, вот только нет поблизости человека, который умел бы ею пользоваться. Я звоню Джейн. В те дни мы с Джейн еще присматривались друг к другу. Теперь она моя жена. Итак, Пухольт разглядывает панораму Лондона, я пишу письмо — “Уважаемый господин министр” и так далее, — Джейн его перепечатывает. Конверт адресую миссис Дженкинс, запечатываю, и мы отправляемся в Ноттинг-Хилл или куда-то еще, словом, к дому мистера и миссис Дженкинс.

Через сорок восемь часов Владимиру Пухольту разрешено оставаться в Британии сколько угодно. Вечерние газеты не кричат о чешской кинозвезде, переметнувшейся на Запад. Владимир может совершенно спокойно и как только пожелает поступать на медицинские курсы. Эту новость я узнаю во время обеда с моим литературным агентом. Возвращаюсь в пентхаус и вижу: Владимир больше не смотрит в окно, он надел джинсы и кроссовки и вышел на балкон. День солнечный и теплый. Владимир взял с моего стола лист бумаги формата А4 и вырезал из него бумажный самолетик. Высунувшись за перила так далеко, что мне становится не по себе, он ждет попутного ветра, запускает самолетик и глядит, как тот лениво порхает над лондонскими крышами. До сих пор, объясняет мне позже Владимир, он не мог запустить самолетик. А теперь, когда ему разрешили остаться, может.

■

Речь в этом рассказе не о моем безграничном великодушии. А о том, чего добился Владимир — он стал педиатром в Торонто, предан своему делу, и пациенты его очень любят.

Как-то так получилось — до сих пор не пойму как, — что обучение Владимира на медицинских курсах в Британии оплатил я. И это казалось мне вполне естественным, даже тогда.

Я был, так сказать, на пике доходности, а Владимир — на дне. Помогая ему, сам я ничего не лишался. Ни мне, ни моей семье эта помощь не причинила никаких неудобств — ни в то время, ни после. Финансовые потребности Владимира, как утверждал он сам, были пугающе скромны. Его решимость возвратить все до единого пенни как можно быстрее я бы назвал неумолимой. Чтобы нам обоим избежать неловких разговоров, я предоставил моему бухгалтеру обсуждать с Владимиром цифры: столько-то нужно на жизнь, столько-то — на учебу, на проезд, на аренду и так далее. Мы никак не могли договориться. Я настаивал на большем, Владимир — на меньшем.

Владимир начал работать по своей медицинской специальности в Лондоне — устроился ассистентом в лабораторию. Из Лондона переехал в Шеффилд, поступил в университетскую клинику. Писал мне подробные, поэтичные письма уже на очень хорошем английском и воспевал в них чудо медицины, хирургии, исцеления и человеческое тело как объект творения. Специализация Владимира — педиатрия и интенсивная терапия новорожденных. Он и до сих пор с нескрываемым воодушевлением пишет о тысячах детей и младенцев, которых наблюдал и выхаживал.

Я смущаюсь и даже слегка стыжусь, думая о том, что сыграл роль ангела, практически ничем не пожертвовав, а другим это принесло такую колоссальную пользу. А еще больше стыжусь другого: почти до того самого дня, когда Владимир окончил учебу, я не вполне верил, что он это сделает.

■

Уже 2007-й, целых сорок лет прошло с тех пор, как Владимир запускал бумажный самолетик с балкона пентхауса, от которого я давно избавился. Я живу то в Корнуолле, то в Гамбурге, пока пишу роман под названием “Самый опасный человек” — о молодом мужчине, ищущем убежища, но не из Чехословакии, а из современной Чечни. Он только наполовину славянин, а на другую — чеченец. Его зовут Исса, то есть Иисус, и он мусульманин, не христианин. Исса мечтает только об одном — стать великим врачом и лечить больных земляков, прежде всего детей.

Пока разведчики воюют, решая его дальнейшую судьбу, Исса сидит взаперти на чердаке гамбургского склада, из рулона обоев делает бумажные самолетики, запускает их, и они, пересекая комнату, улетают на свободу.

Владимир отдал все занятые у меня деньги, все до последнего пенни, раньше, чем я считал возможным. Одного Владимир не знал — и я не знал, пока не принялся за "Самого опасного человека": он подарил мне то, что не подлежит возврату, — литературного героя.

ГЛАВА 36
Кредитка Стивена Спендера

Кажется, в 1991-м меня пригласили на частный обед в Хэмпстеде, чтоб познакомить со Стивеном Спендером, эссеистом, драматургом, прозаиком, разочаровавшимся коммунистом, рыцарем королевства, поэтом-лауреатом США… нужно ли продолжать?

За столом нас было шестеро, и все слушали Спендера. В свои восемьдесят два он производил прекрасное впечатление: седовласый, могучий как лев, энергичный и в высшей степени остроумный. Спендер говорил о мимолетности славы — вроде бы своей собственной, только я не мог отделаться о мысли, будто он и мне посылает неявное предупреждение — о том, что всем, кого она коснулась, следует благосклонно принять возвращение в безвестность. И в качестве иллюстрации рассказал нам такую историю.

Спендер недавно вернулся из путешествия — он проехал на автомобиле через все Соединенные Штаты, от побережья до побережья. Пересекая невадскую пустыню, Спендер увидел редкую в тех местах автозаправочную станцию и благоразумно решил залить полный бак. На заправке он увидел объявление, написанное от руки, видимо, чтобы отвадить воров: принимаем только кредитные карты.

Спендер подает хозяину заправки свою кредитку. Тот молча ее разглядывает. И наконец сообщает, что же его так обеспокоило:

— *Я* слышал только об одном Стивене Спендере — поэте, — неодобрительно заявляет хозяин. — И он уже *умер*.

ГЛАВА 37
Совет начинающему писателю

режде чем вечером закончить писать, я непременно проверю, оставил ли и на завтра что-нибудь про запас. Сон творит чудеса.

Грэм Грин — мне. Вена, 1965 год

ГЛАВА 38
Последняя государственная тайна

Будучи молодым и беспечным шпионом, я, само собой разумеется, верил, что самые сенсационные государственные тайны хранятся в облупившемся зеленом сейфе фирмы "Чабб", спрятанном в конце лабиринта обшарпанных коридоров, на верхнем этаже здания по адресу Бродвей, 54, что напротив станции подземки "Сент-Джеймсский парк", — в личном кабинете шефа разведки.

Здание это мы так и называли — "Бродвей", было оно старое, запыленное и (в соответствии с философией нашей Службы) неудобное. Из трех скрипучих лифтов один предназначался для шефа и возносил его в удобное ему время прямо на священные высоты верхнего этажа. Лишь немногие избранные имели доступ к этому лифту. А мы, простые смертные, поднимались по узкой деревянной лестнице, и за нами следило зеркало "рыбий глаз", а на лестничной клетке верхнего этажа — привратник с каменным лицом, сидевший на табурете.

Думаю, мы, новички, больше всех любили это здание — за то, что в нем вечный полумрак и витает дух войн, в которых мы не сражались, и интриг, о которых мы могли только мечтать; за тесный бар, куда можно было попасть только по приглашению, и сидели там одни старожилы, сразу смолкавшие, стоило тебе приблизиться; за сумрачную, пыльную библиотеку со шпионской литературой, где заправлял пожилой библиотекарь с длинными седыми волосами, который, будучи сам молодым шпионом, бегал с большевиками-революционерами по улицам Петербурга и отправлял секретные донесения из подвала дома по соседству с Зимним дворцом. В фильме “Шпион, пришедший с холода” и в экранизации романа “Шпион, выйди вон!”, снятой Би-би-си, атмосферу, царившую в этом здании, отчасти удалось передать. Но подобраться к тайнам старого зеленого сейфа, конечно, не удалось.

Личный кабинет шефа располагался в мансарде, окна были затянуты грязной сеткой, и там всегда возникало неприятное ощущение, что ты под землей. Если шеф хотел поговорить с тобой официально, он оставался сидеть за своим пустым столом, укрывшись за портретами родных, а также — в мои времена — Аллена Даллеса и персидского шаха. Потрескавшиеся кожаные кресла предназначались для более непринужденной беседы. Но где бы ты ни сидел, зеленый сейф всегда находился в поле зрения и таинственно глядел на тебя из угла.

Да что же такое могло в нем храниться? Я слыхал, к иным документам никто не притрагивался, кроме самого шефа, — настолько они были секретными. А если он хотел показать их кому-то другому, этот другой сначала подписывал бумагу, к чему только не обязывающую, затем читал документы в присутствии шефа и вновь передавал ему.

■

И вот близится тот печальный день, когда со зданием на Бродвее придется распрощаться и Служба со всем своим имуществом переедет на новое место жительства — в Ламбет. Останется ли сейф шефа неприкосновенным? Придут ли молчаливые люди с ломами и лебедками и доставят ли его в целости и сохранности на новое место, где начнется следующий этап его долгой жизни?

В ходе дебатов на высшем уровне решили скрепя сердце, что сейф хоть и достоин всяческого почтения, но в современном мире уже непригоден для использования по назначению. Офицеры, давшие присягу, изучат его содержимое, оно будет тщательно задокументировано и подвергнуто обработке в порядке, соответствующем степени его конфиденциальности.

Только у кого же чертов ключ?

У действующего шефа его нет, по всей видимости. Он заглядывать в сейф вообще не осмеливался и не хотел без необходимости узнавать его секретов. Чего не знаешь, того не выдашь. Немедленно переговорили с предшественниками нынешнего шефа — теми, кто был еще жив. Они руководствовались тем же принципом — воздерживались от проникновения на столь священную территорию. И где чертов ключ, они тоже не знали. Ни регистратура, ни канцелярия, ни служба внутренней безопасности, ни даже привратник с каменным лицом, сидящий на своем табурете, — никто не видел этого ключа, не прикасался к нему, не знал, где он и у кого последнего был в руках. Известно только одно: сейф установили по приказу легендарного и патологически скрытного сэра Стюарта Мензиса, занимавшего пост начальника Службы с 1939 по 1952 год.

Может, Мензис забрал ключ с собой? И с ним его похоронили? Может, он буквально унес свою тайну с собой в могилу? Что ж, он имел на то множество причин. Мензис был одним из отцов-основателей Блетчли-Парка. Тысячу раз беседовал с Уинстоном Черчиллем с глазу на глаз. Вел переговоры с антинацистскими движениями сопротивления в Германии и с противоречивым адмиралом Канарисом — главой абвера, германской разведки. Одному богу известно, что там у него лежало в зеленом сейфе.

В моем романе “Идеальный шпион” этот сейф появляется в образе облупившегося зеленого шкафчика, с которым Рик — двойник Ронни не расстается всю свою жизнь. Говорится, что в шкафчике хранится все то, что Рик задолжал обществу, и шкафчик этот тоже никогда не открывается.

Однако время уходит. Того и гляди явится новый арендатор и заявит свои законные права. Начальству нужно срочно принять решение. Что ж, Службе в свое время вскрывать замки приходилось не раз, и этот, похоже, тоже пора вскрыть — пошлите-ка за нашим взломщиком.

Наш взломщик свое дело знает. Замок поддается так быстро, что все в замешательстве. Взломщик тянет на себя скрипучую железную дверцу. Как искатели сокровищ Картер и Мейс перед раскрытой гробницей Тутанхамона, присутствующие вытягивают шеи, чтобы поскорее увидеть, какие чудеса скрываются внутри. Но нет никаких чудес. Сейф пуст, гол и невинен — не скрывает даже самого прозаического секрета.

Нет-нет, подождите! Здесь собрались изощренные конспираторы, их так просто не одурачишь. Может, это обманка, муляж, фальшивое надгробие, наружная стена, скрывающая святая святых? Посылают за ломом. Сейф осторожно отодвигают от стены. Самый старший по званию из присутствующих заглядывает за него, издает приглушенный возглас, шарит в углу между стеной и сейфом и извлекает оттуда очень пыльные и очень старые брюки из очень плотной серой ткани, а к ним пушистой от пыли булавкой приколота бирка. На бирке — машинописный текст, и в нем говорится, что брюки эти были на Рудольфе Гессе, заместителе Адольфа Гитлера, когда Гесс прилетал в Шотландию вести переговоры о сепаратном мире с герцогом Гамильтоном, ошибочно полагая, что герцог разделяет убеждения фашистов. А под этим текстом нацарапано зелеными чернилами, которые традиционно использует шеф секретной службы:

Пожалуйста, изучите, потому что могут дать представление о состоянии текстильной промышленности в Германии.

Источники

Издатель выражает благодарность за разрешение использовать материалы из перечисленных ниже источников. Некоторые очерки воспроизведены здесь в том виде, в каком вышли в свет первоначально. Большинство опубликованы частично.

Глава 10. В полевых условиях

Очерк “Верная муза” *(The Constant Muse)* впервые вышел в США в журнале *New Yorker* в 2000 году, в Великобритании — в 2001 году, в газетах *The Observer* и *The Guardian*.

Глава 24. Сторож брату своему

Рассказ “Сторож брату своему” первоначально был опубликован в ином виде в качестве послесловия к книге Бена Макинтайра “Шпион среди друзей” *(A Spy Among Friends)*, вышедшей в США в издательстве *Crown Publishing Group* и в Великобритании в издательстве *Bloomsbury* в 2014 году.

Глава 25. Quel Panama!

Рассказ *Quel Panama!* впервые был опубликован в США в газете *The New York Times* (и печатается здесь с разрешения редакции) и в Великобритании в газете *The Daily Telegraph* в 1966 году.

Глава 26. Под прикрытием

Рассказ “Под прикрытием” впервые вышел в США в газете *The New York Times* (и печатается здесь с разрешения редакции) и в Великобритании в газете *The Guardian* в 1999 году.

Глава 27. Охота на военачальников

Очерк “Путешествие в Конго” *(Congo Journey)* впервые был опубликован в США в журнале *The Nation* в 2006 году и в том же году в Великобритании в газете *The Sunday Telegraph*.

Глава 28. Я нужен Ричарду Бёртону

Рассказ “Шпион, которому я нравился” *(The Spy Who Liked Me)* впервые вышел в журнале *The New Yorker* в 2013 году.

Глава 29. Алек Гиннесс

Очерк “Операция во вражеском тылу” *(Mission into Enemy Territory)* впервые был издан в газете *The Daily Telegraph* в 1994 году и вновь опубликован в качестве предисловия к книге Алека Гиннесса “Мое имя без меня. Дневник актера на пенсии” *(My Name Escapes Me: The Diary of a Retiring Actor)*, вышедшей в 1996 году в издательстве *Hamish Hamilton*.

Глава 33. Сын отца автора

Рассказ “При дворе Ронни” *(In Ronnie's Court)* впервые вышел в США в журнале *The New Yorker* в 2002 году, в Великобритании — в 2003 году в газете *The Observer*.

CORPUS 453

Литературно-художественное издание

Джон Ле Карре

ГОЛУБИНЫЙ ТУННЕЛЬ

Истории из моей жизни

16+

Главный редактор Варвара Горностаева

Художник Андрей Бондаренко

Редактор Вера Пророкова

Ответственный за выпуск Ольга Энрайт

Технический редактор Наталья Герасимова

Корректор Любовь Петрова

Верстка Марат Зинуллин

Общероссийский классификатор продукции
ОК-005–93, том 2; 953000 — книги, брошюры

Подписано в печать 20.10.17. Формат 60 × 88 1/16
Бумага офсетная. Гарнитура *OriginalGaramondC*
Печать офсетная. Усл. печ. л. 22,54
Тираж 2000 экз. Заказ № 5754/17.

Отпечатано в соответствии с предоставленными материалами
в ООО "ИПК Парето-Принт", 170546, Тверская область,
Промышленная зона Боровлево-1, комплекс №3А, www.pareto-print.ru

ООО “Издательство АСТ”
129085 г. Москва, Звездный бульвар, д. 21, строение 1, комната 39
Наш сайт: www.ast.ru

“Баспа Аста” деген ООО
129085 г. Мәскеу, Жұлдызды гүлзар, д. 21, 1 құрылым, 39 бөлме
Біздің электрондық мекенжайымыз: www.ast.ru

Қазақстан Республикасында дистрибьютор және өнім бойынша
арыз-талаптарды қабылдаушының өкілі “РДЦ-Алматы” ЖШС,
Алматы қ., Домбровский көш., 3”а”, литер Б, офис 1.
Тел.: +7 (727) 251-59-89, 90, 91, 92, факс: +7 (727) 251-58-12, доб. 107
E-mail: RDC-Almaty@eksmo.kz
Өнімнің жарамдылық мерзімі шектелмеген

По вопросам оптовой покупки книг обращаться по адресу:
123317 г. Москва, Пресненская наб., д. 6, стр. 2, БЦ “Империя”, а/я №5
Тел.: +7 (499) 951-60-00, доб. 574
E-mail: opt@ast.ru